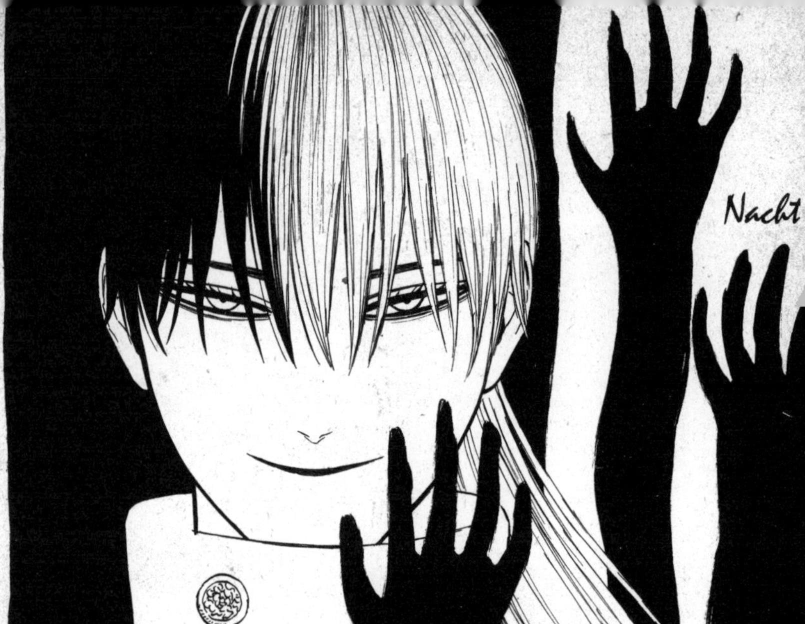

BLACK CLOVER

Die Zeremonie des Teufelsdieners

27

Yûki Tabata

TOKYOPOP®

Yuno

Gruppe: Goldene Morgendämmerung | Magietypus: Wind

Astas Kindheitsfreund und Rivale. Wie dieser hat er das Ziel, König der Magier zu werden. Der Naturgeist Sylph untersteht seiner Kontrolle.

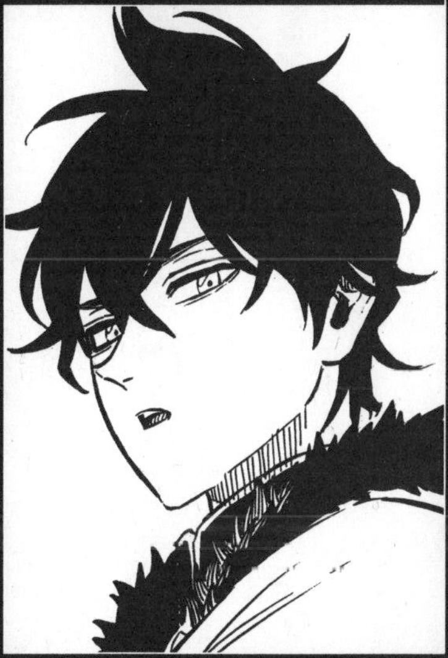

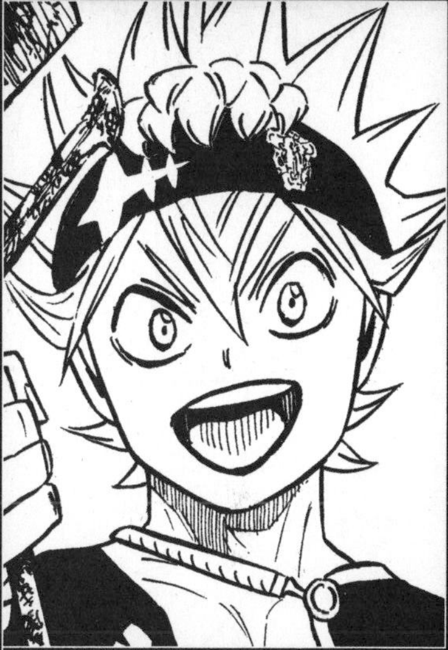

Asta

Gruppe: Schwarzer Stier | Magietypus: Nicht vorhanden (Antimagie)

Er hat zwar keinerlei magische Kraft, versucht aber mit seinem durchtrainierten Körper und seiner Beharrlichkeit König der Magier zu werden. Seine Waffen sind Schwerter aus Antimagie.

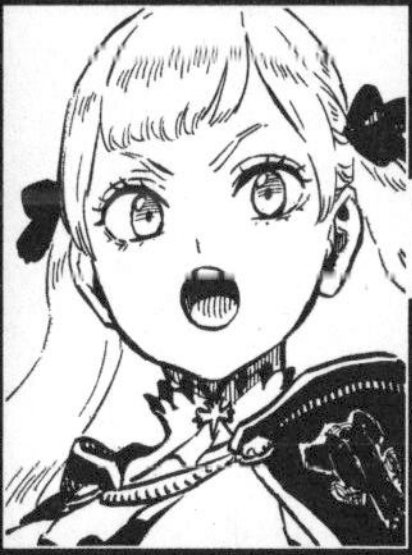

Noelle Silva

Gruppe: Schwarzer Stier
Magietypus: Wasser

Stammt aus der königlichen Familie. In unzähligen Kämpfen entfaltet sie ihr Talent. Ist in Asta verliebt.

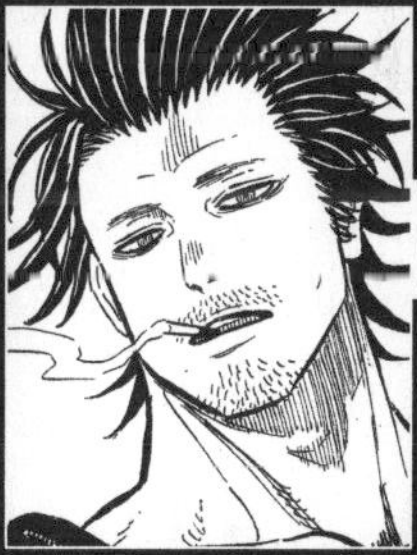

Yami Sukehiro

Gruppe: Schwarzer Stier
Magietypus: Dunkelheit

Er sieht grimmig aus und ist ein ziemlicher Haudegen, wird von seinen Ordensmitgliedern aber geliebt. Kettenraucher.

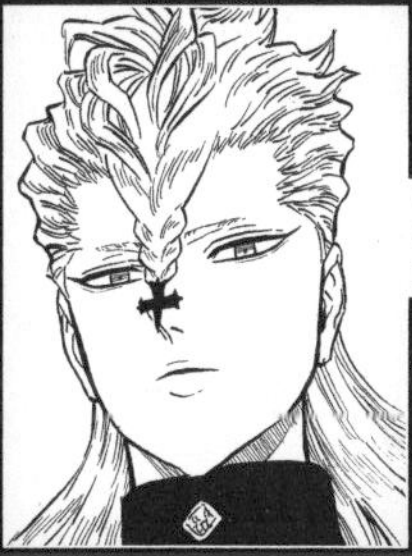

Nozel Silva

Gruppe: Schwarzer Stier
Magietypus: Quecksilber

Noelles älterer Bruder und ein stolzer Ordensanführer. Fuegoleon ist sein Rivale.

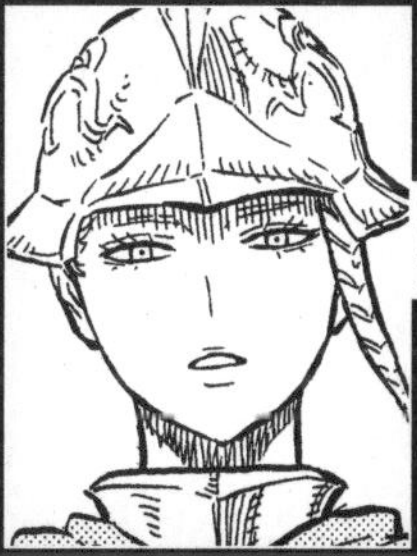

Charlotte Roselei

Gruppe: Blaue Rose
Magietypus: Dornbusch

Eine kühle Frau, die Männer nicht ausstehen kann, nur Yami scheint eine Ausnahme zu sein.

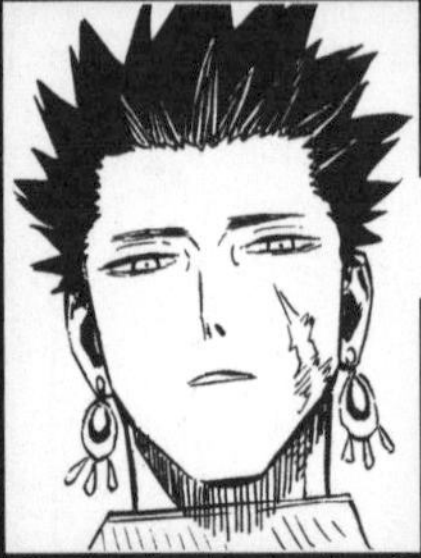

Gaja

Magietypus: Gewitter

Lolopechkas Vertrauter und einer der Geistergebieter des Königreiches Heart. Mit seiner magischen Kraft befindet er sich in Sphäre null.

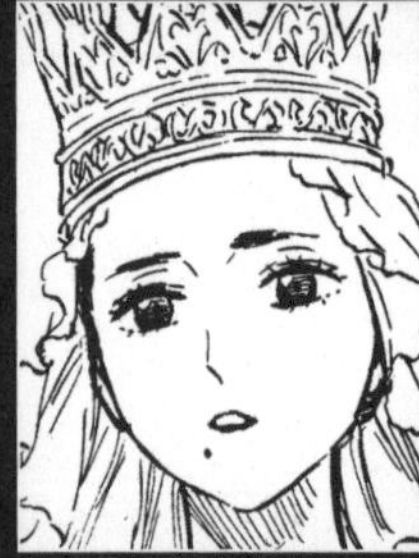

Lolopechka

Magietypus: Wasser

Die Königin von Heart und ein naiver Tollpatsch. Auf ihr lastet ein Fluch des Teufels Megicula.

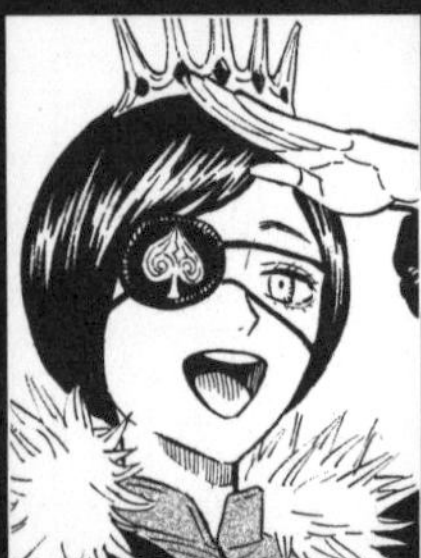

Vanica Zogratis

Magietypus:
Blut & Talisman

Trägt den Teufel Megicula in sich, der eng mit den Schicksalen von Lolopechka und Noelle verknüpft ist. Mitglied der »Dunklen Triade«.

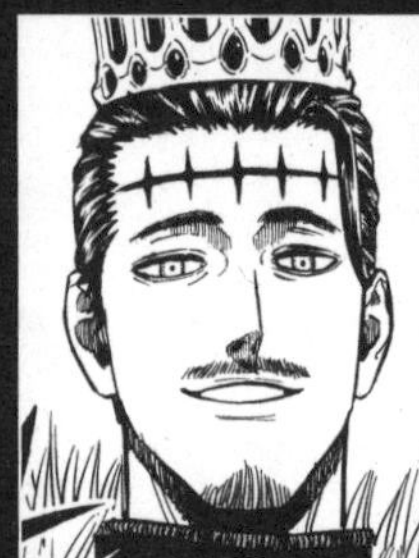

Dante Zogratis

Magietypus:
Körper & Schwerkraft

Anführer der »Dunklen Triade«, die das Königreich Spade beherrscht. Für ihn ist Boshaftigkeit die höchste Tugend.

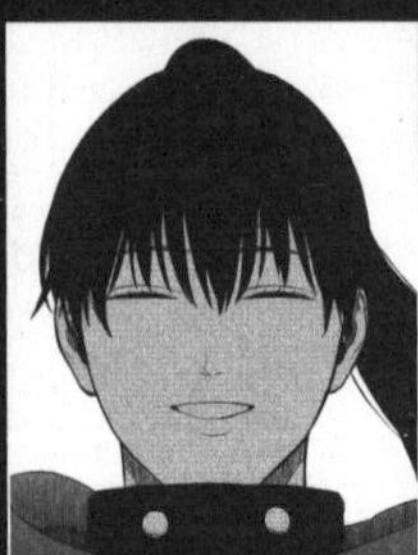

Nacht

Magietypus: ???

Vizeanführer des Schwarzen Stiers. Scheint Yami zu hassen?! Besitzt einen »Weg« – das Merkmal eines vom Teufel Besessenen.

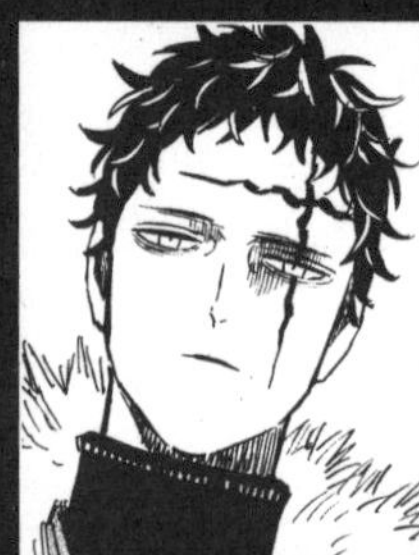

Zenon Zogratis

Magietypus: Knochen

Mitglied der »Dunklen Triade«. Hat die Goldene Morgendämmerung mit seiner gigantischen Kraft ganz allein ausgelöscht.

Was bisher geschah:

Eine Welt, in der nur Magie zählt …
Die Waisenkinder Asta und Yuno, die am selben Tag vor der Kirche des Dorfes Hage ausgesetzt wurden, möchten das höchste Ziel eines jeden Magiers erreichen und König der Magier werden. Dafür trainieren sie tagein, tagaus. Nachdem sie mit 15 Jahren endlich ihre Grimoires, Zauberbücher, die die magische Kraft erhöhen, erhalten haben, nehmen sie an der Eignungsprüfung für die Ritterorden teil. Die neun Ritterorden sind dem König der Magier unterstellt. Yuno, der eine große magische Kraft besitzt, wird im elitären Orden »Goldene Morgendämmerung« aufgenommen, wohingegen Asta, der keinerlei magische Kraft besitzt, im »Schwarzen Stier« landet, einer berüchtigten Chaostruppe. Beide haben also den ersten Schritt gemacht, um ihrem Ziel, König der Magier zu werden, ein wenig näher zu kommen.
Die Dunkle Triade greift das Königreich Heart an! Noelle und ihre Freunde werden von Vanica bezwungen und Lolopechka wird entführt. Asta und Yami erledigen Dante, werden dann aber von Zenon überrascht, der Yami verschleppt. Während Asta sich vorwirft, seinen Anführer nicht beschützt zu haben, trifft er auf den mysteriösen Nacht, der sich als Vizeanführer des Schwarzen Stiers entpuppt!

INHALT

BLACK ✤ CLOVER
27

★ Die nachfolgende Geschichte ist frei erfunden. Jede Ähnlichkeit mit realen Personen, Gruppen oder Geschehen wäre rein zufällig.

PAGE 262 ✿ KRIEGSRAT

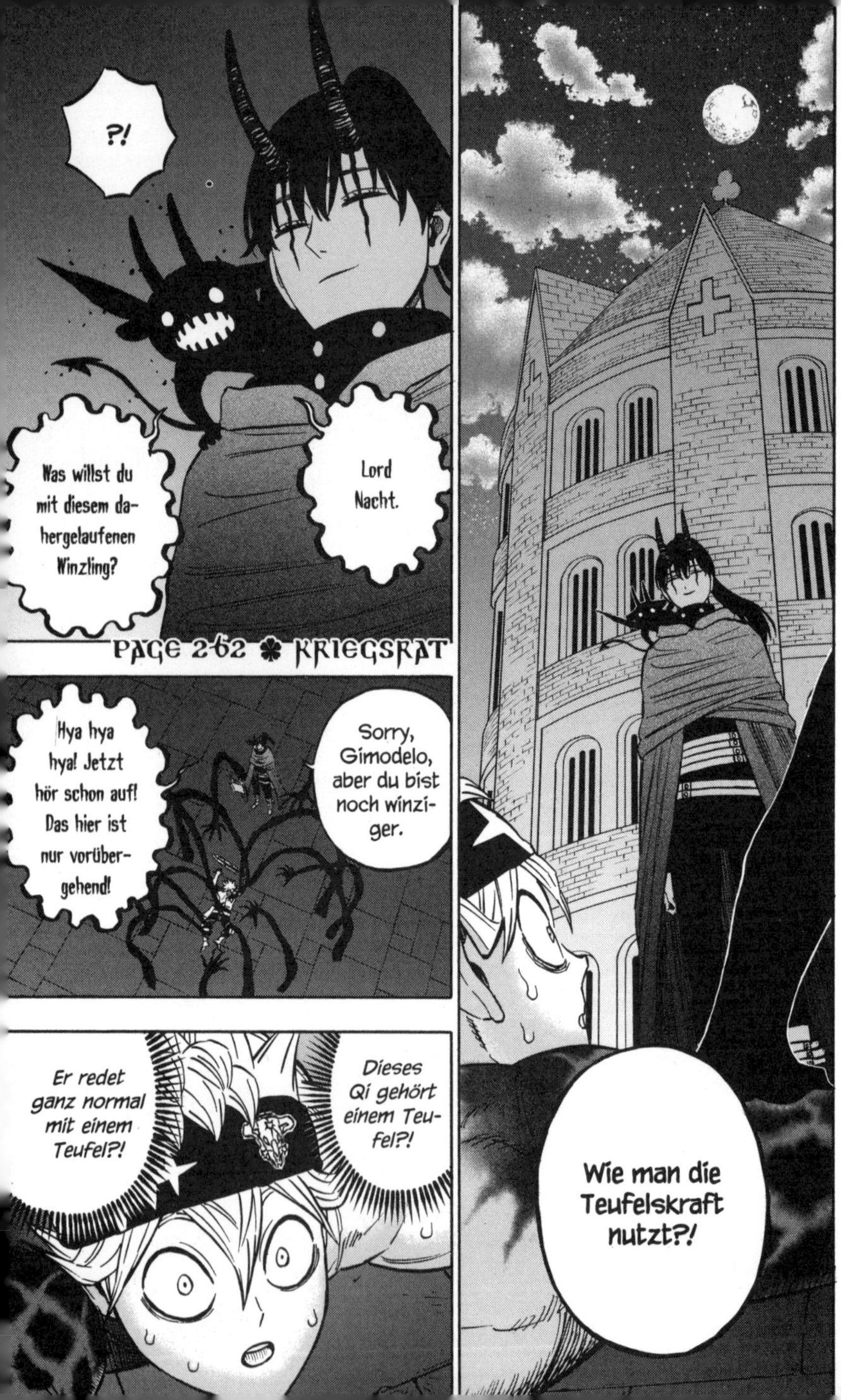

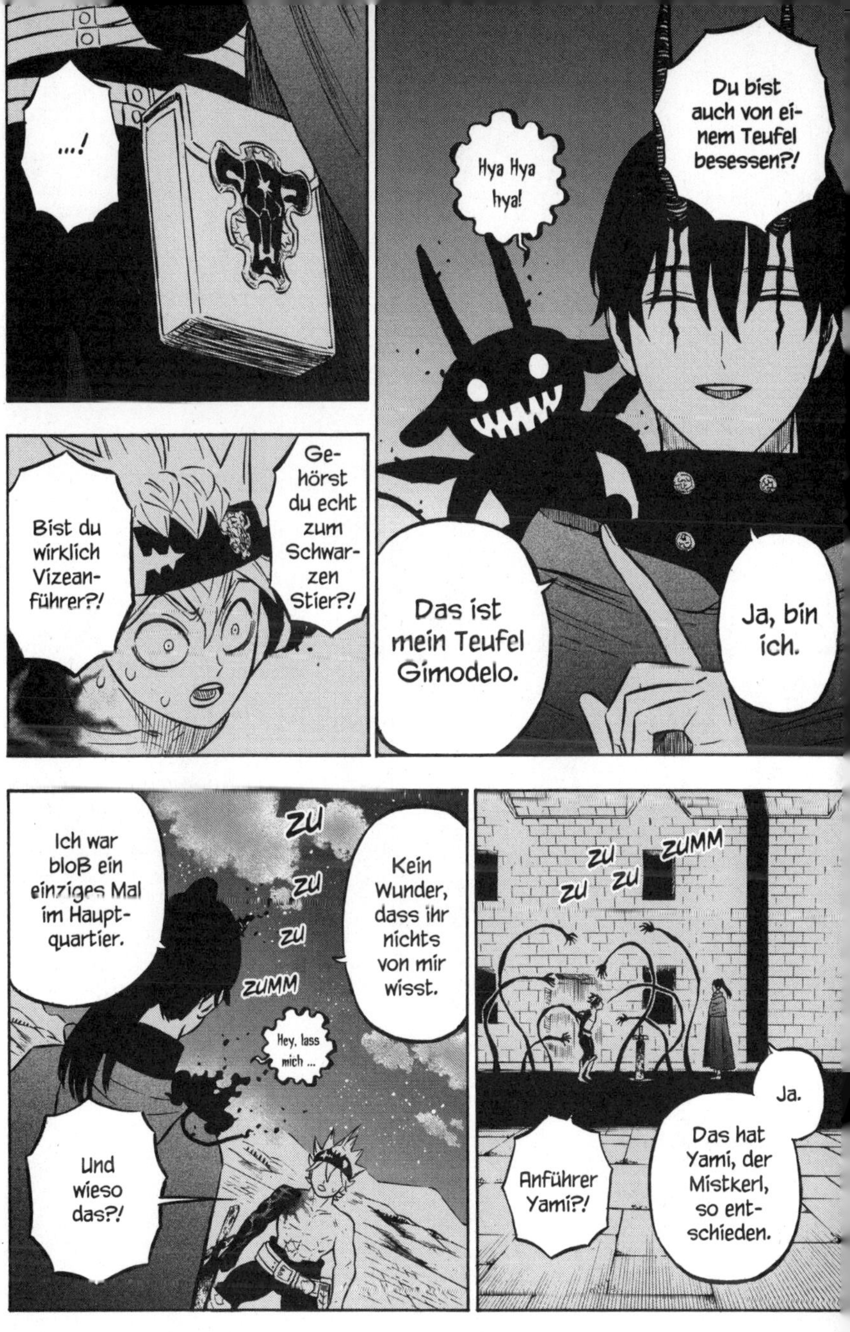

Du bist auch von einem Teufel besessen?!
Hya Hya hya!
Ja, bin ich.
Das ist mein Teufel Gimodelo.
...!
Gehörst du echt zum Schwarzen Stier?!
Bist du wirklich Vizeanführer?!
ZU ZU ZU ZU ZUMM
Ja.
Das hat Yami, der Mistkerl, so entschieden.
Anführer Yami?!
Kein Wunder, dass ihr nichts von mir wisst.
Ich war bloß ein einziges Mal im Hauptquartier.
ZU ZU ZU ZUMM
Hey, lass mich ...
Und wieso das?!

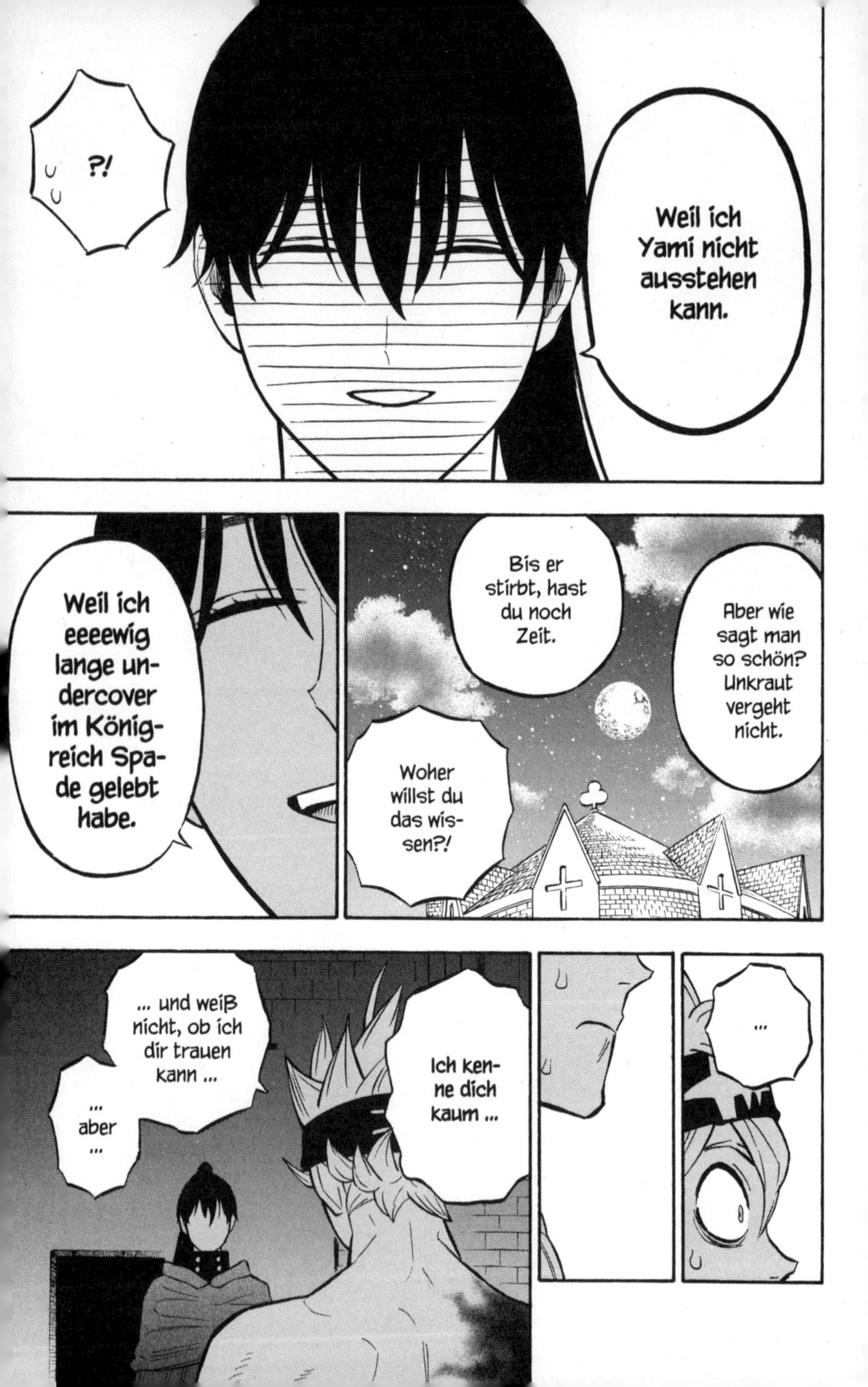
Weil ich Yami nicht ausstehen kann.
?!
Aber wie sagt man so schön? Unkraut vergeht nicht.
Bis er stirbt, hast du noch Zeit.
Woher willst du das wissen?!
Weil ich eeeewig lange undercover im Königreich Spade gelebt habe.
...
Ich kenne dich kaum ...
... und weiß nicht, ob ich dir trauen kann ...
... aber ...

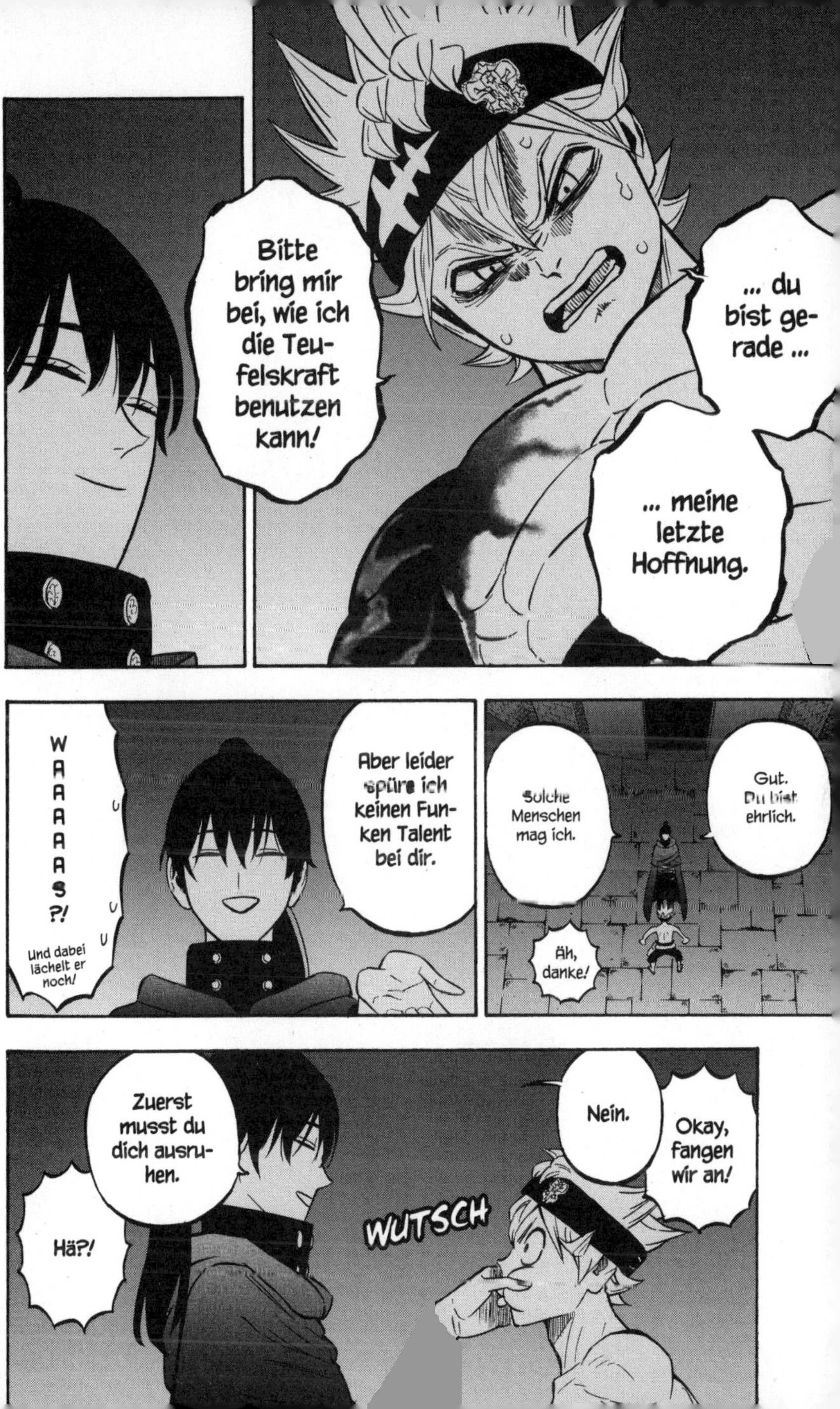

... du bist gerade ...
... meine letzte Hoffnung.
Bitte bring mir bei, wie ich die Teufelskraft benutzen kann!
Gut. Du bist ehrlich.
Solche Menschen mag ich.
Äh, danke!
Aber leider spüre ich keinen Funken Talent bei dir.
WAAAAAAS?!
Und dabei lächelt er noch!
Okay, fangen wir an!
Nein.
Zuerst musst du dich ausruhen.
WUTSCH
Hä?!

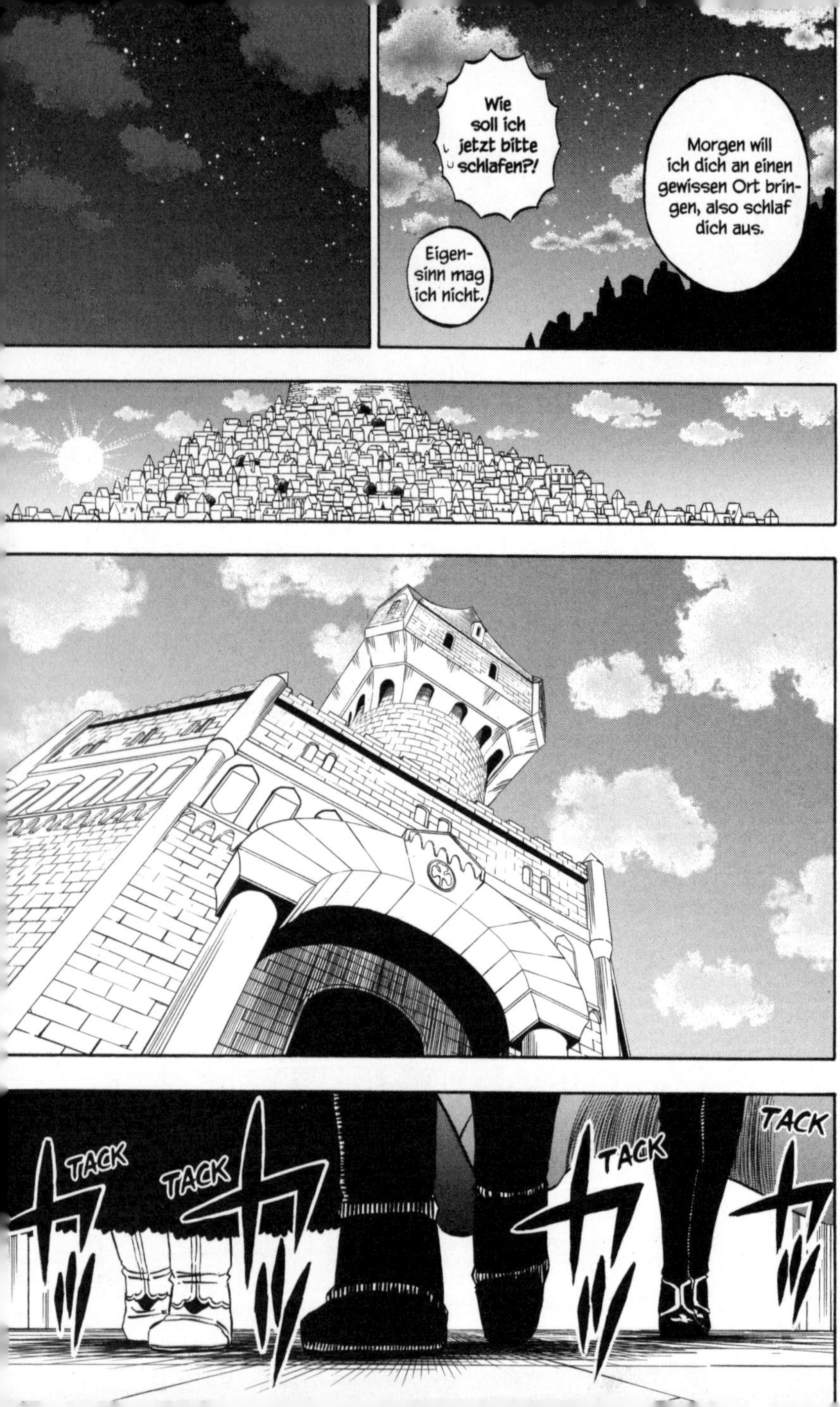
Morgen will ich dich an einen gewissen Ort bringen, also schlaf dich aus.
Wie soll ich jetzt bitte schlafen?!
Eigensinn mag ich nicht.
TACK
TACK
TACK
TACK

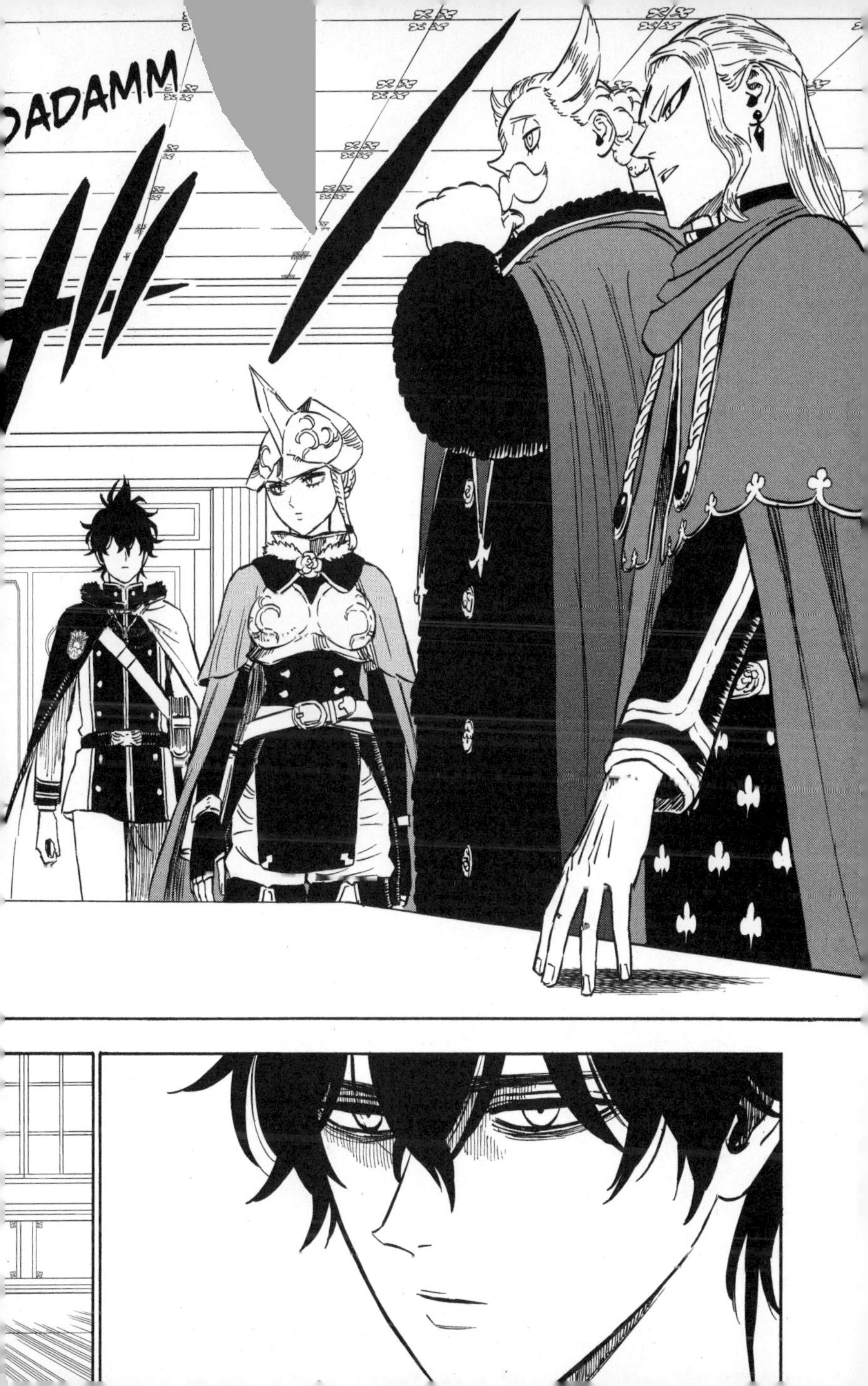
ADAMM

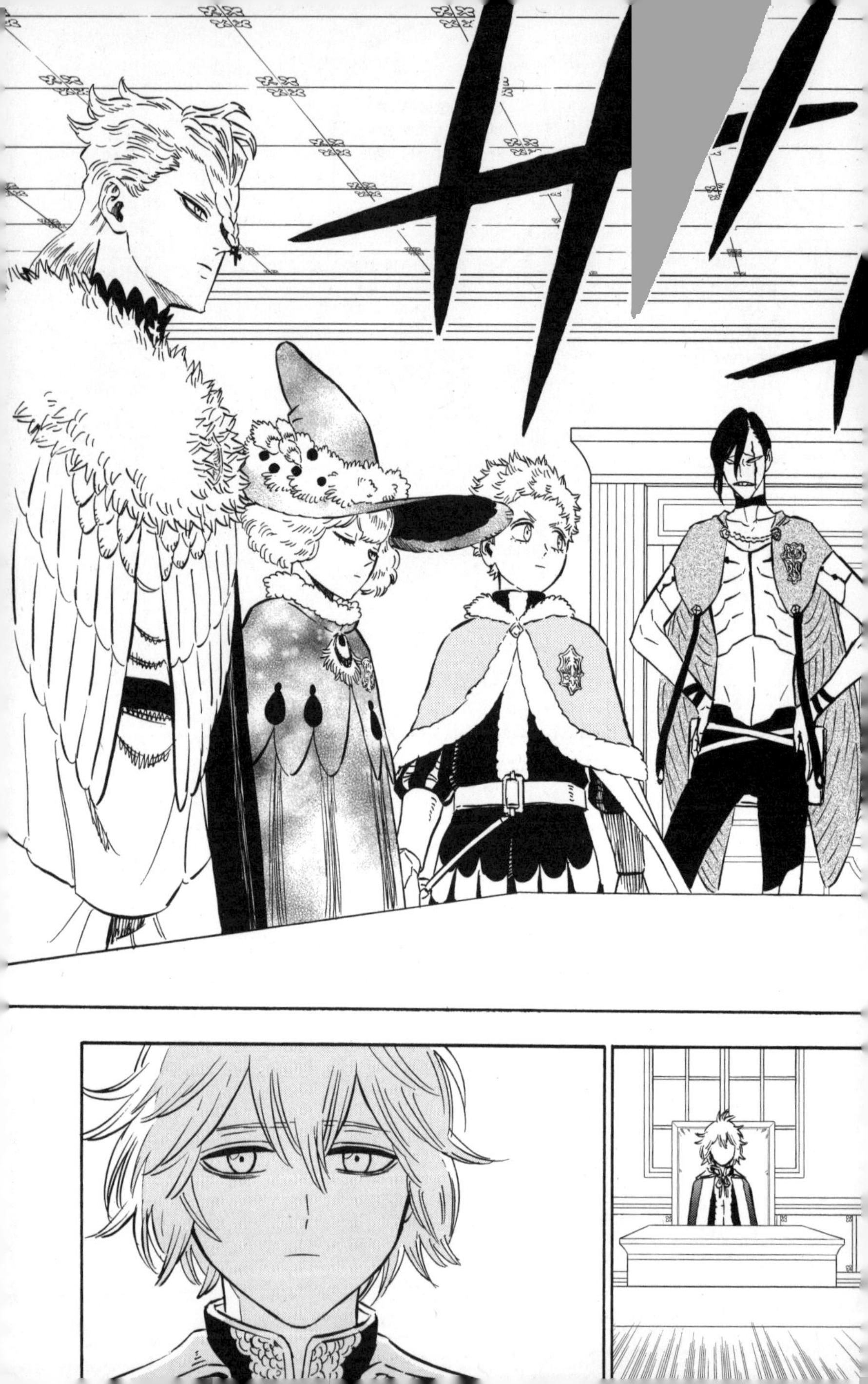

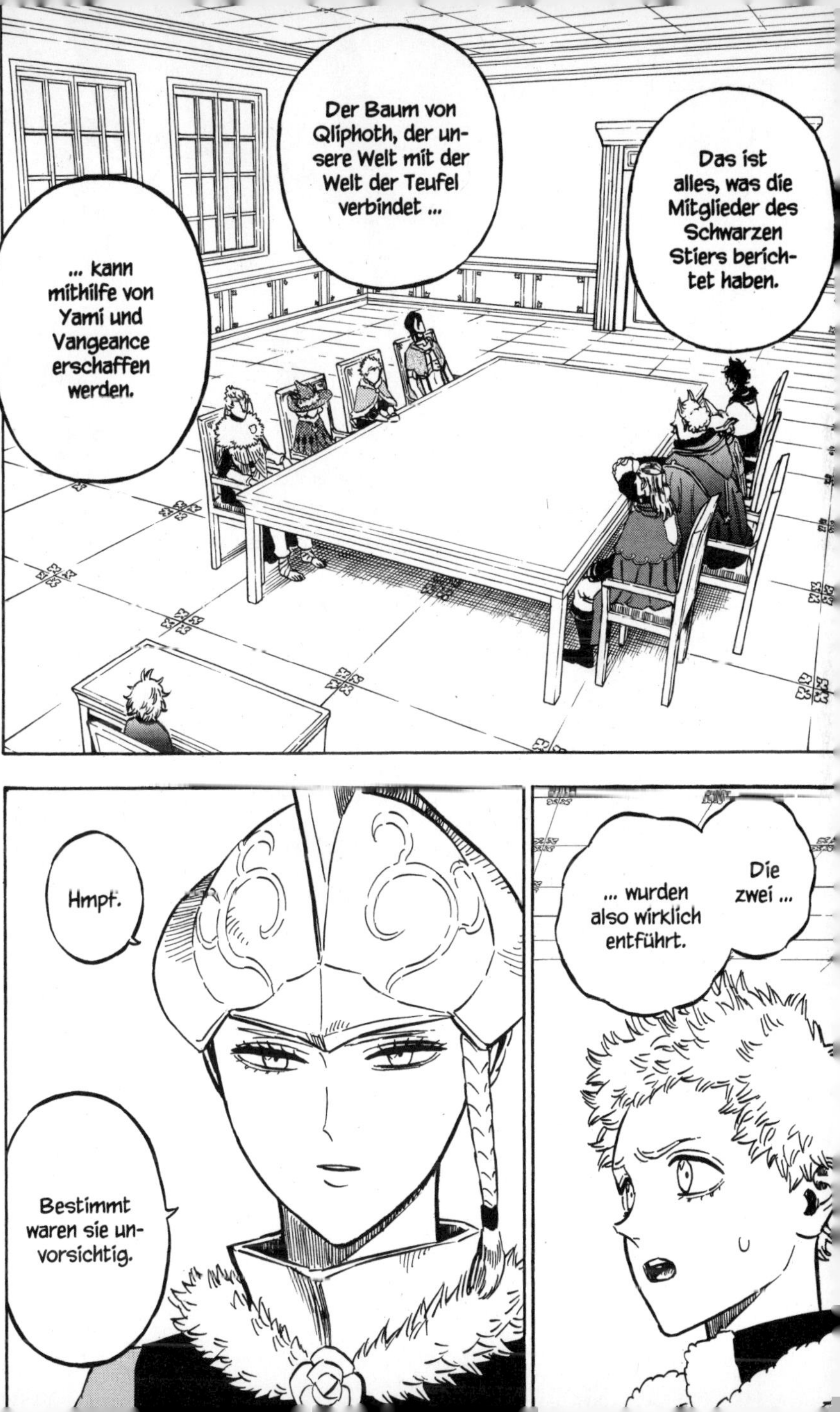
Das ist alles, was die Mitglieder des Schwarzen Stiers berichtet haben.
Der Baum von Qliphoth, der unsere Welt mit der Welt der Teufel verbindet ...
... kann mithilfe von Yami und Vangeance erschaffen werden.
Die zwei ...
... wurden also wirklich entführt.
Hmpf.
Bestimmt waren sie unvorsichtig.

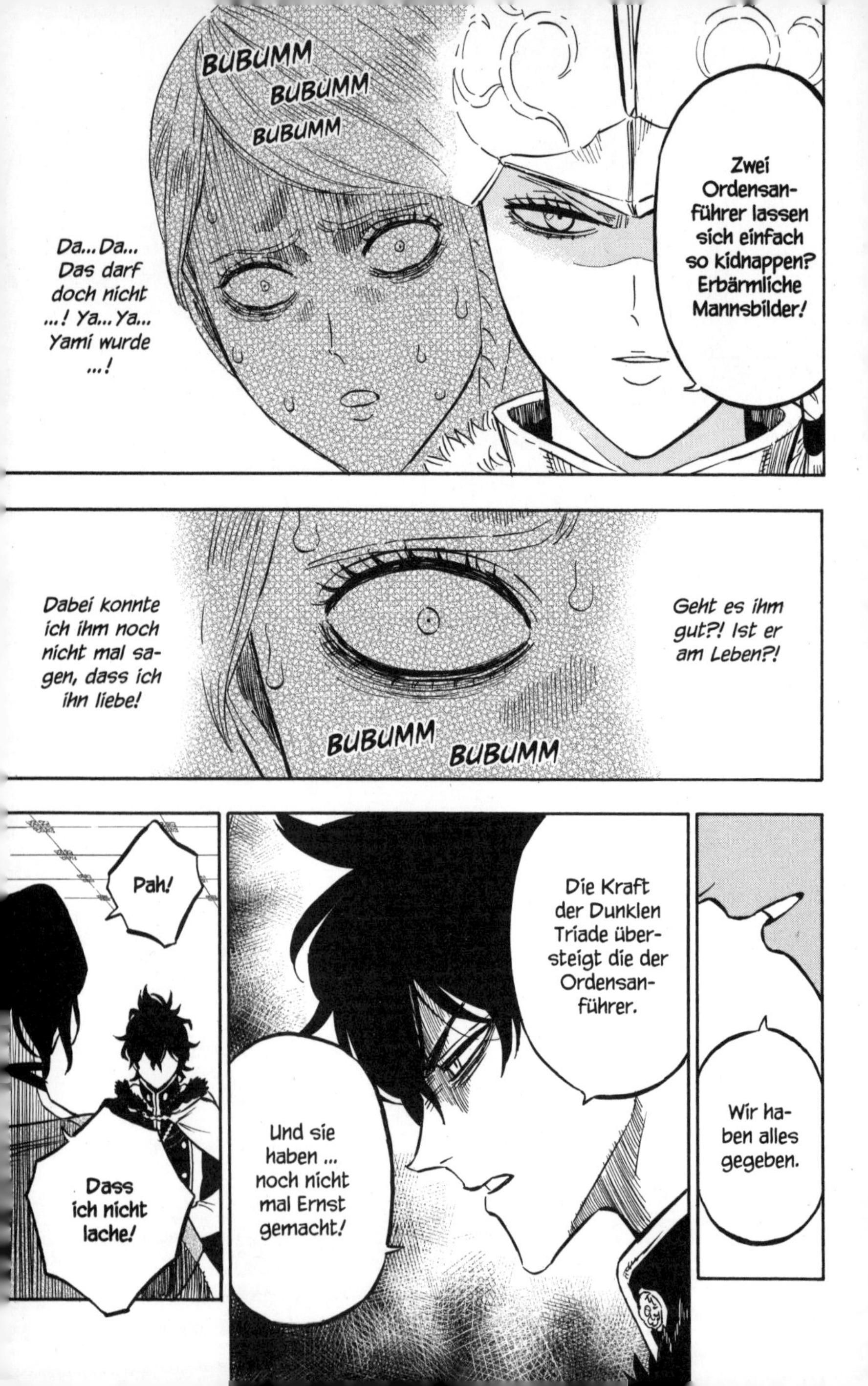

Zwei Ordensan-führer lassen sich einfach so kidnappen? Erbärmliche Mannsbilder!
BUBUMM
BUBUMM
BUBUMM
Da...Da... Das darf doch nicht ...! Ya...Ya... Yami wurde ...!
Geht es ihm gut?! Ist er am Leben?!
Dabei konnte ich ihm noch nicht mal sa-gen, dass ich ihn liebe!
BUBUMM
BUBUMM
Wir ha-ben alles gegeben.
Die Kraft der Dunklen Triade über-steigt die der Ordensan-führer.
Und sie haben ... noch nicht mal Ernst gemacht!
Pah!
Dass ich nicht lache!

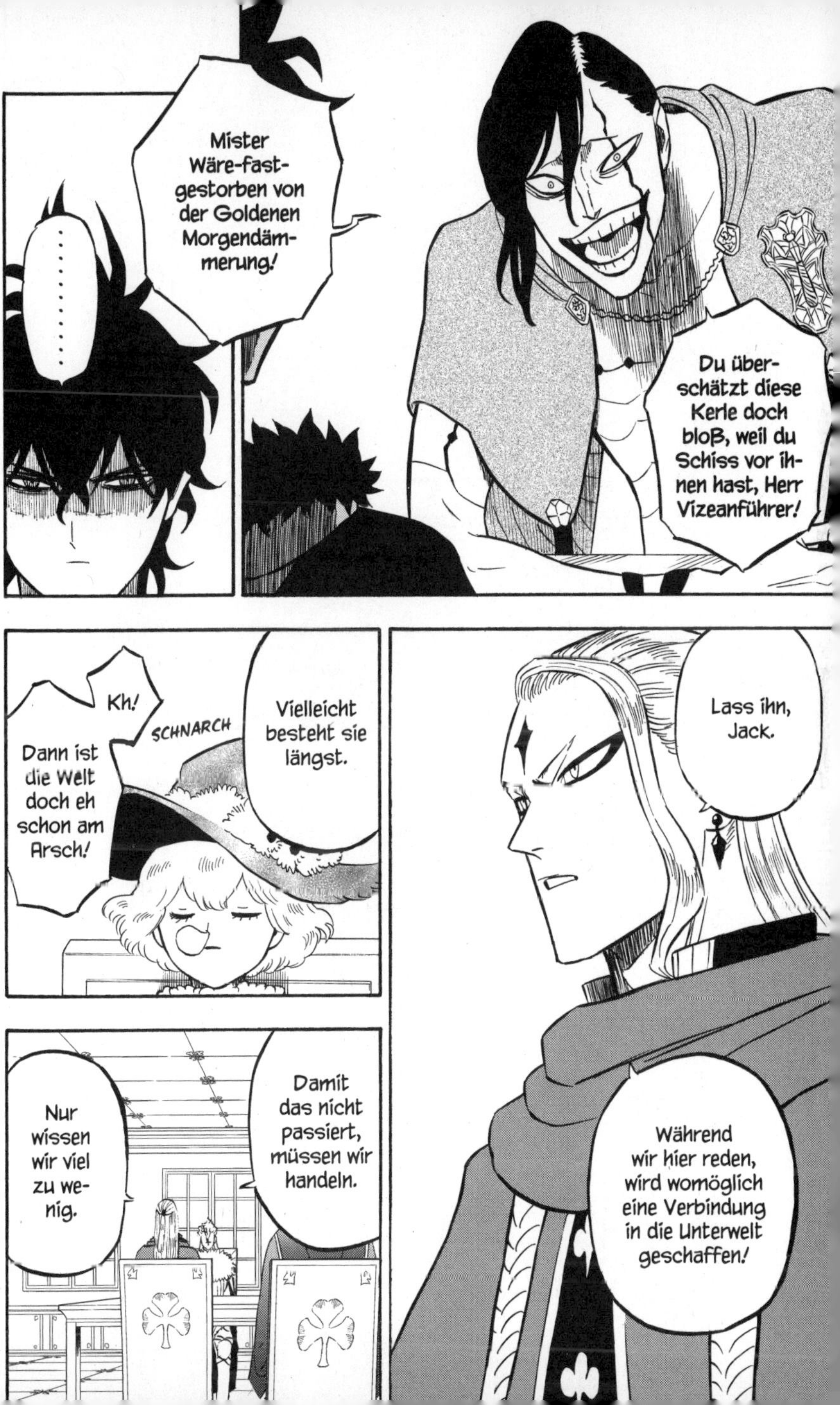
Du überschätzt diese Kerle doch bloß, weil du Schiss vor ihnen hast, Herr Vizeanführer!
Mister Wäre-fast-gestorben von der Goldenen Morgendämmerung!
......
Lass ihn, Jack.
Vielleicht besteht sie längst.
Kh!
Dann ist die Welt doch eh schon am Arsch!
SCHNARCH
Während wir hier reden, wird womöglich eine Verbindung in die Unterwelt geschaffen!
Damit das nicht passiert, müssen wir handeln.
Nur wissen wir viel zu wenig.

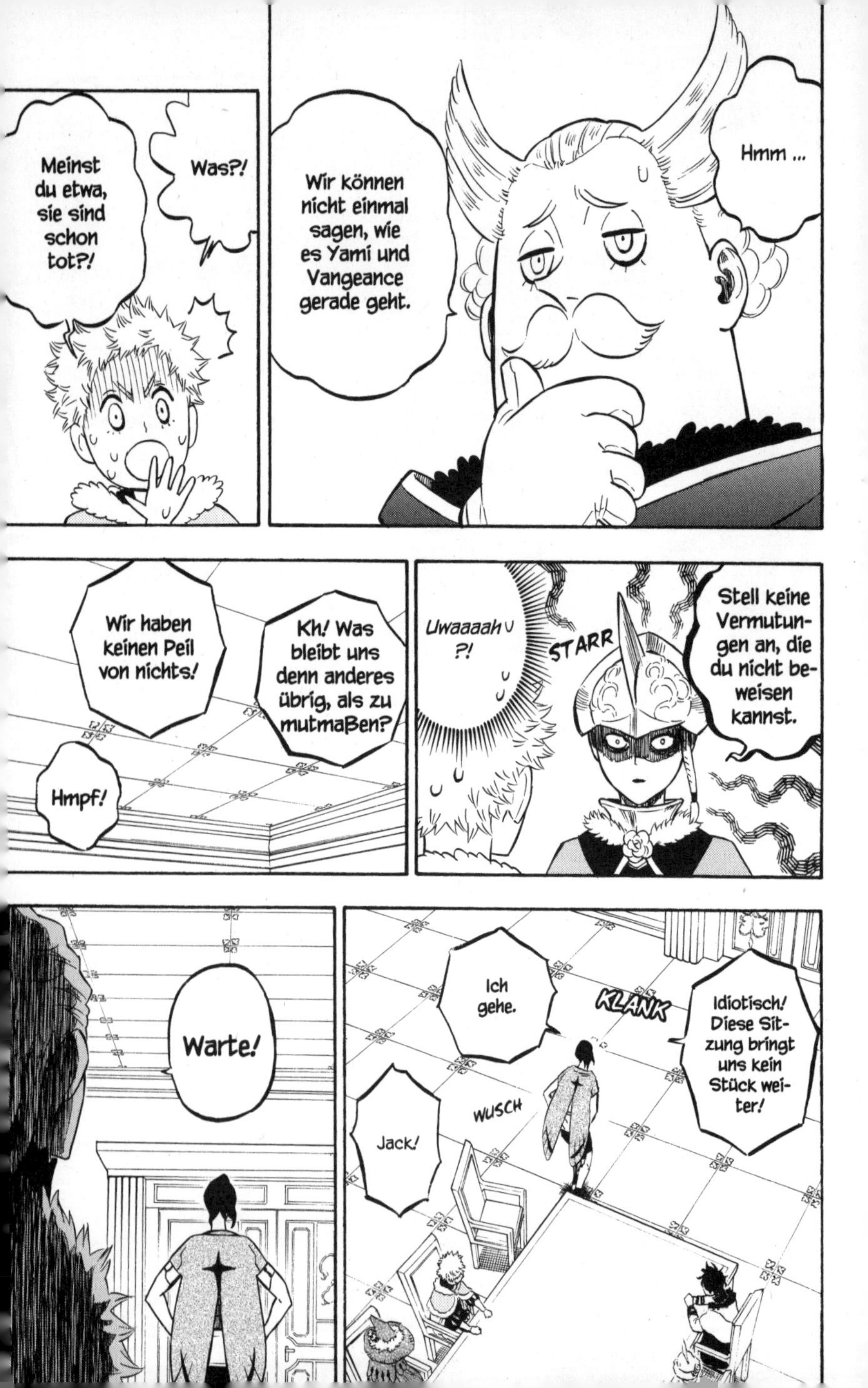

Hmm ...
Wir können nicht einmal sagen, wie es Yami und Vangeance gerade geht.
Was?!
Meinst du etwa, sie sind schon tot?!
Stell keine Vermutungen an, die du nicht beweisen kannst.
STARR
Uwaaaah ?!
Kh! Was bleibt uns denn anderes übrig, als zu mutmaßen?
Wir haben keinen Peil von nichts!
Hmpf!
Idiotisch! Diese Sitzung bringt uns kein Stück weiter!
KLANK
Ich gehe.
WUSCH
Jack!
Warte!

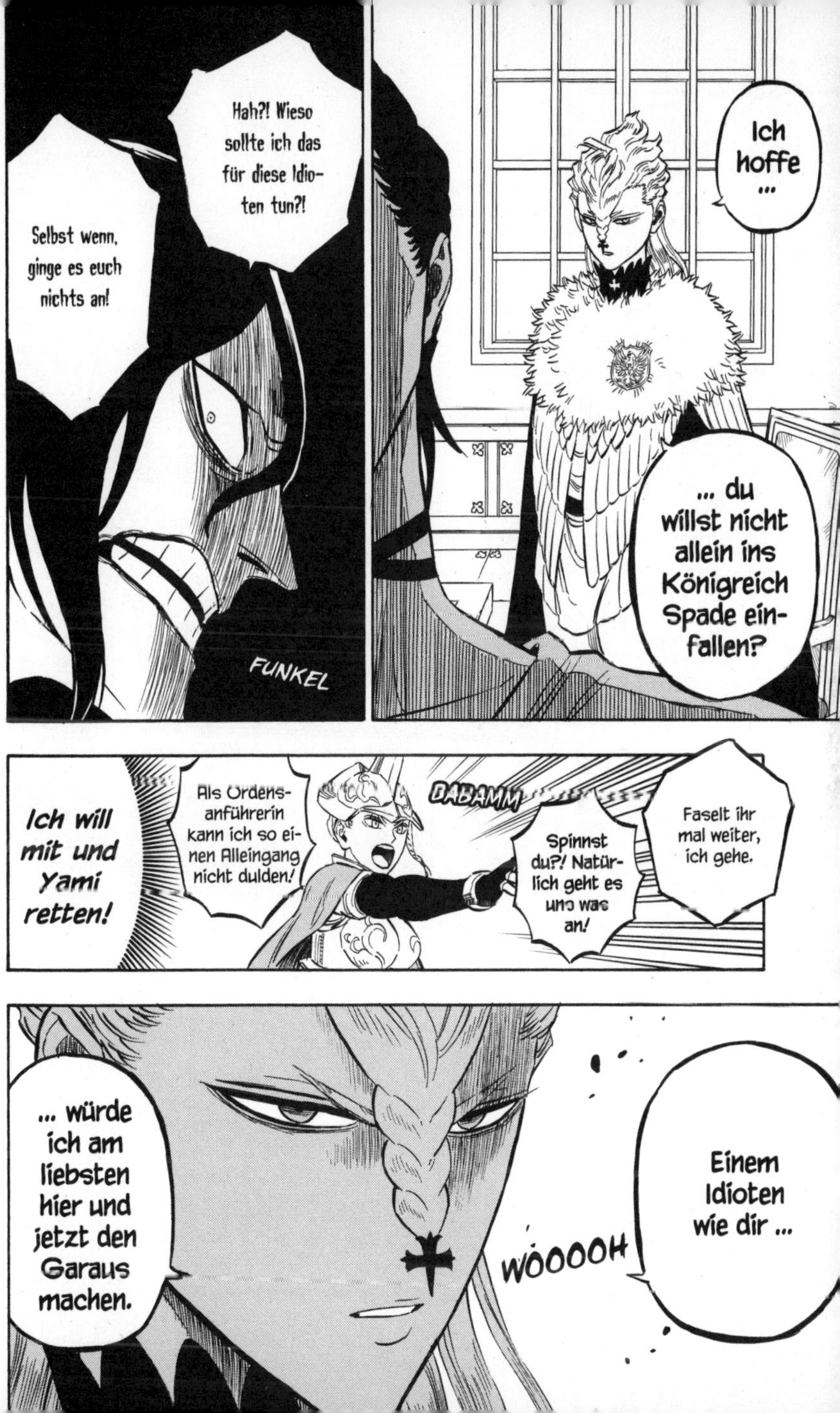
Ich hoffe ...
... du willst nicht allein ins Königreich Spade einfallen?
Hah?! Wieso sollte ich das für diese Idioten tun?!
Selbst wenn, ginge es euch nichts an!
FUNKEL
Faselt ihr mal weiter, ich gehe.
Spinnst du?! Natürlich geht es uns was an!
DABAMM
Als Ordensanführerin kann ich so einen Alleingang nicht dulden!
Ich will mit und Yami retten!
Einem Idioten wie dir ...
WOOOOH
... würde ich am liebsten hier und jetzt den Garaus machen.

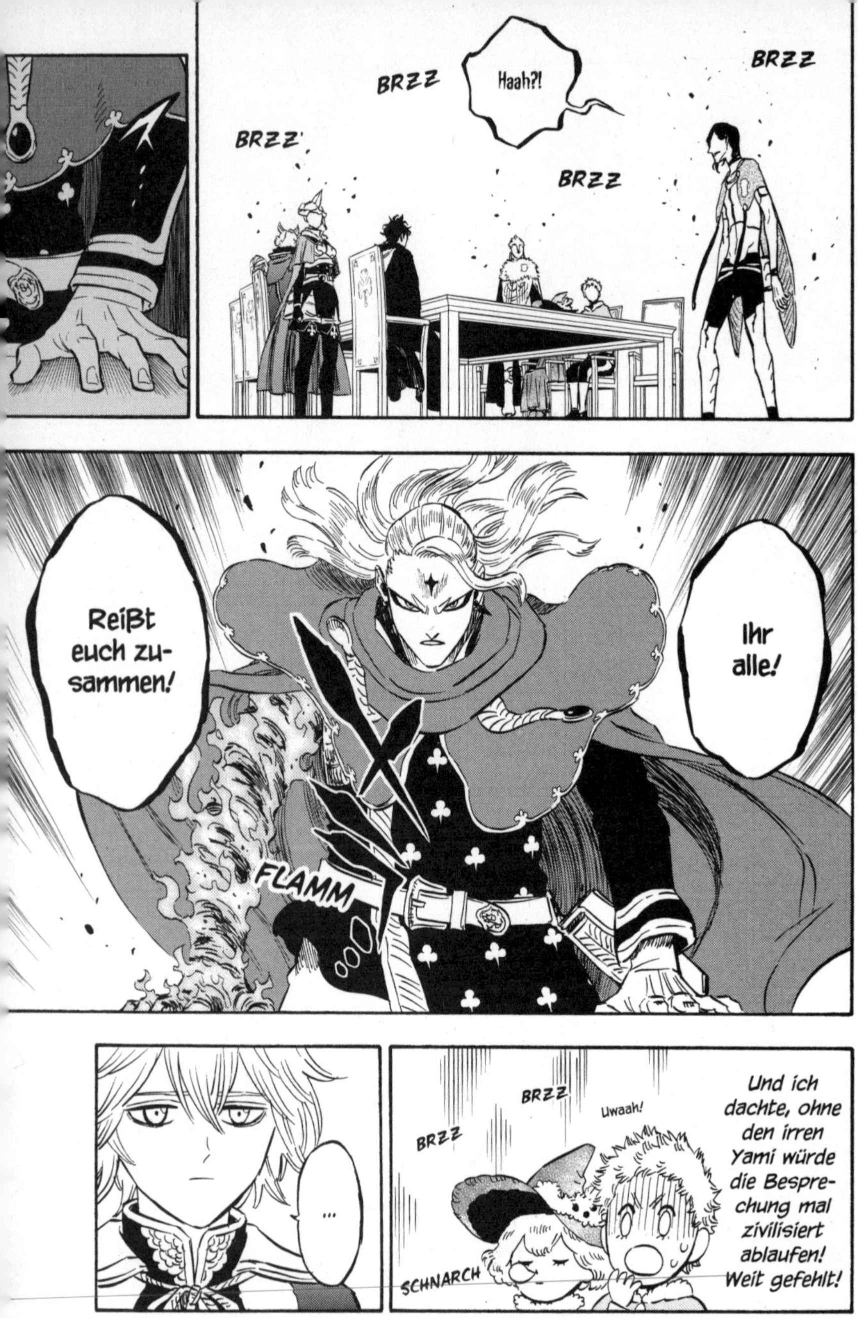
BRZZ
Haah?!
BRZZ
BRZZ
BRZZ
Reißt euch zusammen!
Ihr alle!
FLAMM
Und ich dachte, ohne den irren Yami würde die Besprechung mal zivilisiert ablaufen! Weit gefehlt!
BRZZ
Uwaah!
BRZZ
SCHNARCH
...

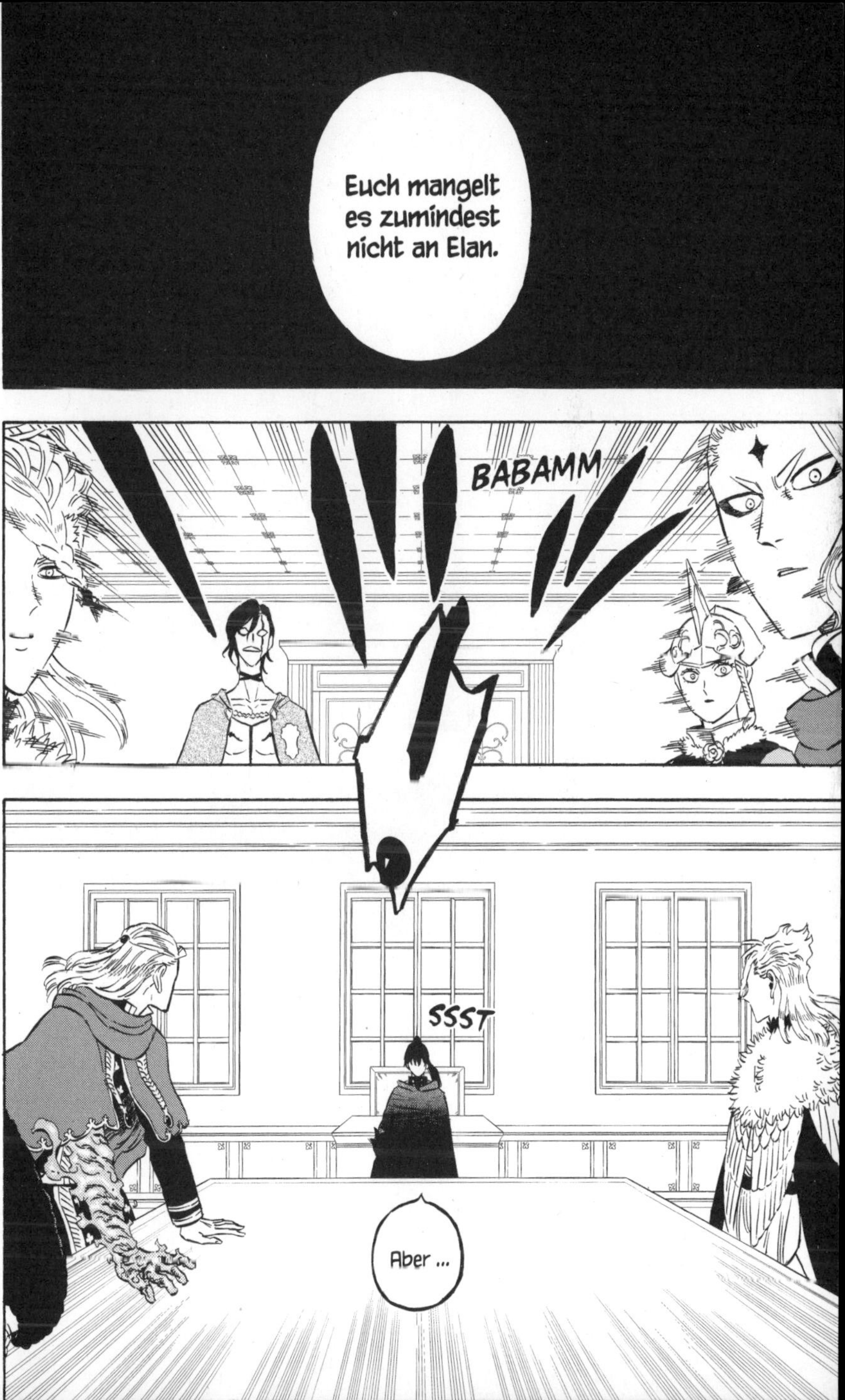
Euch mangelt es zumindest nicht an Elan.
BABAMM
SSST
Aber ...

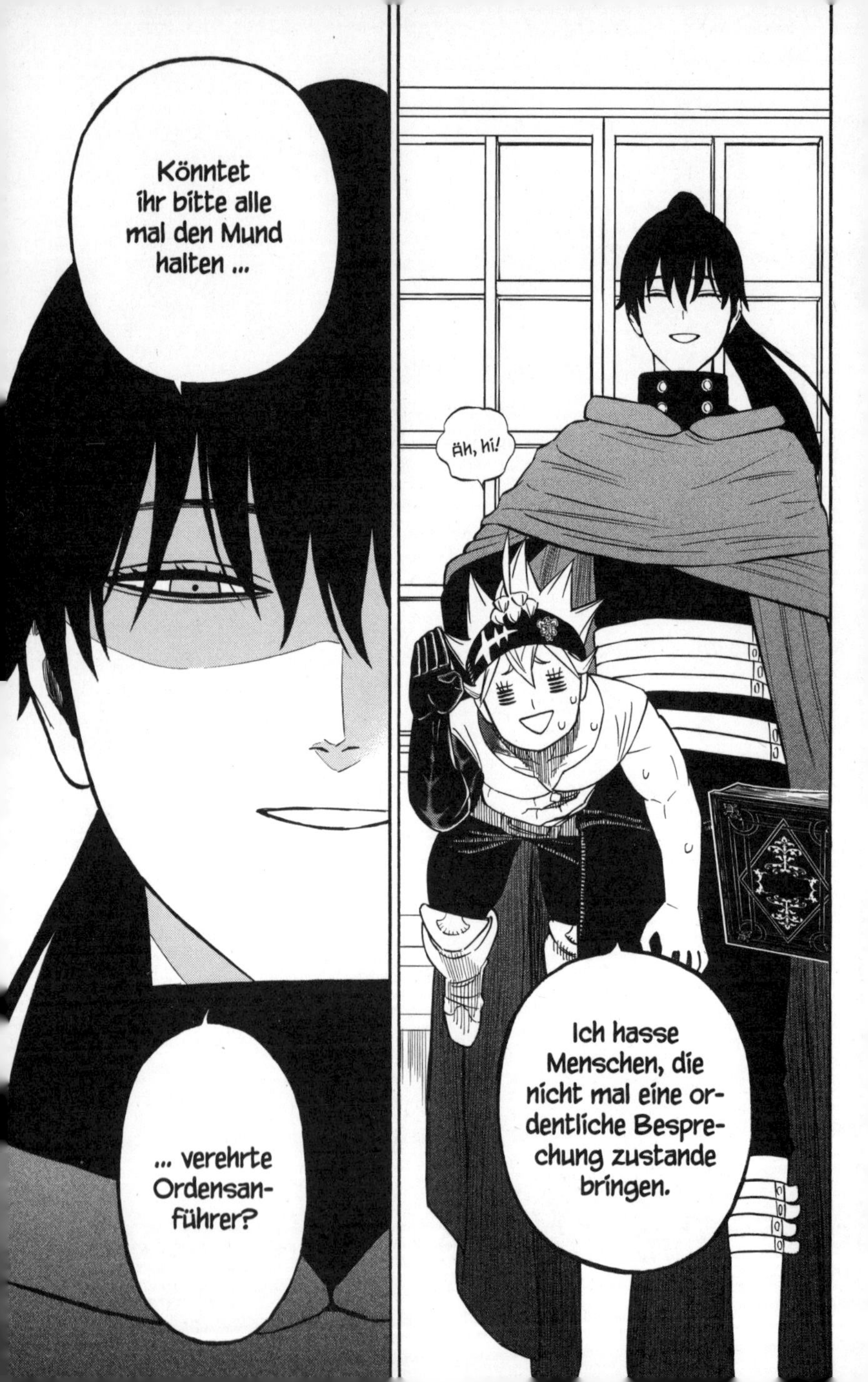
Äh, hi!
Ich hasse Menschen, die nicht mal eine ordentliche Besprechung zustande bringen.
Könntet ihr bitte alle mal den Mund halten ...
... verehrte Ordensanführer?

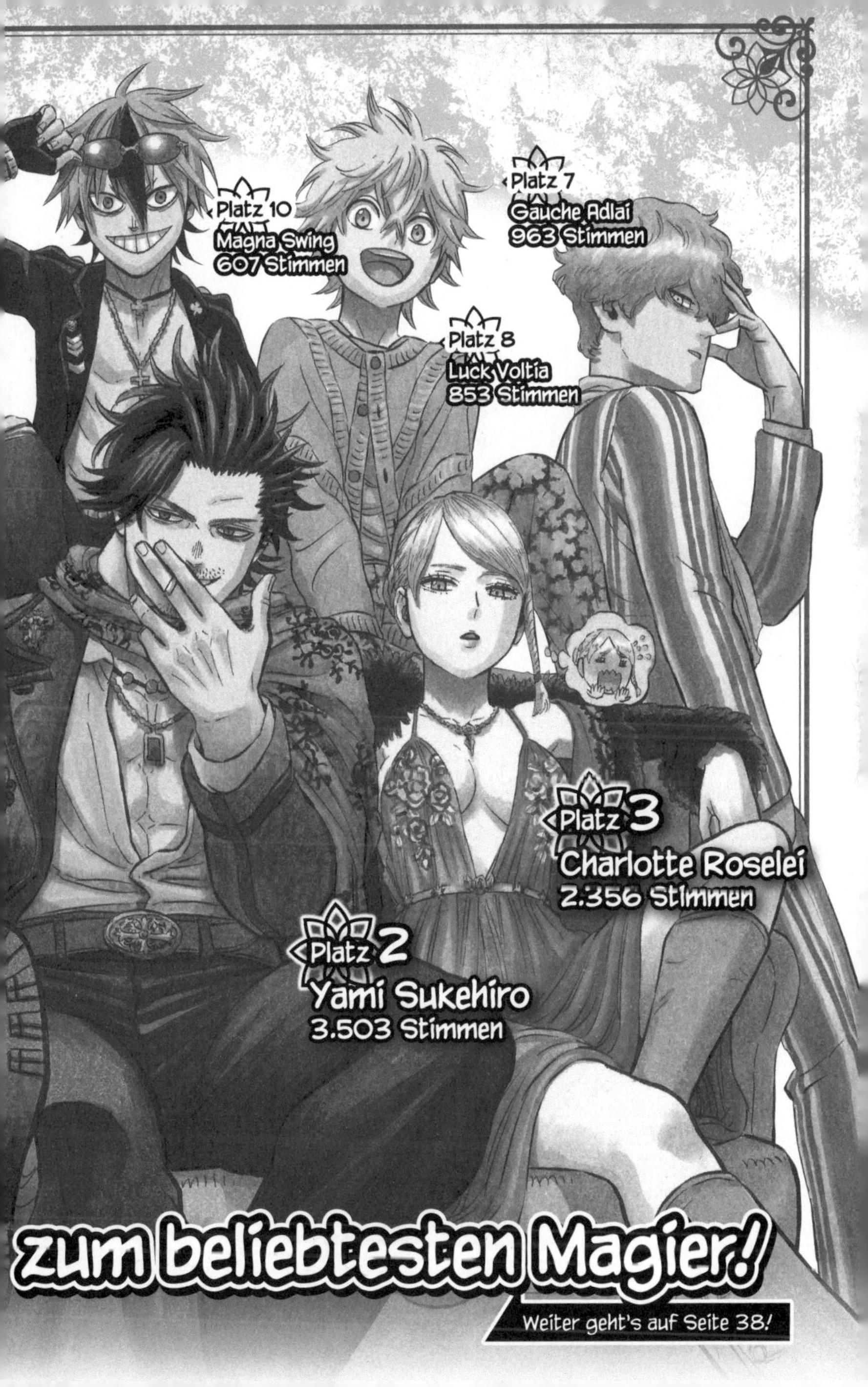
Platz 10
Magna Swing
607 Stimmen
Platz 7
Gauche Adlai
963 Stimmen
Platz 8
Luck Voltia
853 Stimmen
Platz 3
Charlotte Roselei
2.356 Stimmen
Platz 2
Yami Sukehiro
3.503 Stimmen
zum beliebtesten Magier!
Weiter geht's auf Seite 38!

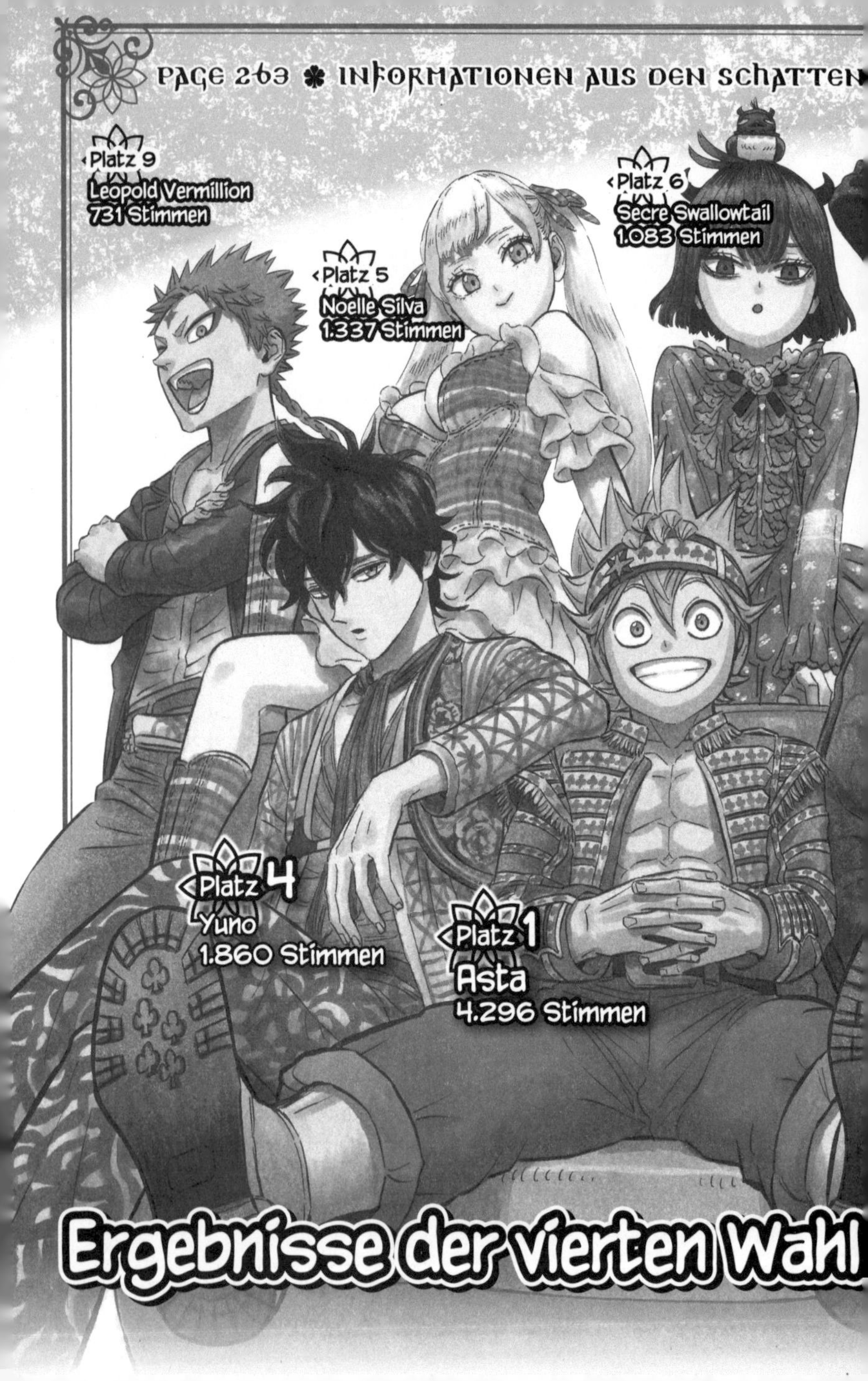
PAGE 263 ✤ INFORMATIONEN AUS DEN SCHATTEN
Platz 9
Leopold Vermillion
731 Stimmen
Platz 6
Secre Swallowtail
1.083 Stimmen
Platz 5
Noelle Silva
1.337 Stimmen
Platz 4
Yuno
1.860 Stimmen
Platz 1
Asta
4.296 Stimmen
Ergebnisse der vierten Wahl

DAS MOMENTANE ALTER DER FIGUREN

17 Jahre

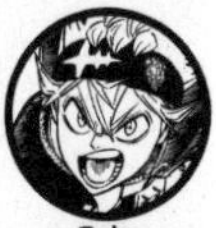
Asta

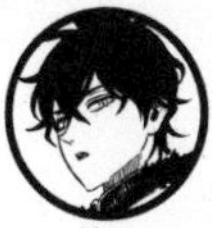
Yuno

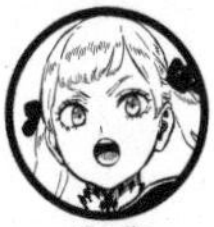
Noelle

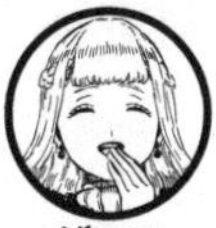
Mimosa

18 Jahre

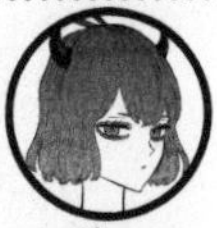
Nero

19 Jahre

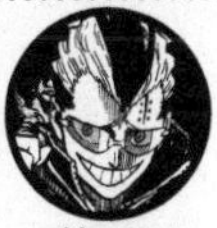
Magna

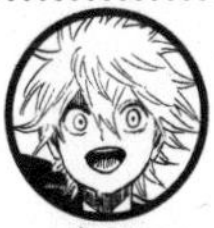
Luck

20 Jahre

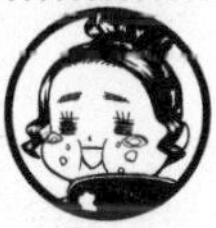
Charmy

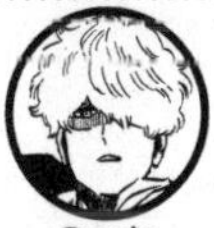
Gauche

22 Jahre

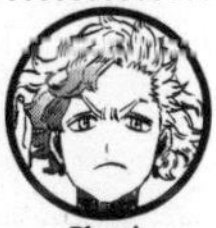
Finral

25 Jahre

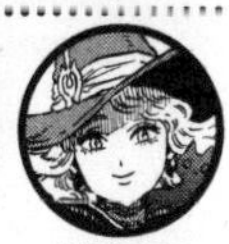
Vanessa

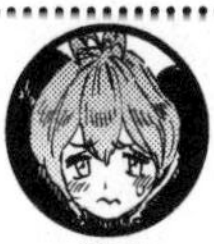
Grey

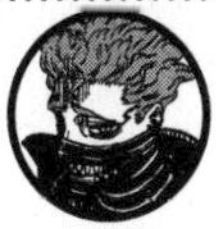
Zora

26 Jahre

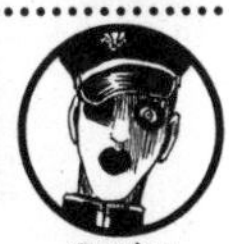
Gordon

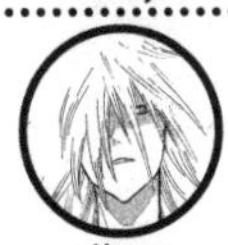
Henry

29 Jahre

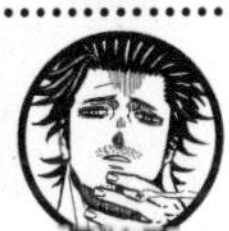
Yami

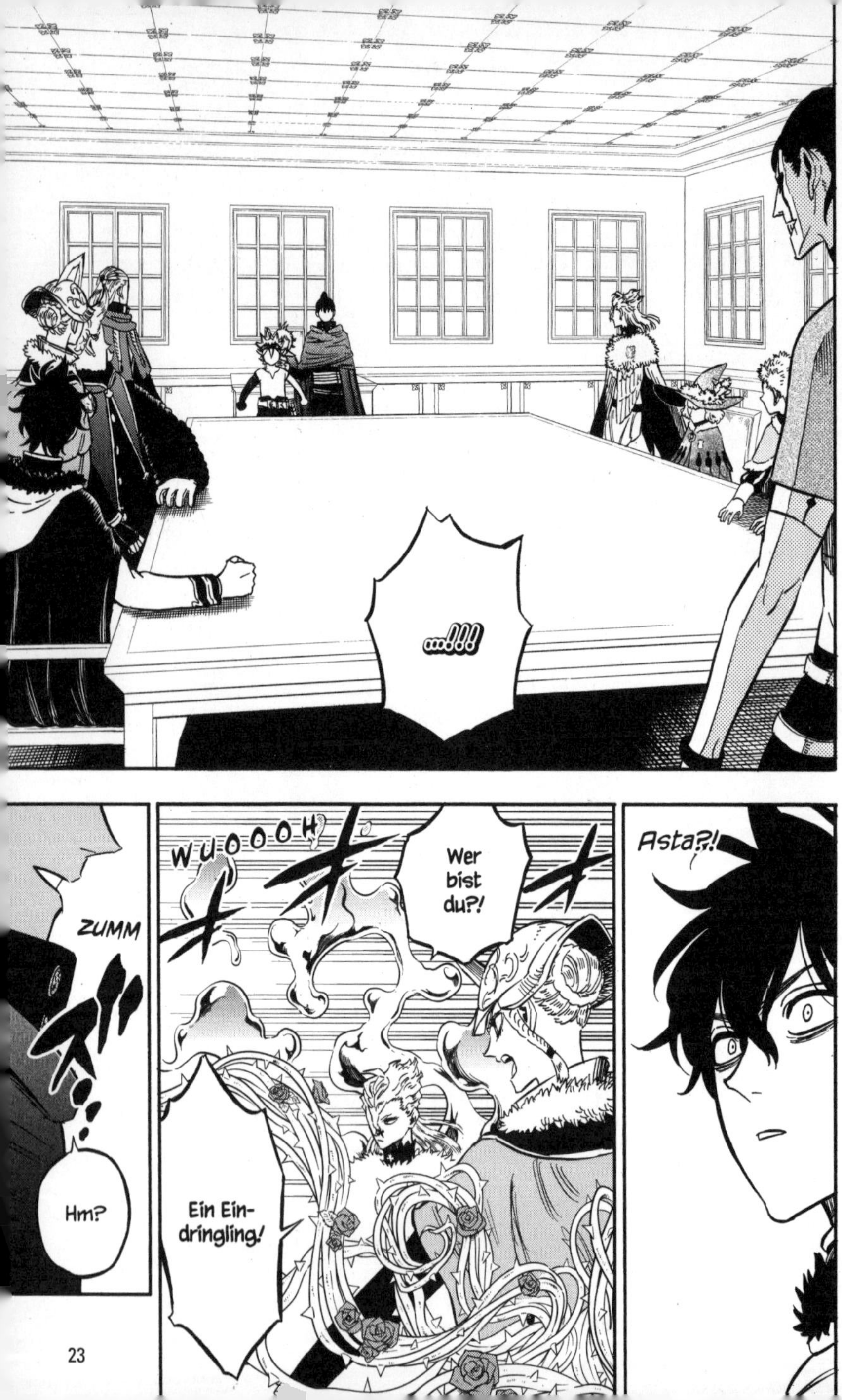
...!!!
Asta?!
Wer bist du?!
WUOOOH
Ein Eindringling!
ZUMM
Hm?

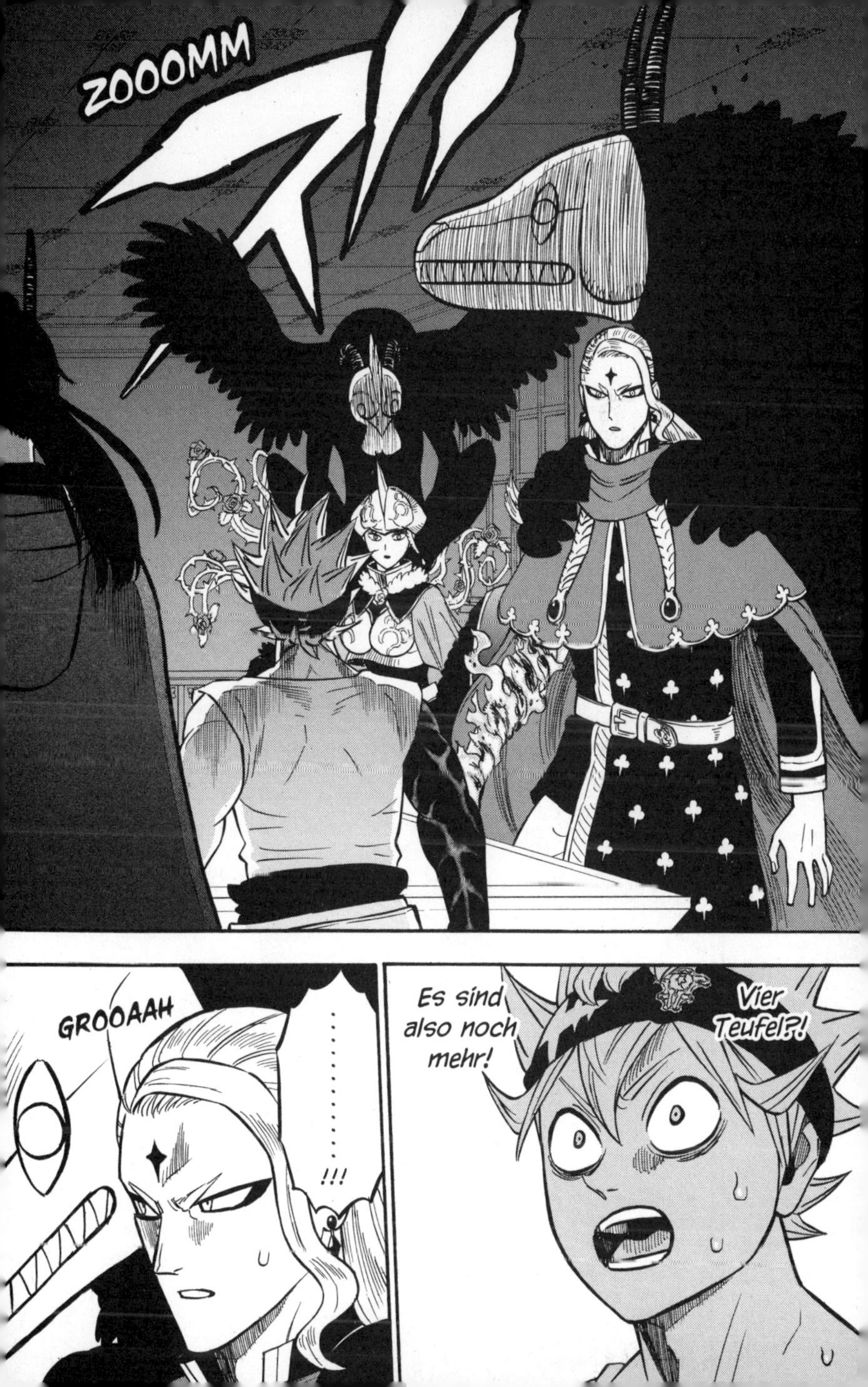
ZOOOMM
Vier Teufel?!
Es sind also noch mehr!
......
!!!
GROOAAH

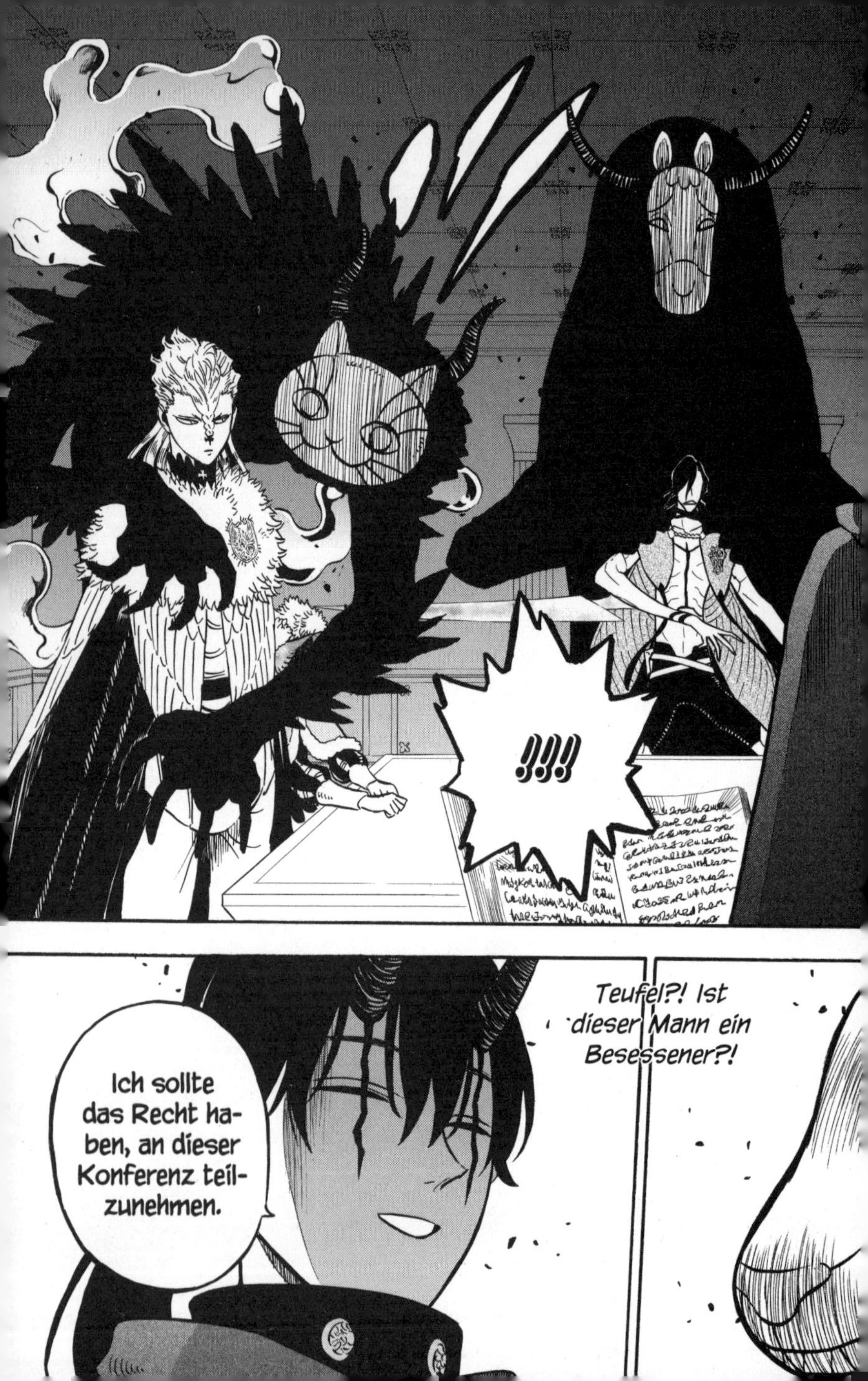
!!!!
Teufel?! Ist dieser Mann ein Besessener?!
Ich sollte das Recht haben, an dieser Konferenz teilzunehmen.

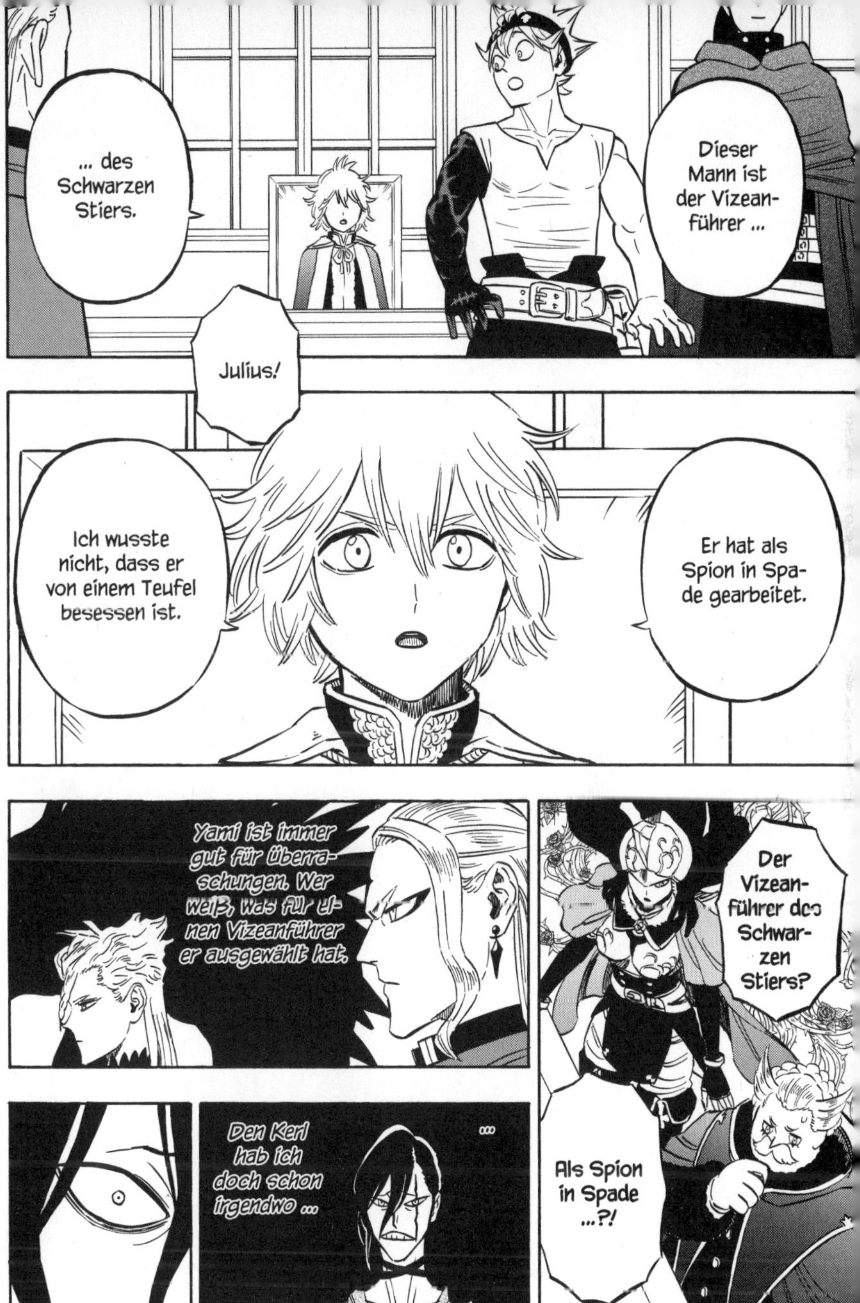
Dieser Mann ist der Vizeanführer ...
... des Schwarzen Stiers.
Julius!
Er hat als Spion in Spade gearbeitet.
Ich wusste nicht, dass er von einem Teufel besessen ist.
Der Vizeanführer des Schwarzen Stiers?
Als Spion in Spade ...?!
Yami ist immer gut für Überraschungen. Wer weiß, was für einen Vizeanführer er ausgewählt hat.
...
Den Kerl hab ich doch schon irgendwo ...

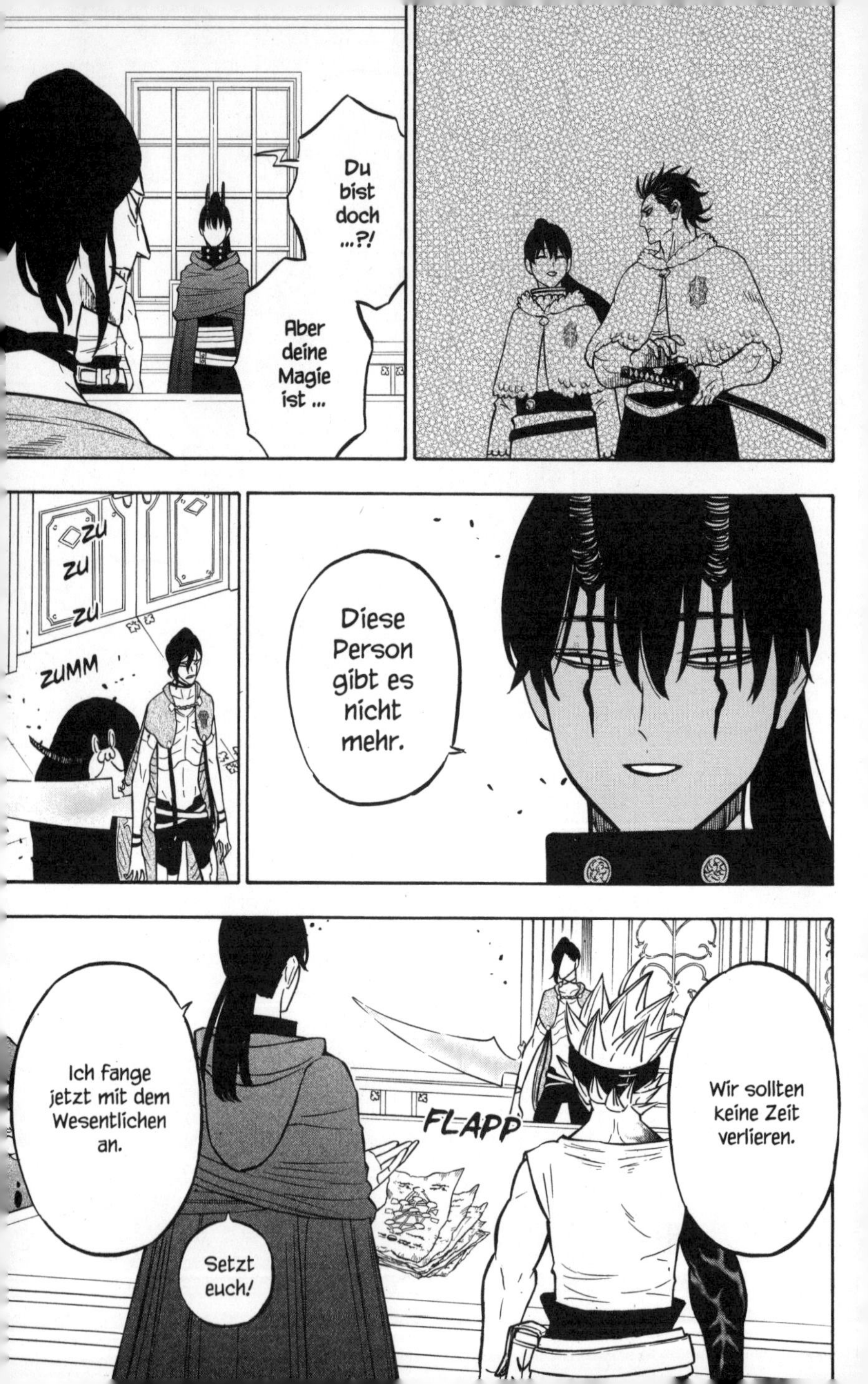
Du bist doch ...?!
Aber deine Magie ist ...
Diese Person gibt es nicht mehr.
ZU ZU ZU
ZUMM
Wir sollten keine Zeit verlieren.
FLAPP
Ich fange jetzt mit dem Wesentlichen an.
Setzt euch!

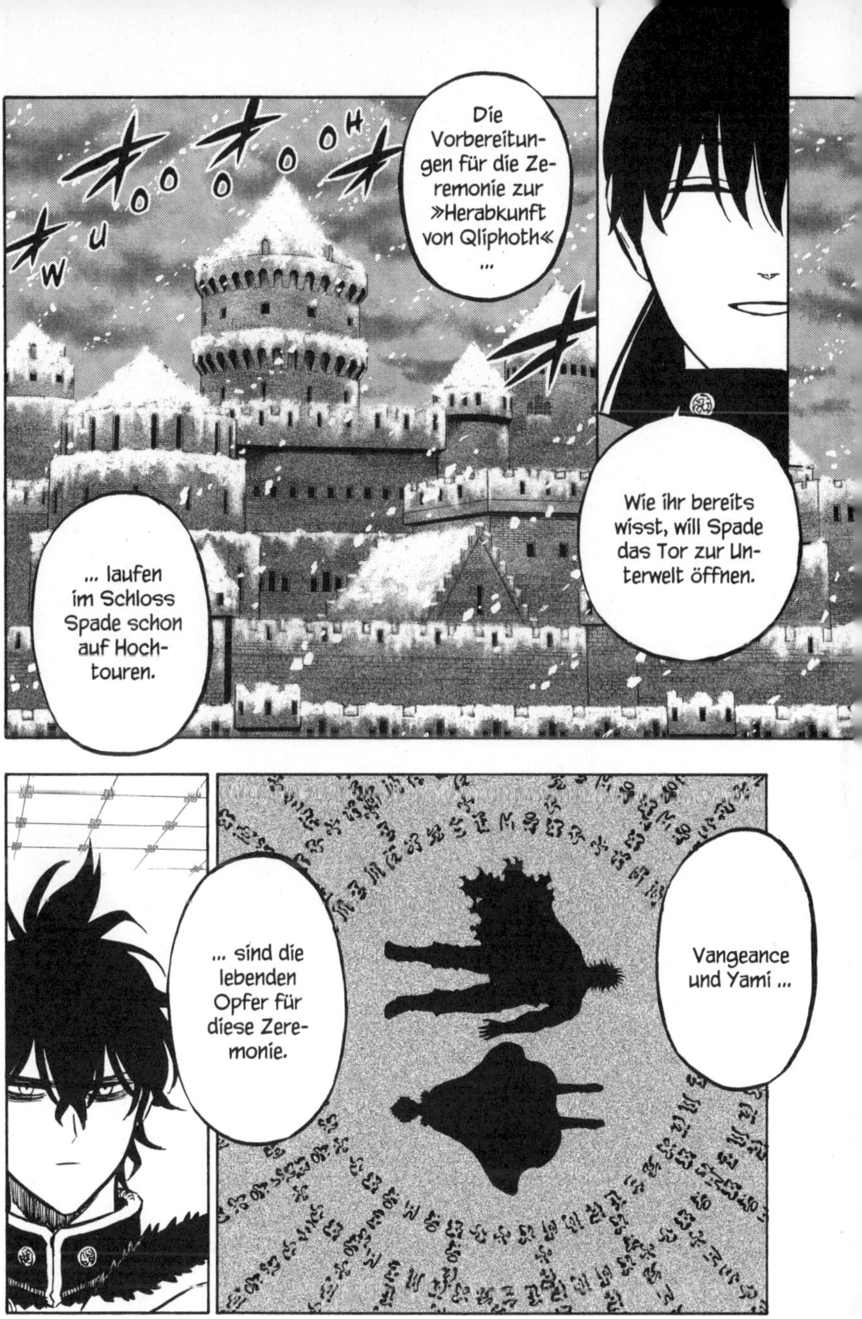

WUOOOOOH
Die Vorbereitungen für die Zeremonie zur »Herabkunft von Qliphoth« …
… laufen im Schloss Spade schon auf Hochtouren.
Wie ihr bereits wisst, will Spade das Tor zur Unterwelt öffnen.
Vangeance und Yami …
… sind die lebenden Opfer für diese Zeremonie.

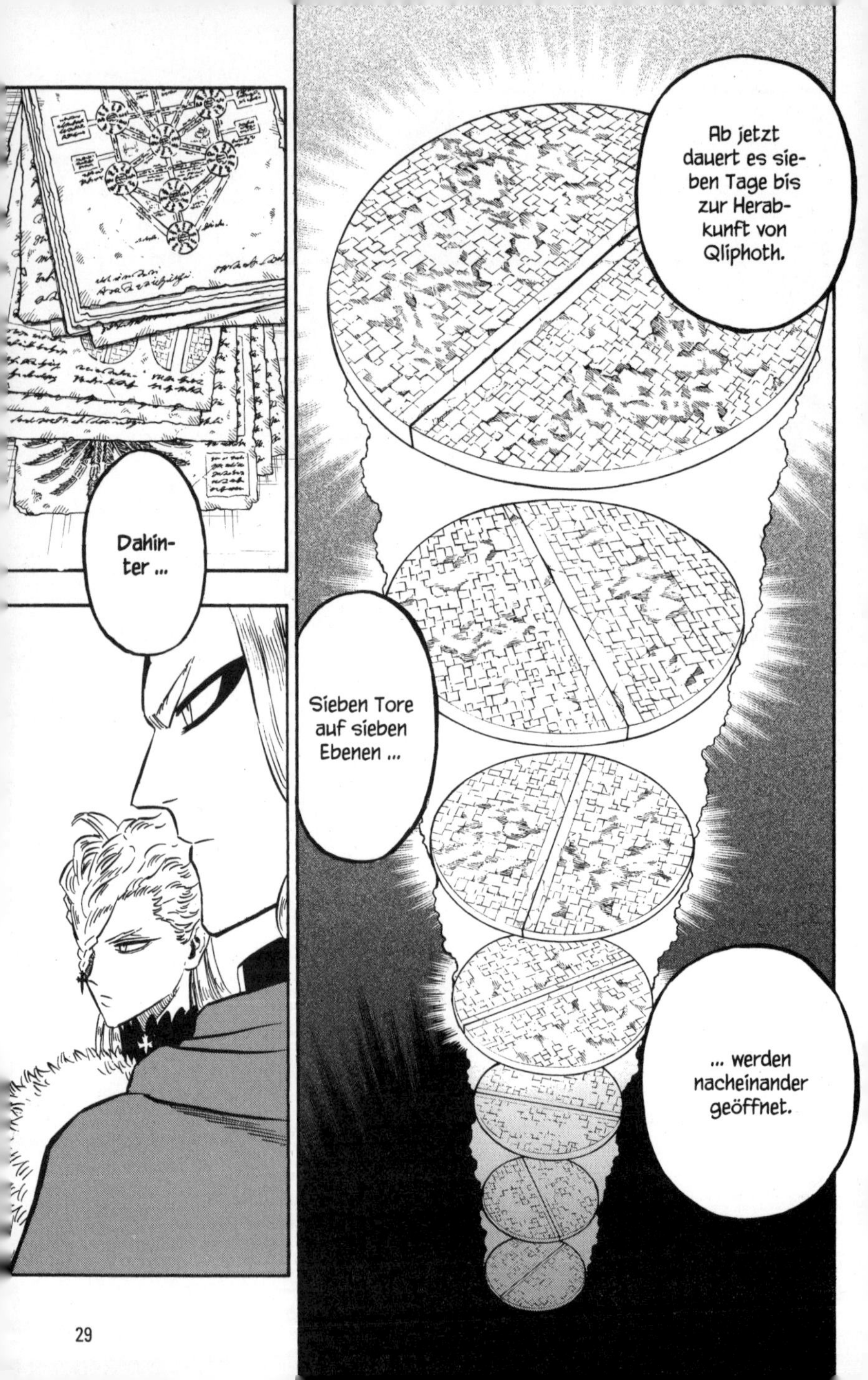
Dahinter ...
Ab jetzt dauert es sieben Tage bis zur Herabkunft von Qliphoth.
Sieben Tore auf sieben Ebenen ...
... werden nacheinander geöffnet.

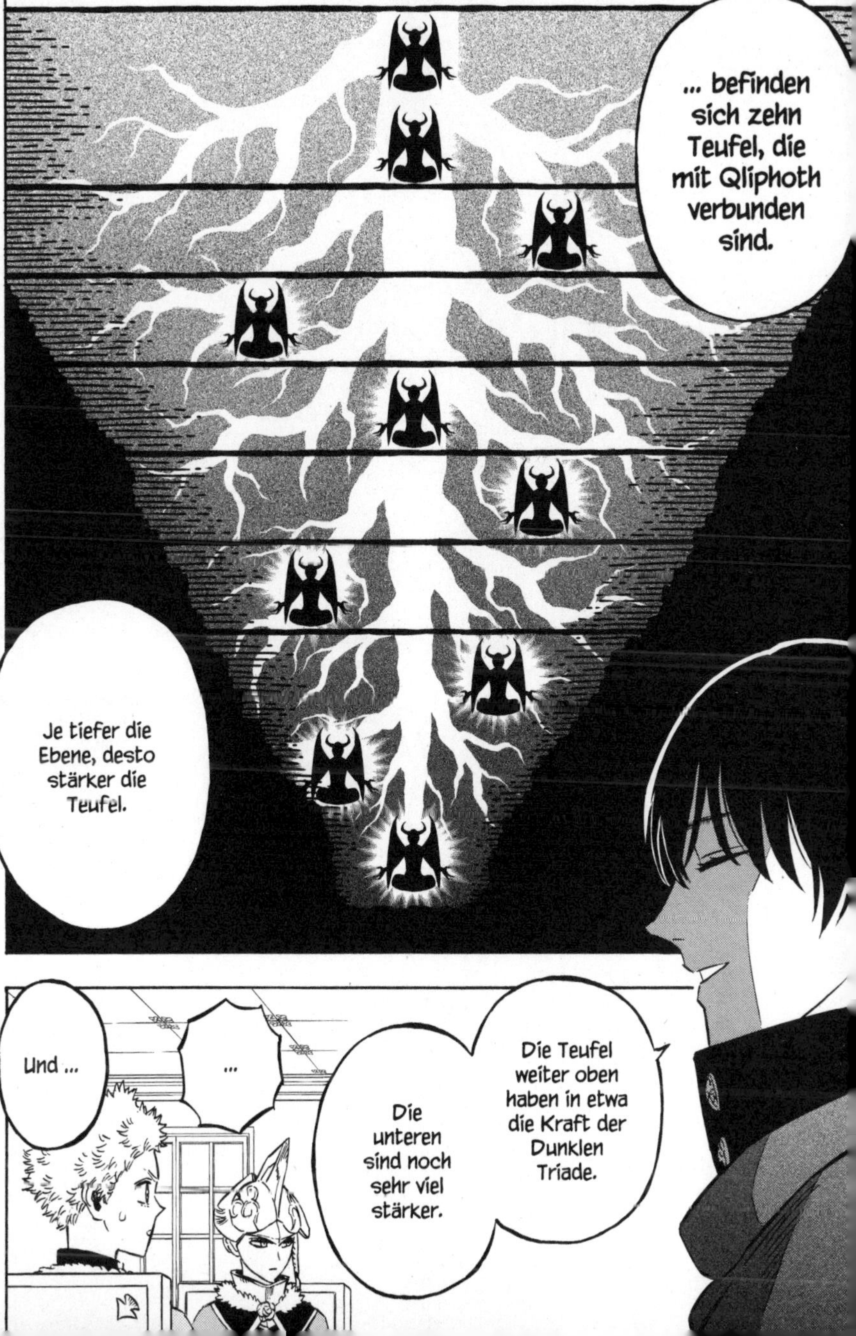
... befinden sich zehn Teufel, die mit Qliphoth verbunden sind.
Je tiefer die Ebene, desto stärker die Teufel.
Die Teufel weiter oben haben in etwa die Kraft der Dunklen Triade.
Die unteren sind noch sehr viel stärker.
...
Und ...

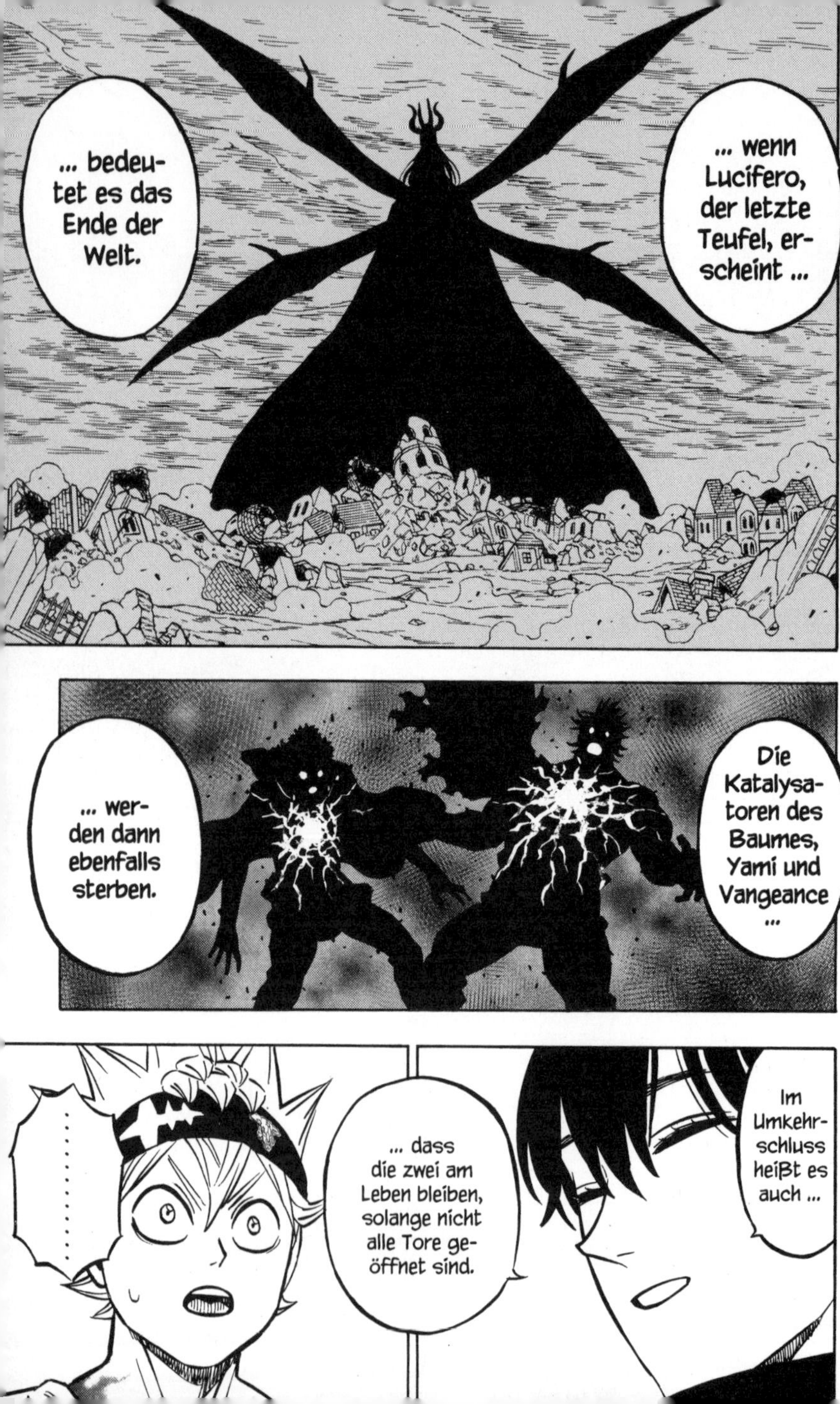
... wenn Lucifero, der letzte Teufel, erscheint ...
... bedeutet es das Ende der Welt.
Die Katalysatoren des Baumes, Yami und Vangeance ...
... werden dann ebenfalls sterben.
Im Umkehrschluss heißt es auch ...
... dass die zwei am Leben bleiben, solange nicht alle Tore geöffnet sind.
....

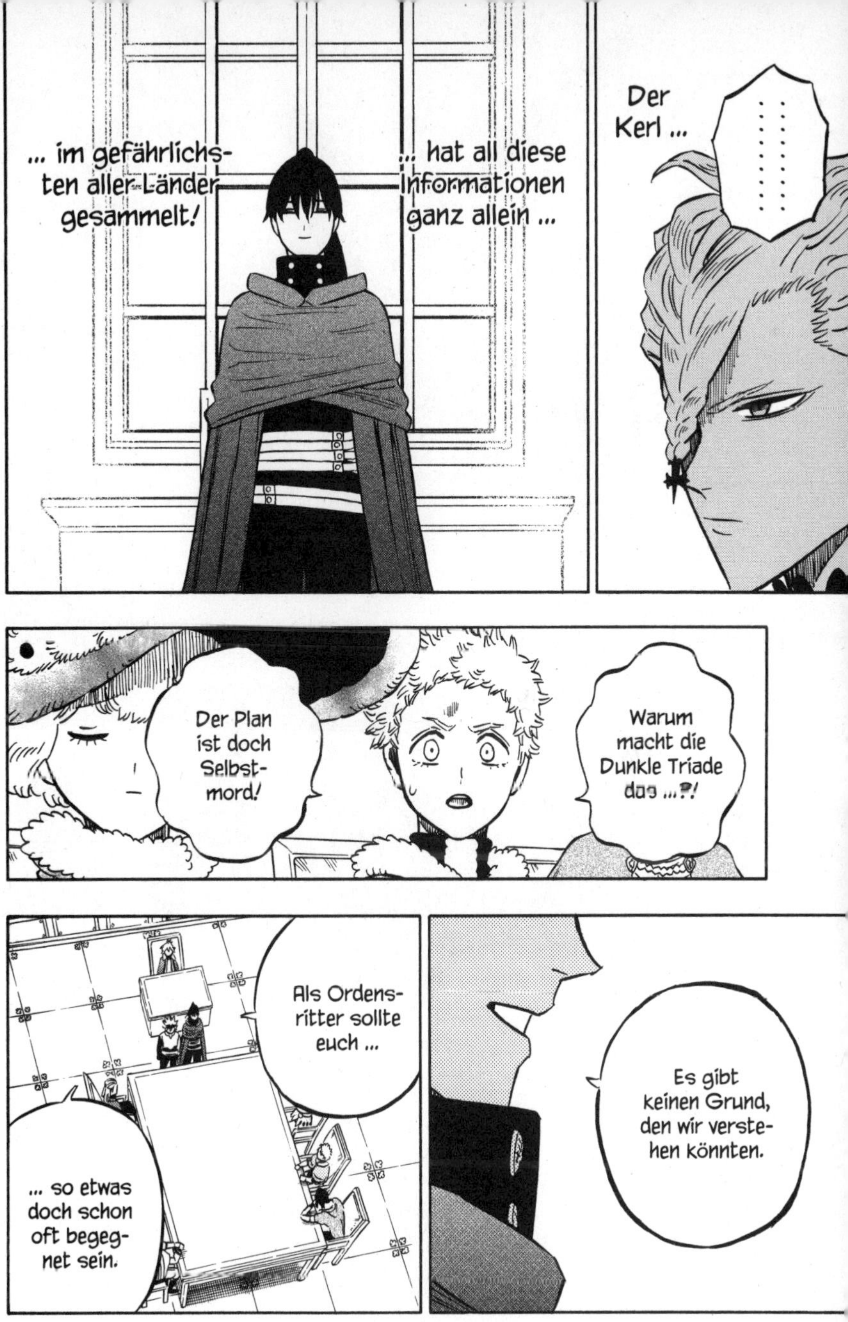
Der Kerl ...
......
... hat all diese Informationen ganz allein ...
... im gefährlichsten aller Länder gesammelt!
Warum macht die Dunkle Triade das ...?!
Der Plan ist doch Selbstmord!
Es gibt keinen Grund, den wir verstehen könnten.
Als Ordensritter sollte euch ...
... so etwas doch schon oft begegnet sein.

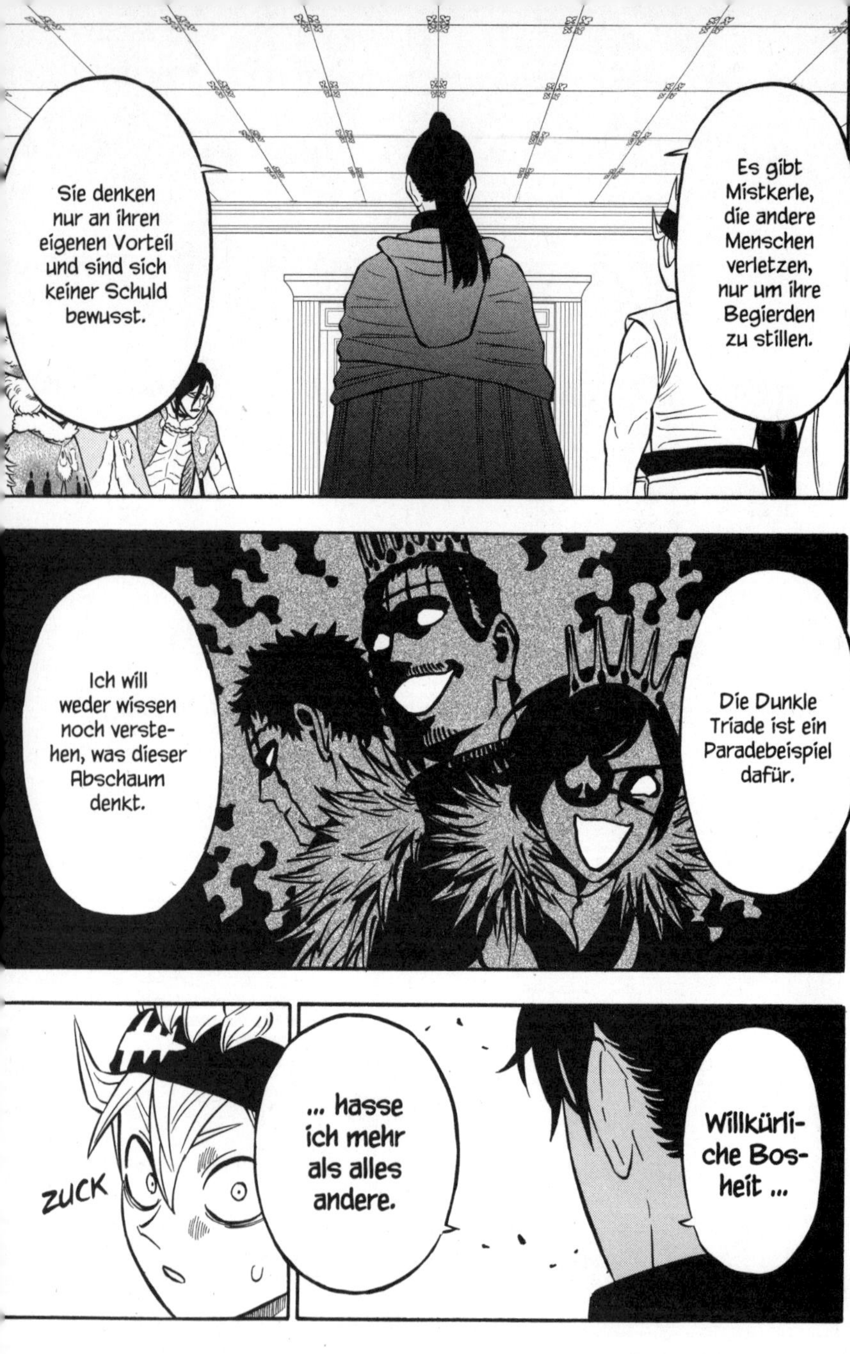
Es gibt Mistkerle, die andere Menschen verletzen, nur um ihre Begierden zu stillen.
Sie denken nur an ihren eigenen Vorteil und sind sich keiner Schuld bewusst.
Die Dunkle Triade ist ein Paradebeispiel dafür.
Ich will weder wissen noch verstehen, was dieser Abschaum denkt.
Willkürliche Bosheit ...
... hasse ich mehr als alles andere.
ZUCK

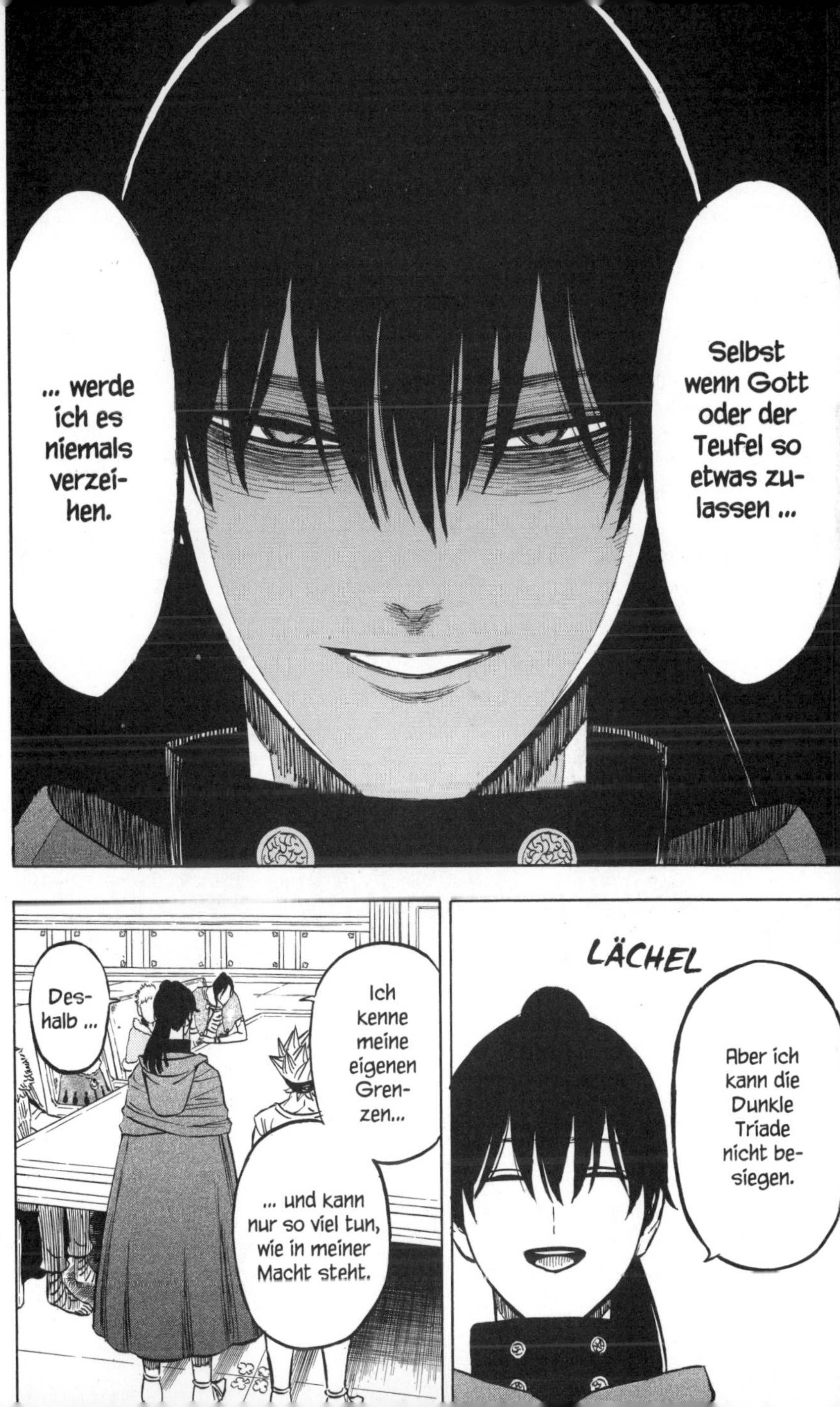
Selbst wenn Gott oder der Teufel so etwas zulassen ...
... werde ich es niemals verzeihen.
LÄCHEL
Aber ich kann die Dunkle Triade nicht besiegen.
Ich kenne meine eigenen Grenzen...
... und kann nur so viel tun, wie in meiner Macht steht.
Deshalb ...

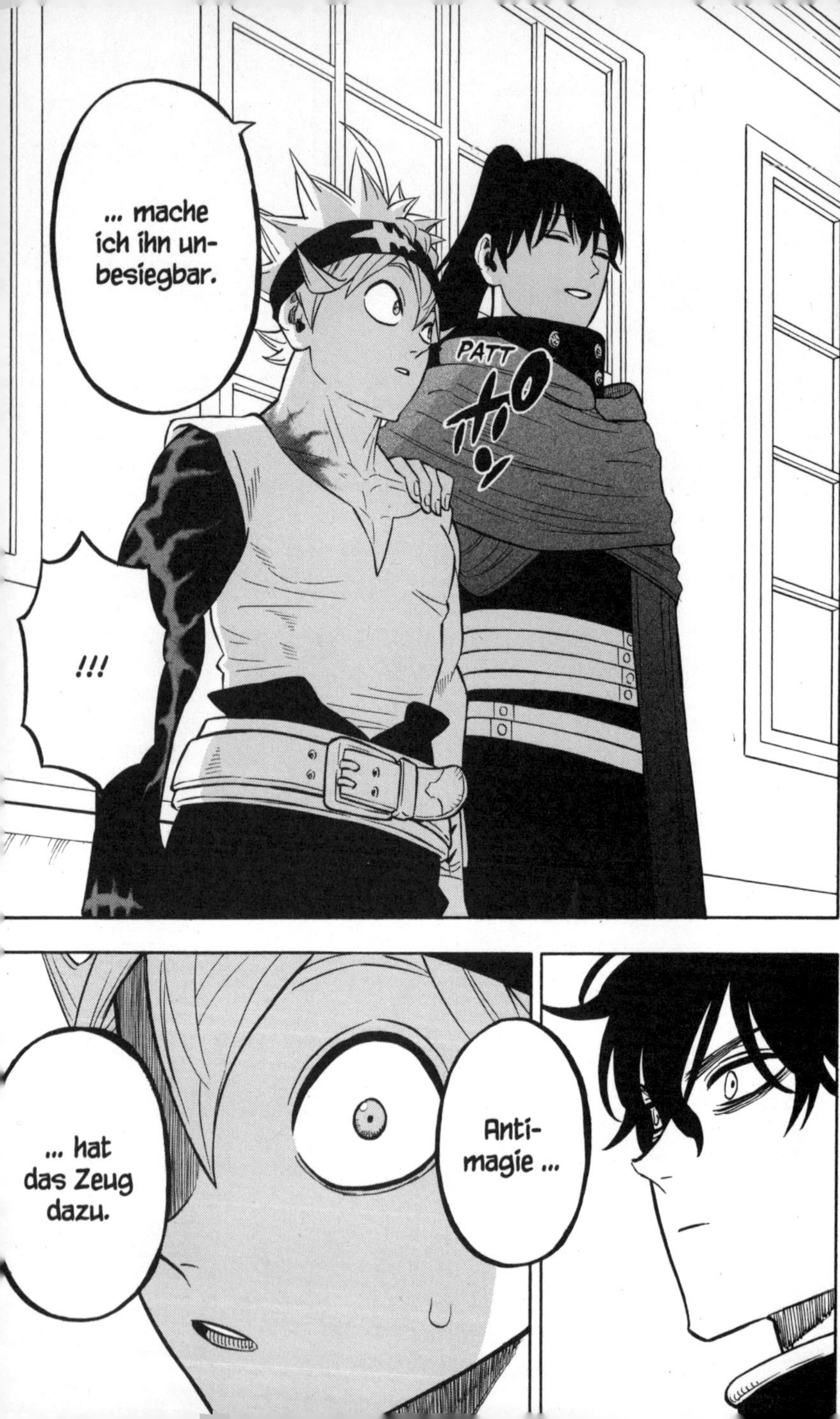
... mache ich ihn un-besiegbar.
PATT
!!!
Anti-magie ...
... hat das Zeug dazu.

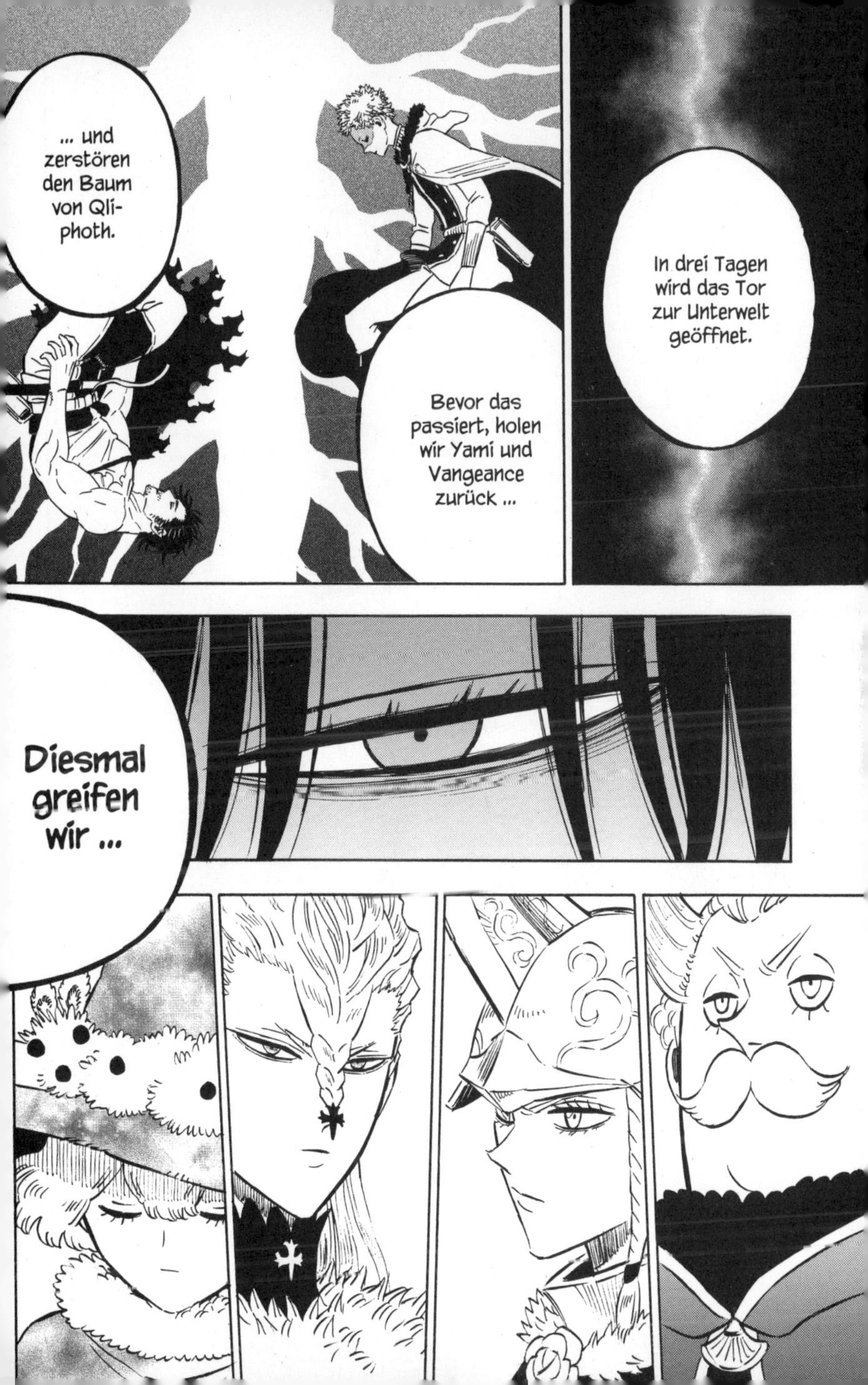
In drei Tagen wird das Tor zur Unterwelt geöffnet.
Bevor das passiert, holen wir Yami und Vangeance zurück ...
... und zerstören den Baum von Qliphoth.
Diesmal greifen wir ...

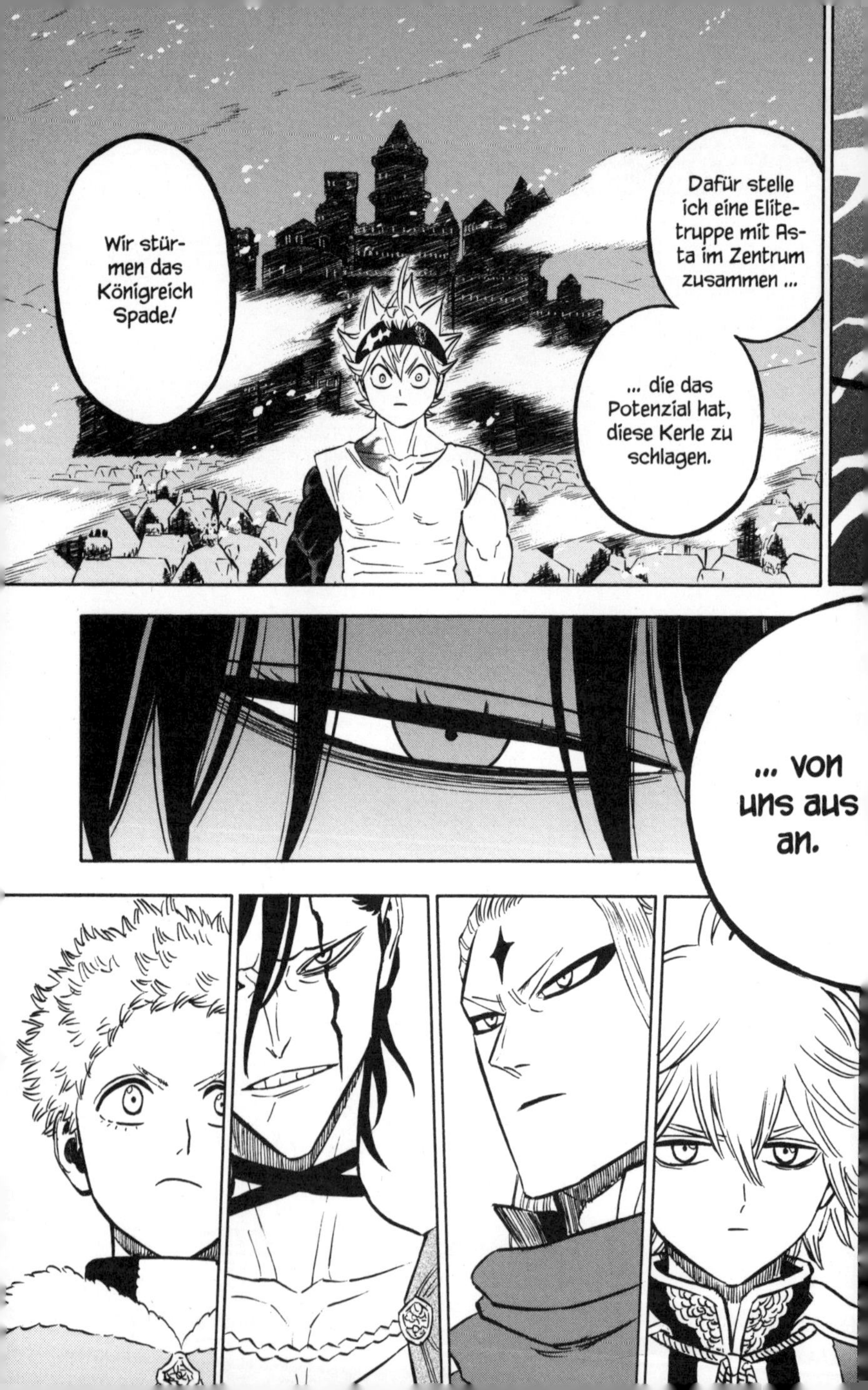
Dafür stelle ich eine Elite-truppe mit Asta im Zentrum zusammen ...
Wir stürmen das Königreich Spade!
... die das Potenzial hat, diese Kerle zu schlagen.
... von uns aus an.

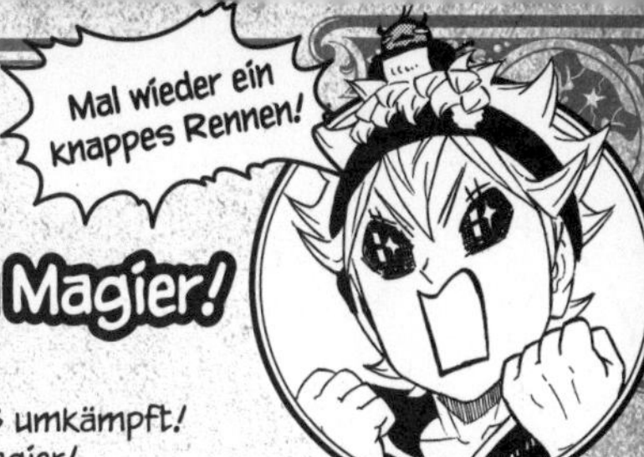

Ergebnisse der vierten Wahl zum beliebtesten Magier!

Auch die Plätze elf bis zwanzig waren heiß umkämpft! Hier kommen eure talentierten Lieblingsmagier!

Platz 11 Mimosa Vermillion

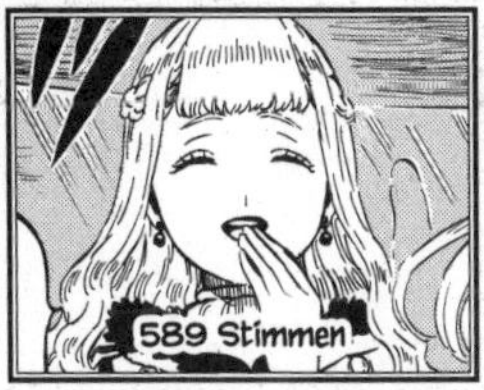

589 Stimmen

In Heart hat sich die elegante Mimosa wieder bewiesen und ihre Freunde beschützt! Kein Wunder, dass ihr sie so gern mögt!

Platz 12 Fuegoleon Vermillion

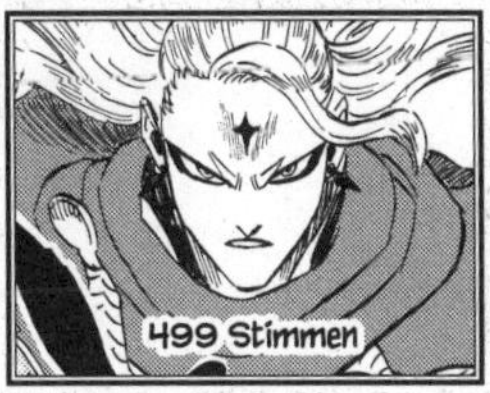

499 Stimmen

Ein feuriger Ordensanführer, auf den man sich immer verlassen kann! Freut euch schon mal auf seine nächsten Auftritte!

Platz 13 Charmy Pappitson

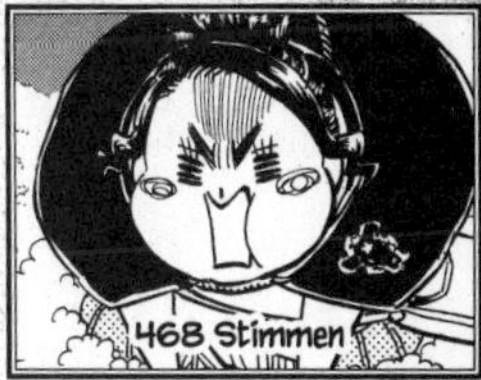

468 Stimmen

Charmy hat das Königreich Heart halb kahl gefressen und ihr liebt sie dafür! Ihre erwachsene Gestalt ist auch ziemlich angesagt!

Platz 14 Finral Roulacase

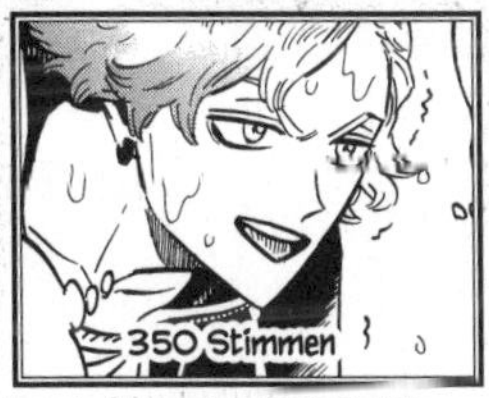

350 Stimmen

Er ist nicht mehr nur ein einfältiger Assistent! Wenn es brenzlig wird, kann man sich auf diesen netten Kerl verlassen!

Platz 15 Zora Ideale

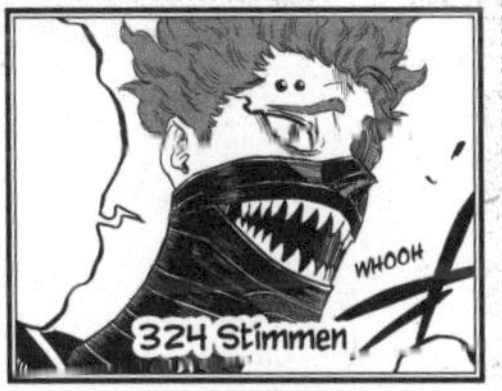

324 Stimmen

Ein Mann, der mit Wissen, Ideenreichtum und Hartnäckigkeit punktet! Sicher wird er sich auch weiterhin beweisen!

Platz 16 Mereoleona Vermillion

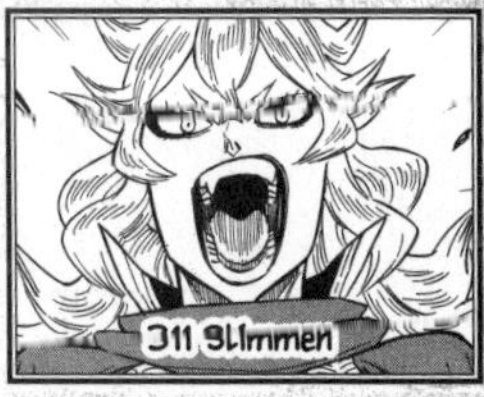

311 Stimmen

Eine wilde Löwin, die alle Schwierigkeiten mit ihrer feurigen Faust niederboxt! Bald werdet ihr sie in der Serie wieder zu sehen bekommen!

Platz 17 Julius Novachrono

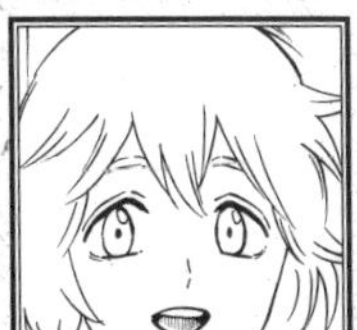

308 Stimmen

Platz 18 Klaus Lunettes

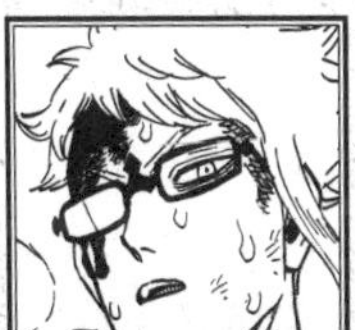

301 Stimmen

Platz 19 Nozel Silva

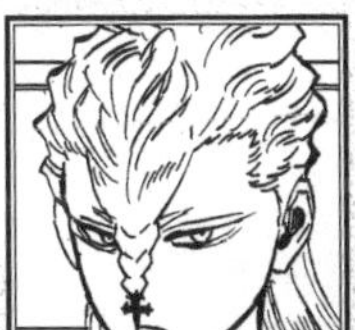

281 Stimmen

Platz 20 Zenon Zogratis

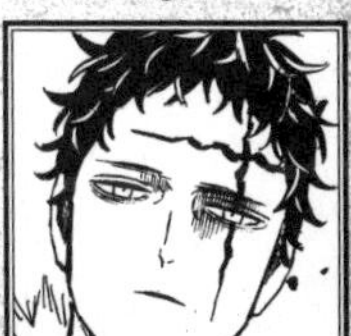

275 Stimmen

Weiter geht's auf Seite 54!

Die Top 10 findet ihr auf den Seiten 20-21!

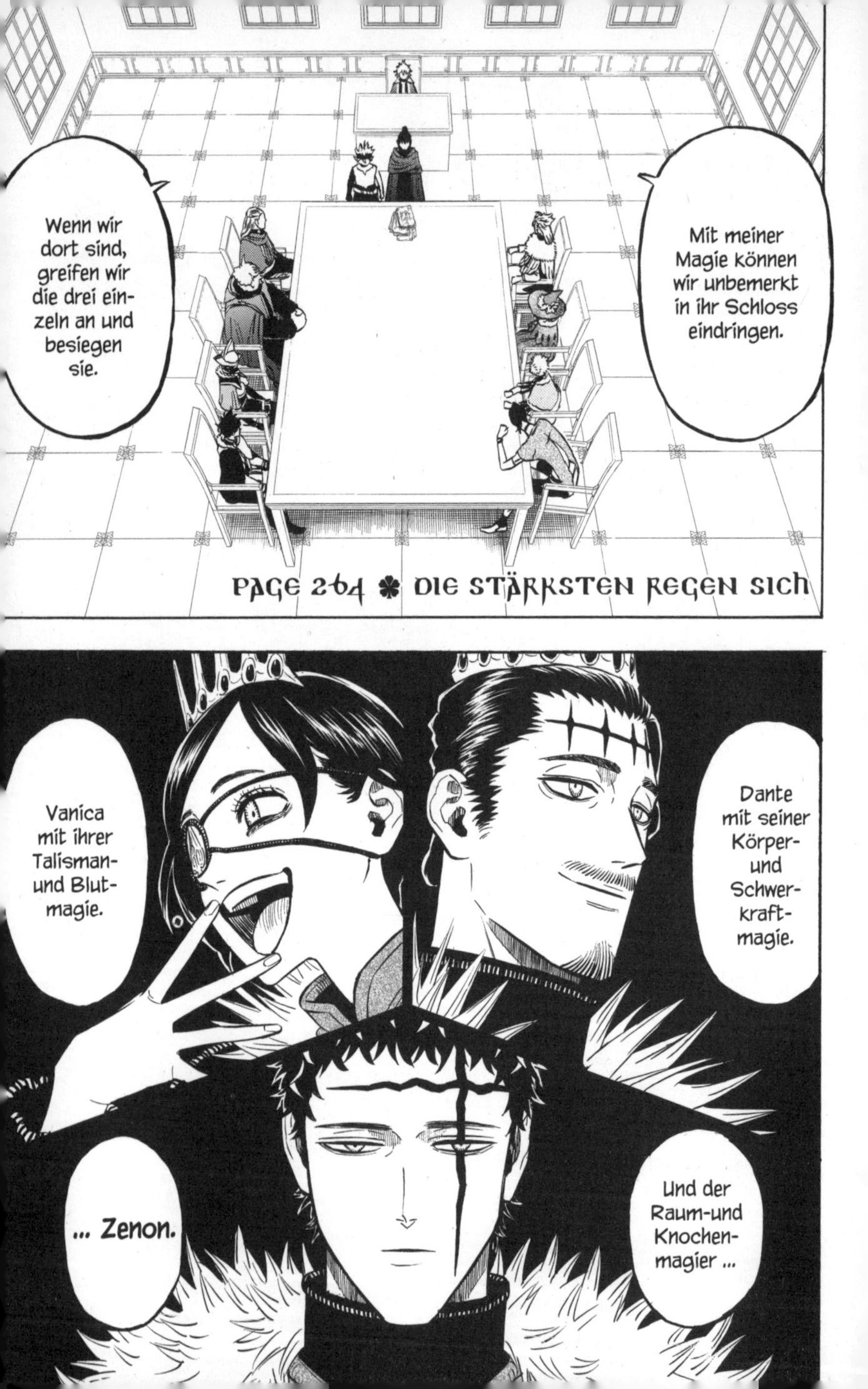
Mit meiner Magie können wir unbemerkt in ihr Schloss eindringen.
Wenn wir dort sind, greifen wir die drei einzeln an und besiegen sie.
PAGE 264 ✤ DIE STÄRKSTEN REGEN SICH
Dante mit seiner Körper- und Schwerkraftmagie.
Vanica mit ihrer Talisman- und Blutmagie.
Und der Raum-und Knochenmagier ...
... Zenon.

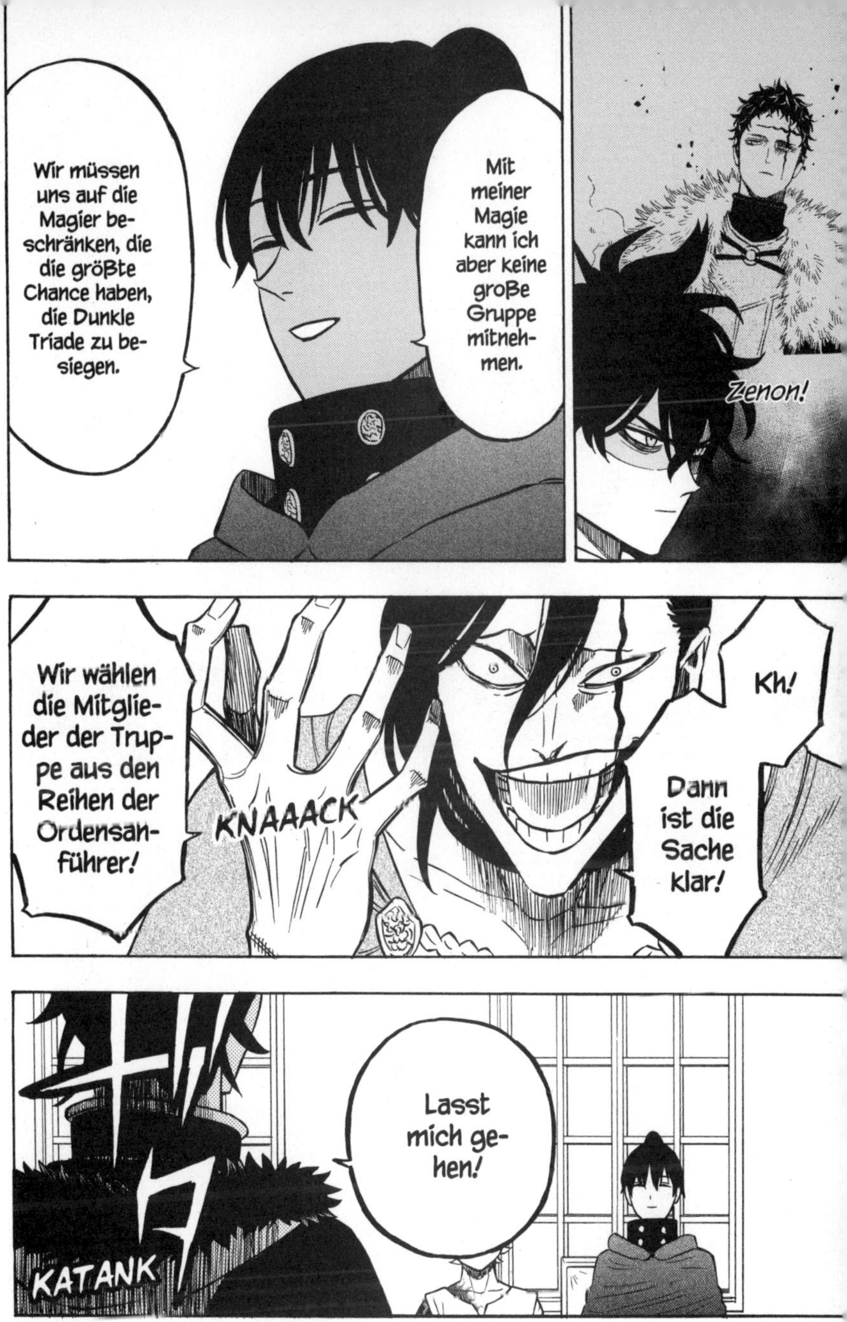
Zenon!
Mit meiner Magie kann ich aber keine große Gruppe mitnehmen.
Wir müssen uns auf die Magier beschränken, die die größte Chance haben, die Dunkle Triade zu besiegen.
Kh!
Dann ist die Sache klar!
Wir wählen die Mitglieder der Truppe aus den Reihen der Ordensanführer!
KNAAACK
Lasst mich gehen!
KATANK

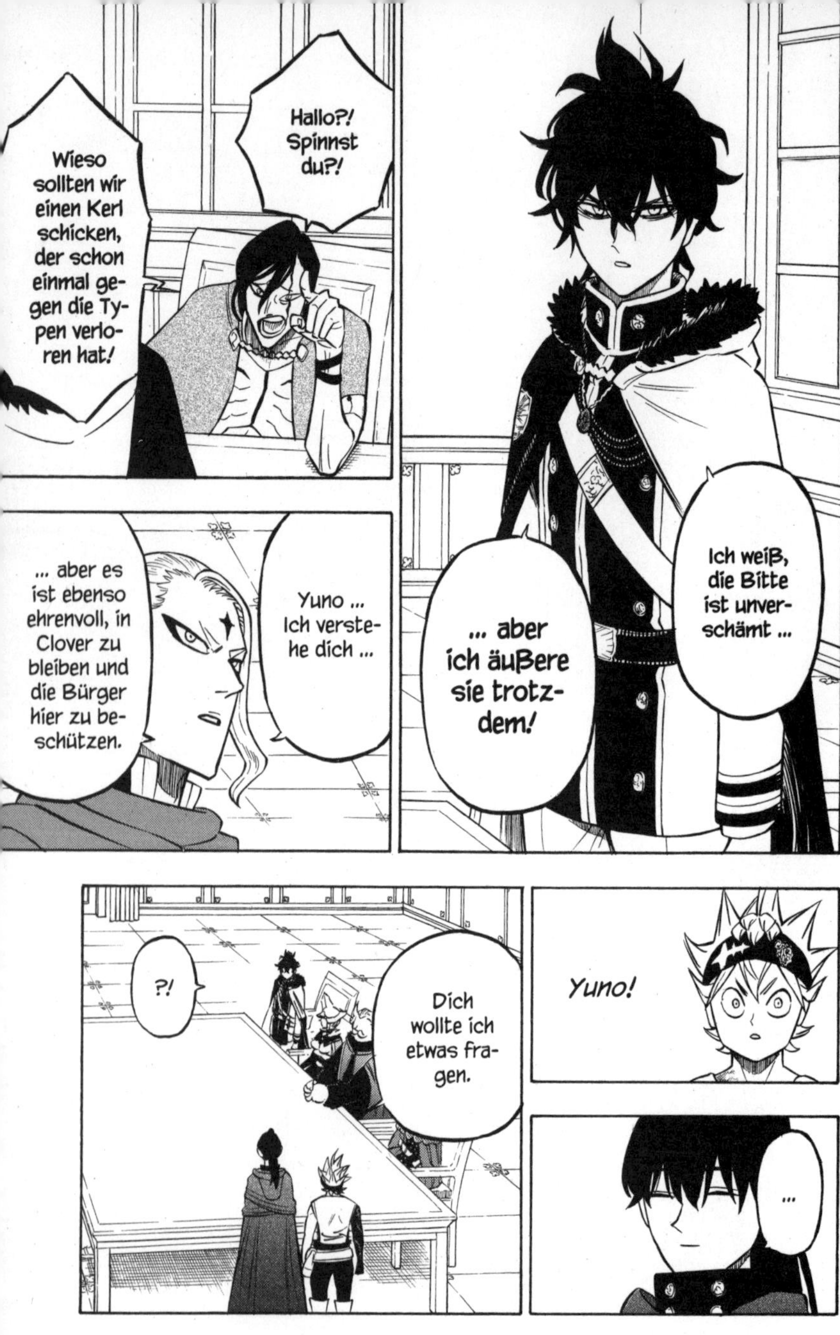
Ich weiß, die Bitte ist unverschämt ...
... aber ich äußere sie trotzdem!
Hallo?! Spinnst du?!
Wieso sollten wir einen Kerl schicken, der schon einmal gegen die Typen verloren hat!
Yuno ... Ich verstehe dich ...
... aber es ist ebenso ehrenvoll, in Clover zu bleiben und die Bürger hier zu beschützen.
Yuno!
...
Dich wollte ich etwas fragen.
?!

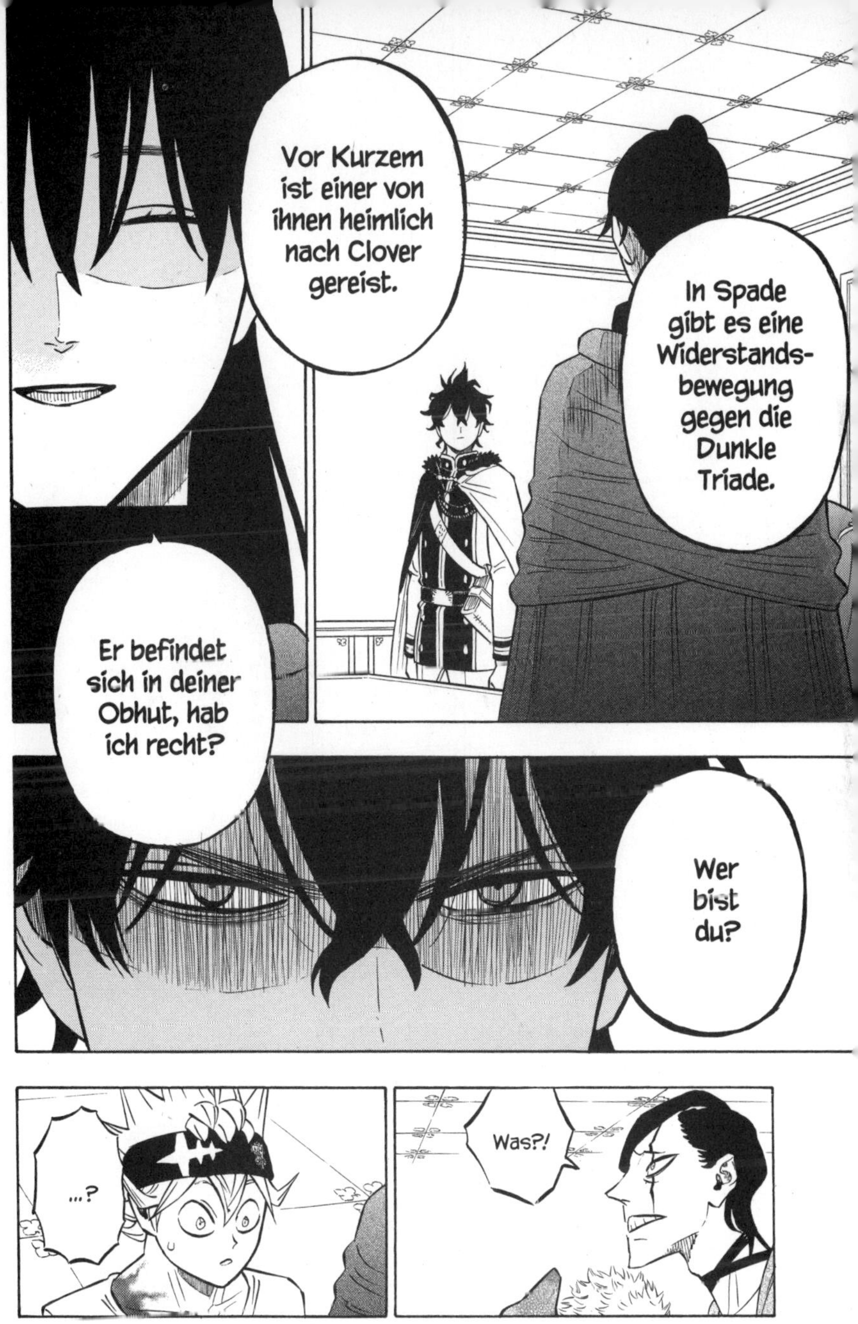

In Spade gibt es eine Widerstands-bewegung gegen die Dunkle Triade.
Vor Kurzem ist einer von ihnen heimlich nach Clover gereist.
Er befindet sich in deiner Obhut, hab ich recht?
Wer bist du?
Was?!
...?

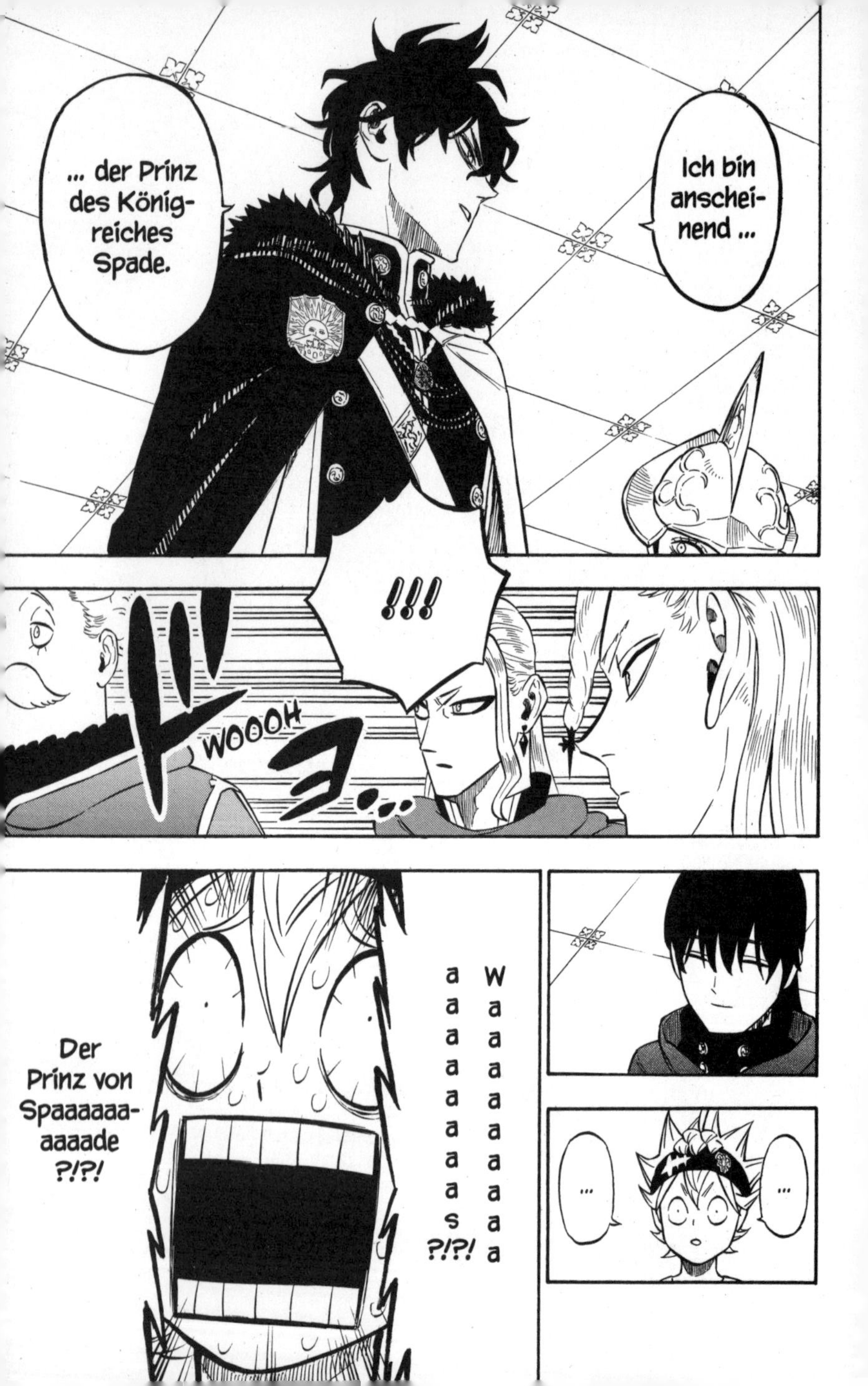
Ich bin anscheinend ...
... der Prinz des Königreiches Spade.
!!!
WOOOH
...
...
Waaaaaaaaaaaaaaaaaaas?!?!
Der Prinz von Spaaaaaaaaaade?!?!

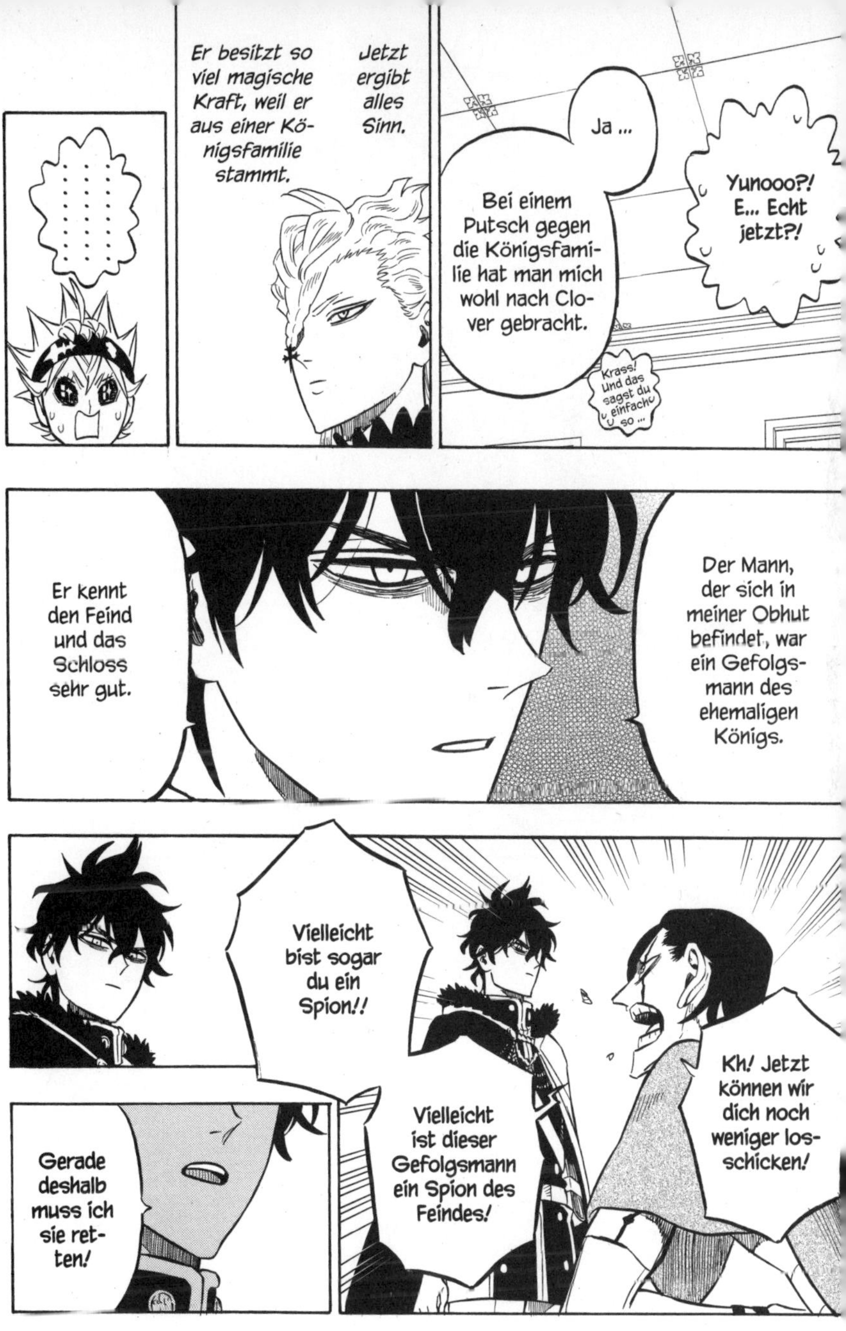
Yunooo?! E... Echt jetzt?!
Ja ...
Bei einem Putsch gegen die Königsfamilie hat man mich wohl nach Clover gebracht.
Krass! Und das sagst du einfach so ...
Jetzt ergibt alles Sinn.
Er besitzt so viel magische Kraft, weil er aus einer Königsfamilie stammt.
......
Der Mann, der sich in meiner Obhut befindet, war ein Gefolgsmann des ehemaligen Königs.
Er kennt den Feind und das Schloss sehr gut.
Kh! Jetzt können wir dich noch weniger losschicken!
Vielleicht ist dieser Gefolgsmann ein Spion des Feindes!
Vielleicht bist sogar du ein Spion!!
Gerade deshalb muss ich sie retten!

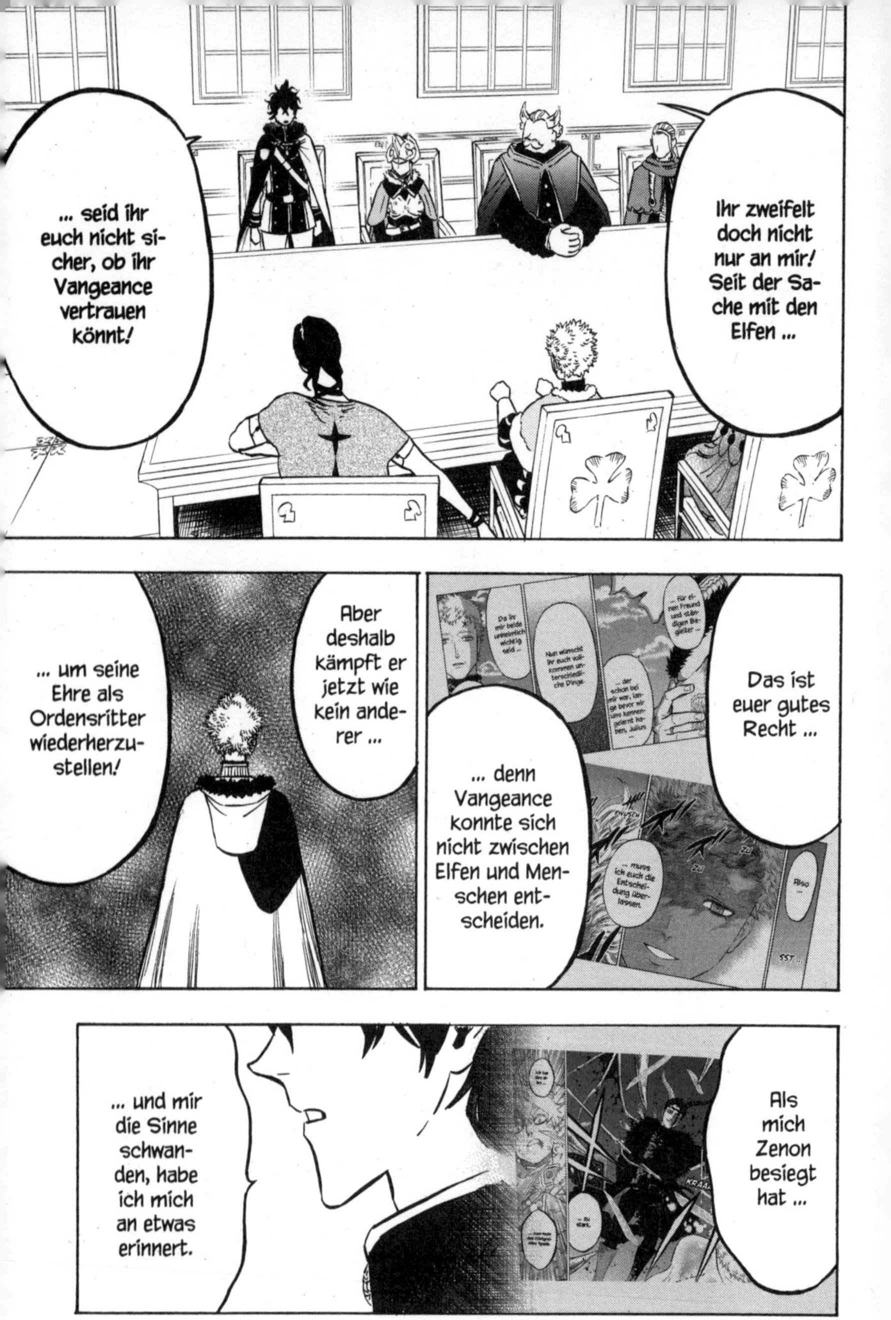
Ihr zweifelt doch nicht nur an mir! Seit der Sache mit den Elfen ...
... seid ihr euch nicht sicher, ob ihr Vangeance vertrauen könnt!
Das ist euer gutes Recht ...
... denn Vangeance konnte sich nicht zwischen Elfen und Menschen entscheiden.
Aber deshalb kämpft er jetzt wie kein anderer ...
... um seine Ehre als Ordensritter wiederherzustellen!
Als mich Zenon besiegt hat ...
... und mir die Sinne schwanden, habe ich mich an etwas erinnert.

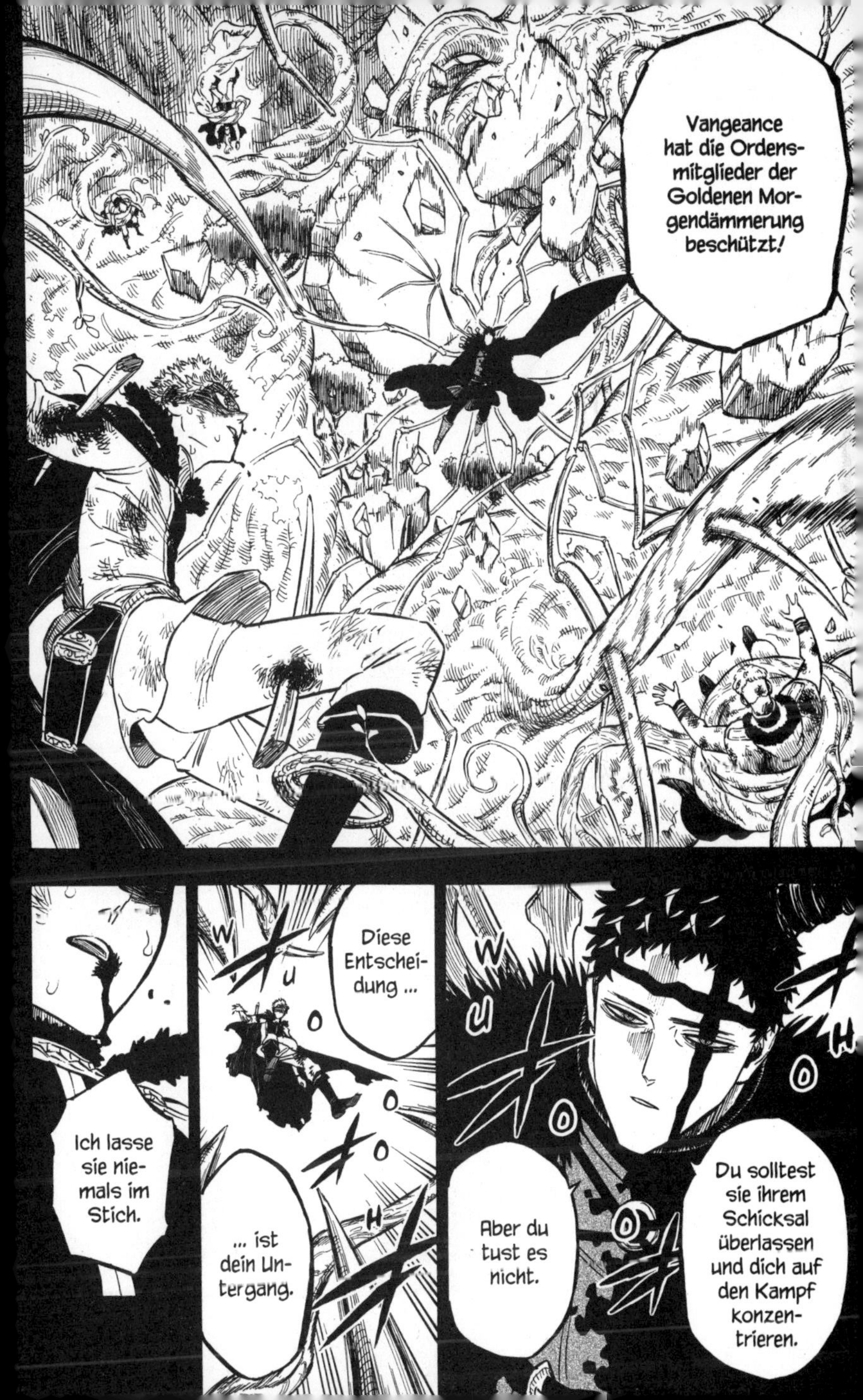
Vangeance hat die Ordensmitglieder der Goldenen Morgendämmerung beschützt!
Du solltest sie ihrem Schicksal überlassen und dich auf den Kampf konzentrieren.
Aber du tust es nicht.
Diese Entscheidung ...
... ist dein Untergang.
Ich lasse sie niemals im Stich.

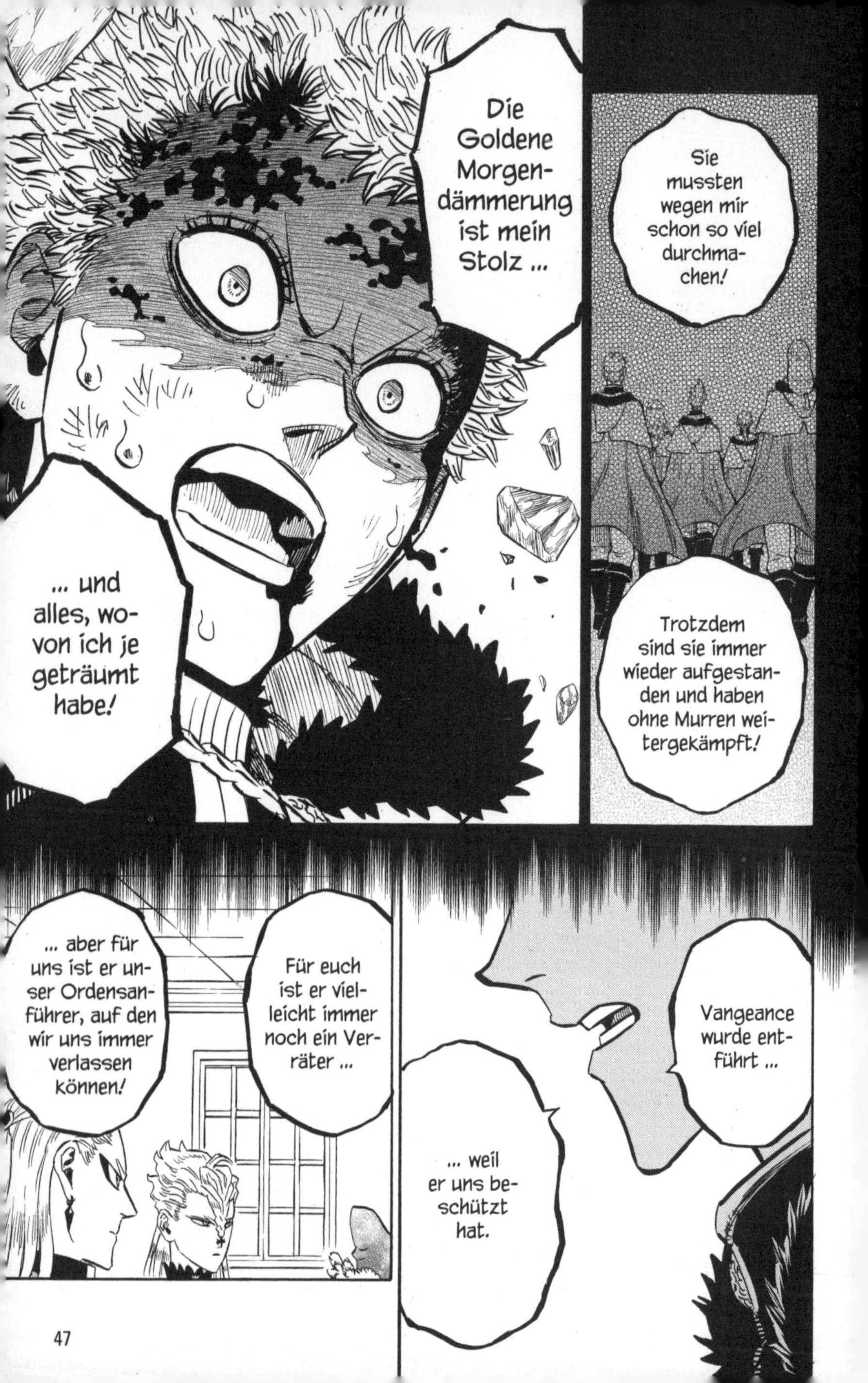
Sie mussten wegen mir schon so viel durchmachen!
Trotzdem sind sie immer wieder aufgestanden und haben ohne Murren weitergekämpft!
Die Goldene Morgendämmerung ist mein Stolz ...
... und alles, wovon ich je geträumt habe!
Vangeance wurde entführt ...
... weil er uns beschützt hat.
Für euch ist er vielleicht immer noch ein Verräter ...
... aber für uns ist er unser Ordensanführer, auf den wir uns immer verlassen können!

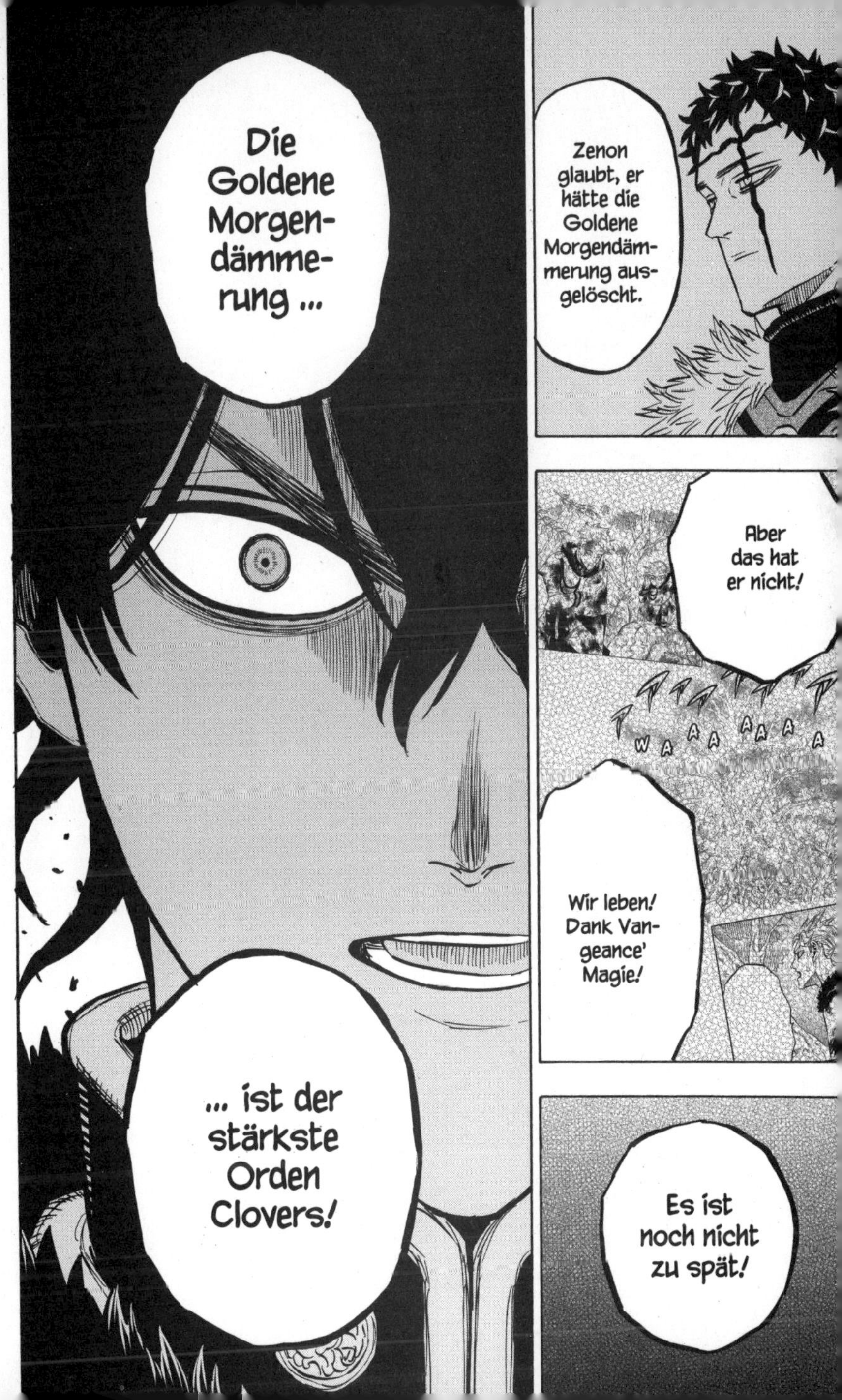
Zenon glaubt, er hätte die Goldene Morgendämmerung ausgelöscht.
Aber das hat er nicht!
WAAAAAAA
Wir leben! Dank Vangeance' Magie!
Es ist noch nicht zu spät!
Die Goldene Morgendämmerung ...
... ist der stärkste Orden Clovers!

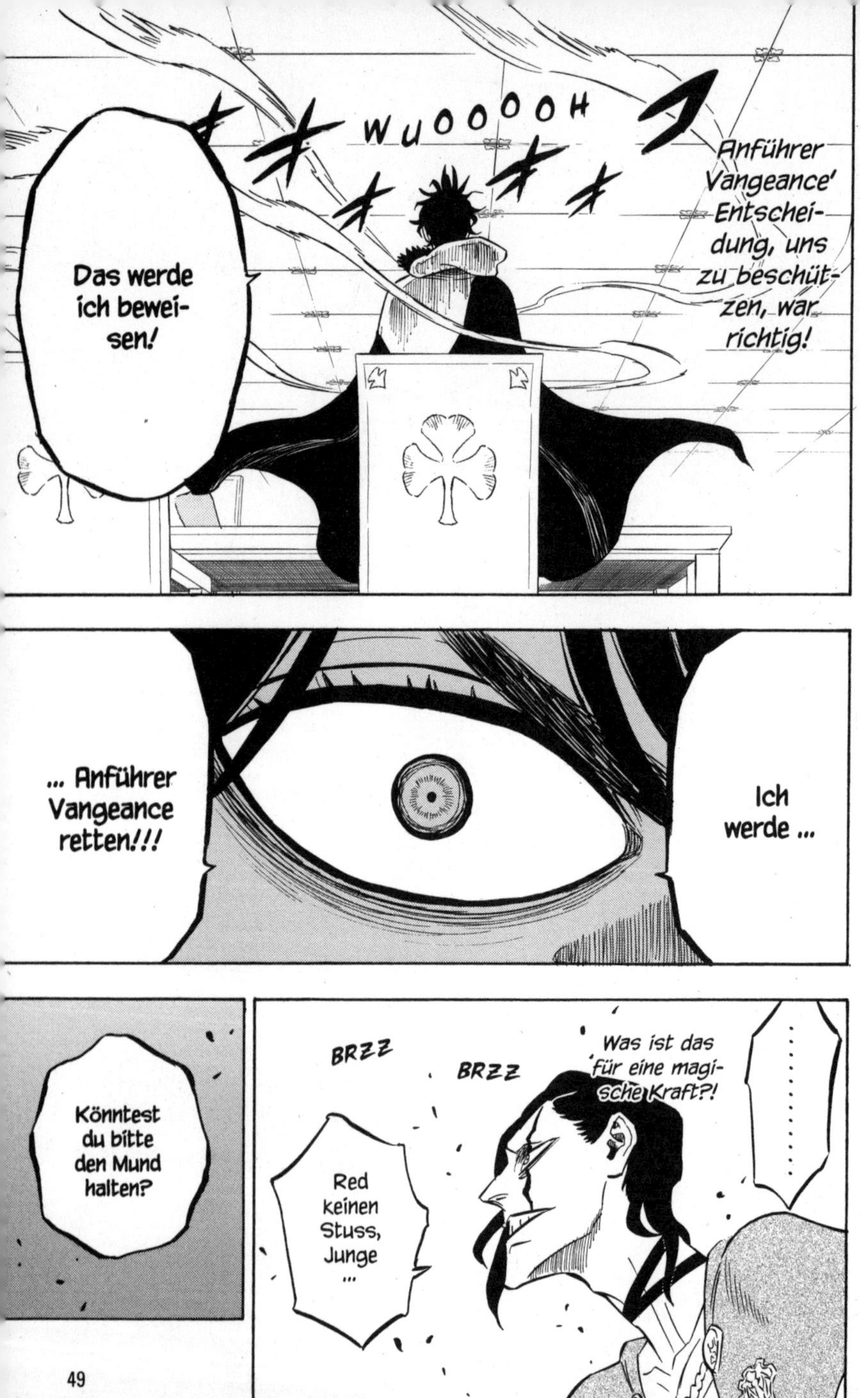
WUOOOOH
Anführer Vangeance' Entscheidung, uns zu beschützen, war richtig!
Das werde ich beweisen!
Ich werde ...
... Anführer Vangeance retten!!!
......
Was ist das für eine magische Kraft?!
BRZZ
BRZZ
Red keinen Stuss, Junge ...
Könntest du bitte den Mund halten?

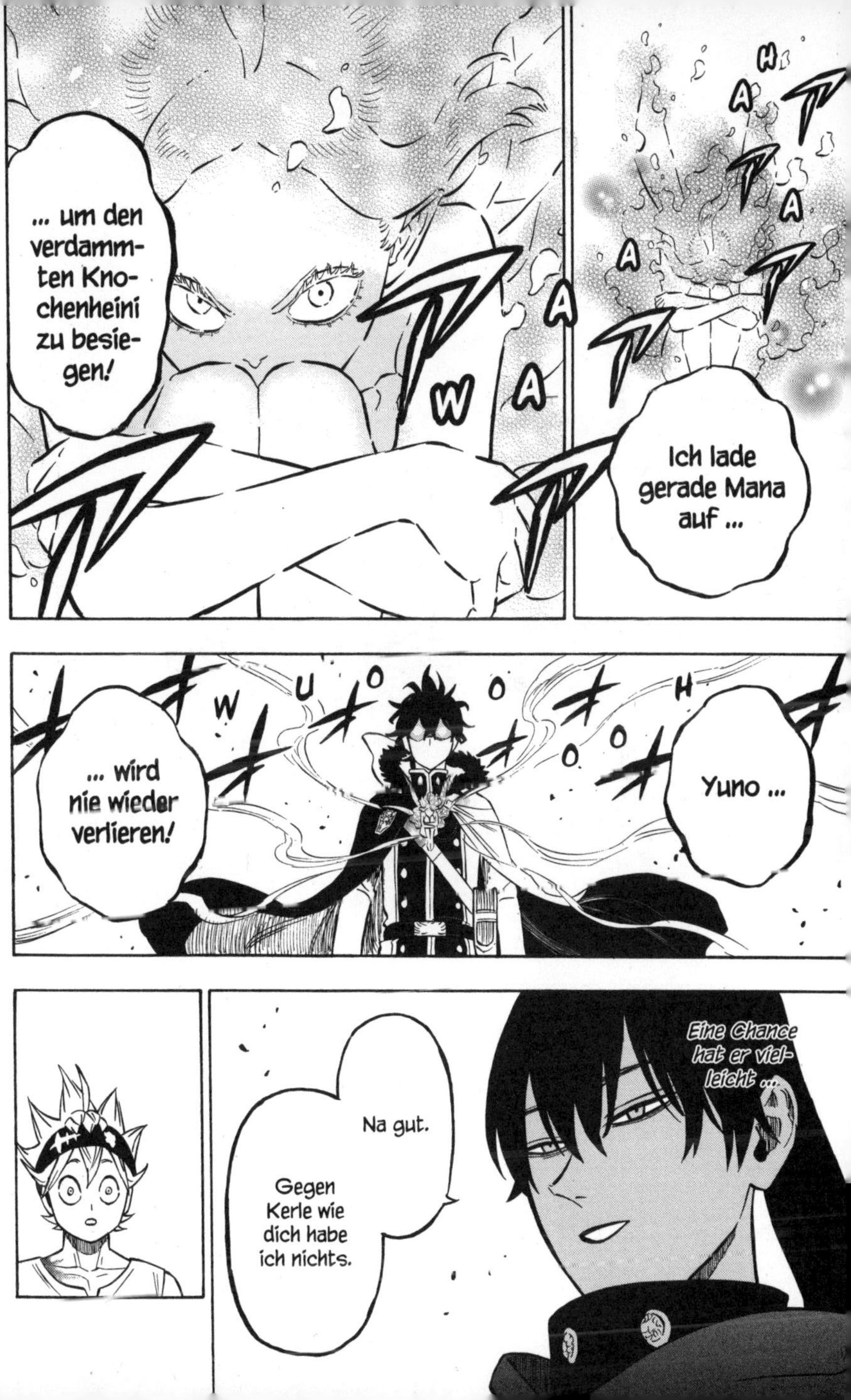
Ich lade gerade Mana auf ...
... um den verdammten Knochenheini zu besiegen!
Yuno ...
... wird nie wieder verlieren!
Eine Chance hat er vielleicht ...
Na gut.
Gegen Kerle wie dich habe ich nichts.

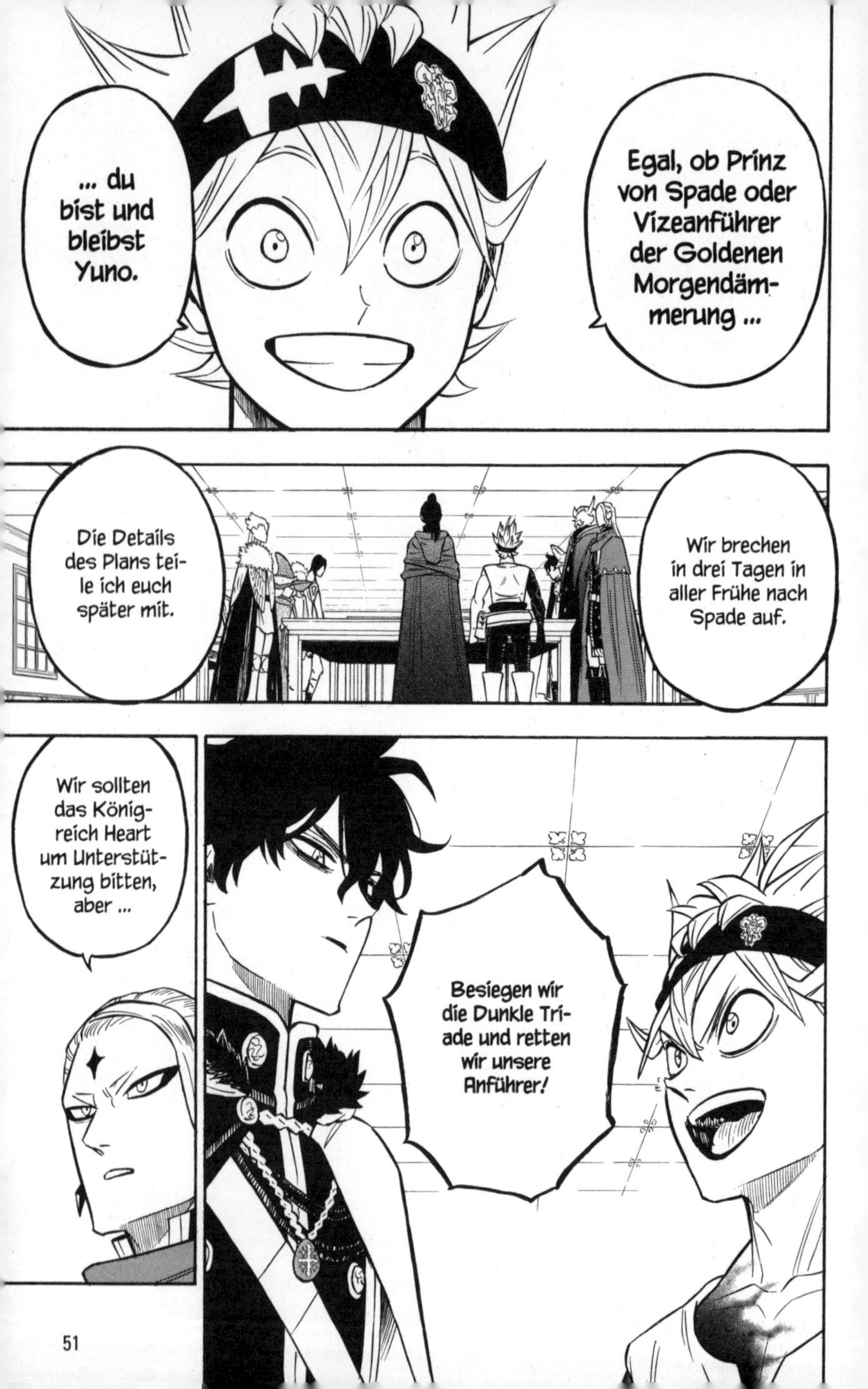
Egal, ob Prinz von Spade oder Vizeanführer der Goldenen Morgendämmerung ...
... du bist und bleibst Yuno.
Wir brechen in drei Tagen in aller Frühe nach Spade auf.
Die Details des Plans teile ich euch später mit.
Besiegen wir die Dunkle Triade und retten wir unsere Anführer!
Wir sollten das Königreich Heart um Unterstützung bitten, aber ...

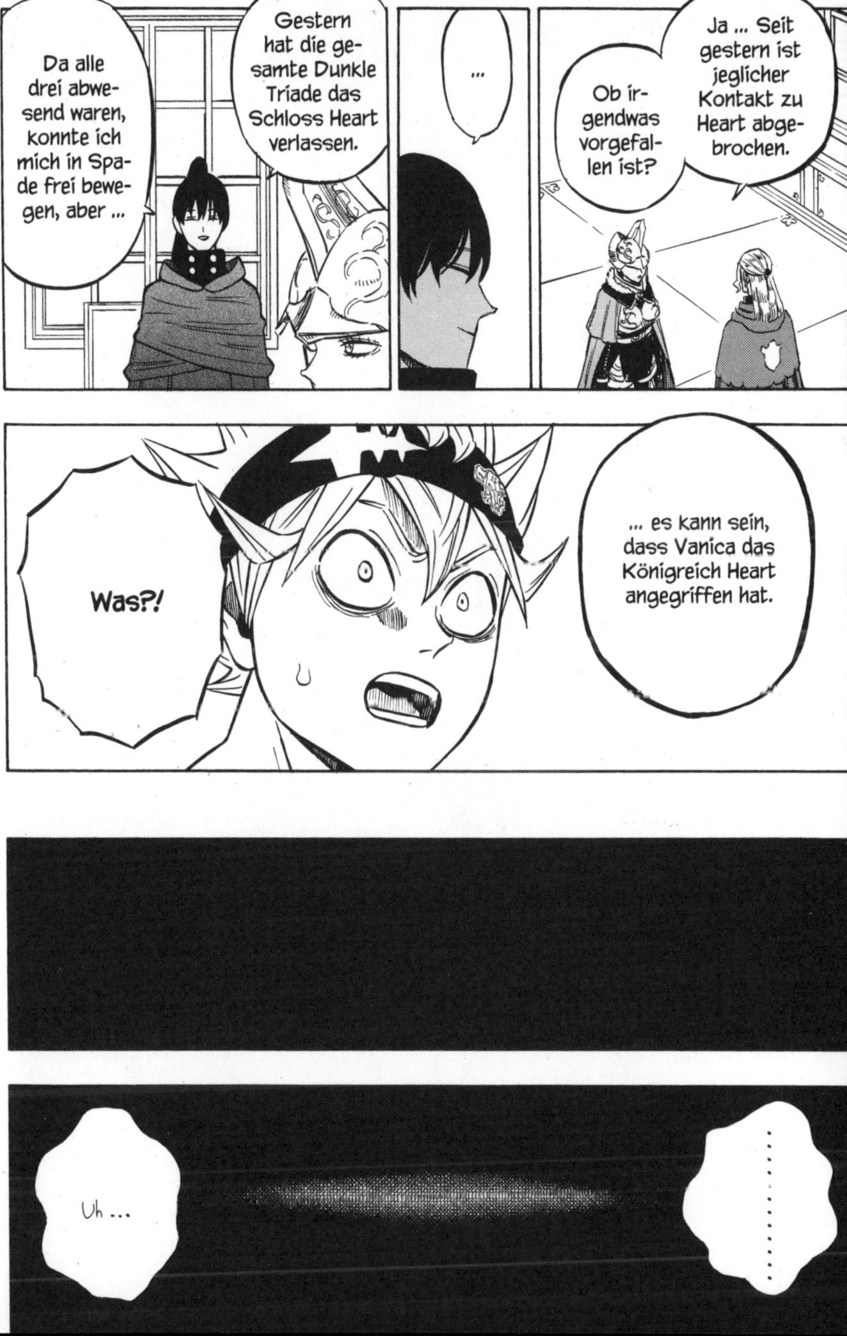
Ja ... Seit gestern ist jeglicher Kontakt zu Heart abgebrochen.
Ob irgendwas vorgefallen ist?
...
Gestern hat die gesamte Dunkle Triade das Schloss Heart verlassen.
Da alle drei abwesend waren, konnte ich mich in Spade frei bewegen, aber ...
... es kann sein, dass Vanica das Königreich Heart angegriffen hat.
Was?!
......
Uh ...

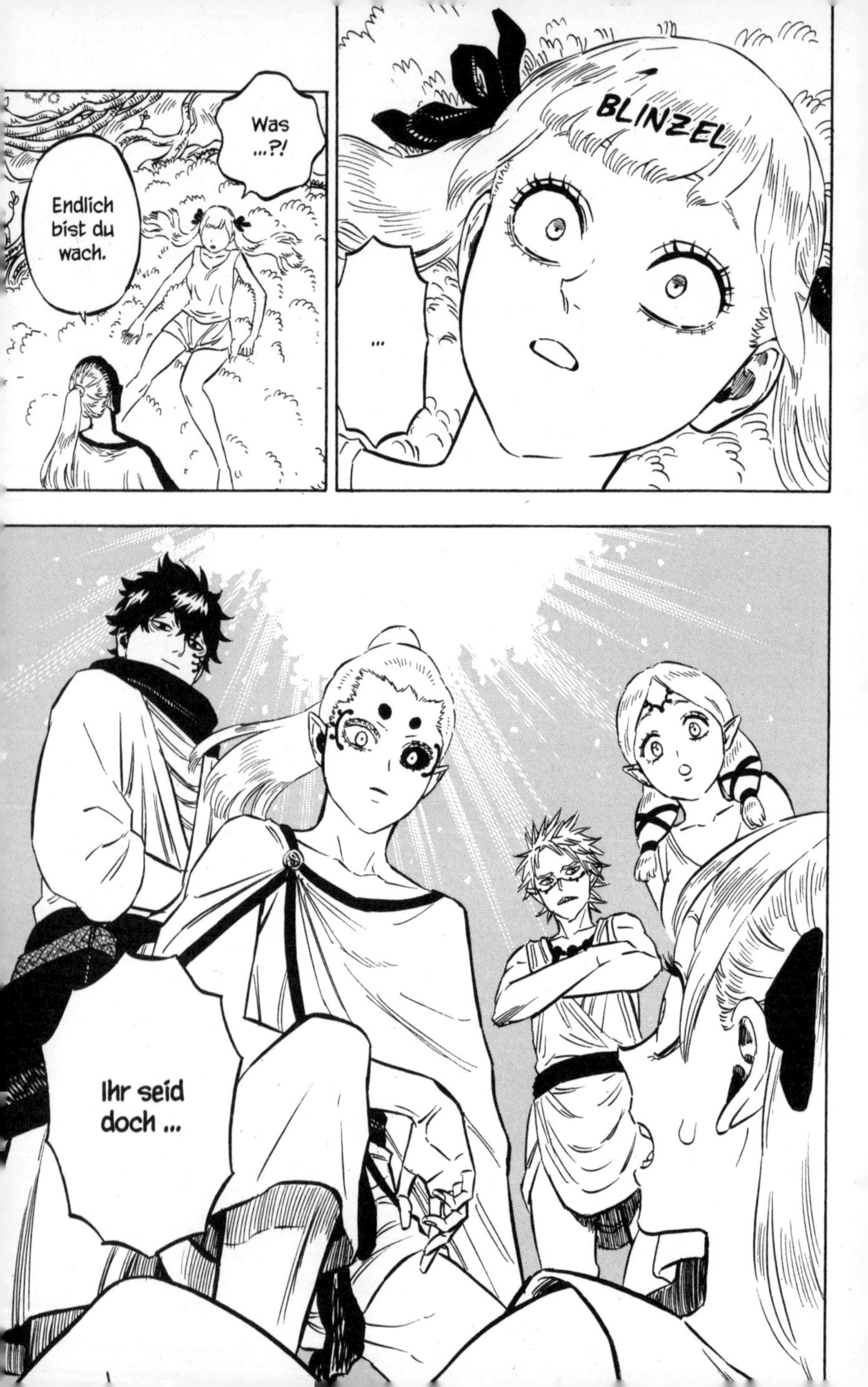
BLINZEL
...
Was ...?!
Endlich bist du wach.
Ihr seid doch ...

Auf dieser Seite stelle ich euch die Plätze 21 bis 50 vor! Ich hoffe, ihr bleibt den vielen Charakteren dieser Serie treu!

Platz 21	Platz 22	Platz 23	Platz 24	Platz 25
Vanessa Enoteca	Langris Vaude	Kirsch Vermillion	Rades Spirito	Lemiel Silvamillion Clover
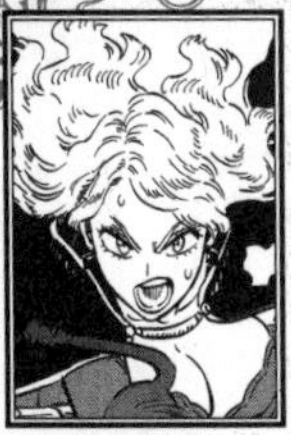	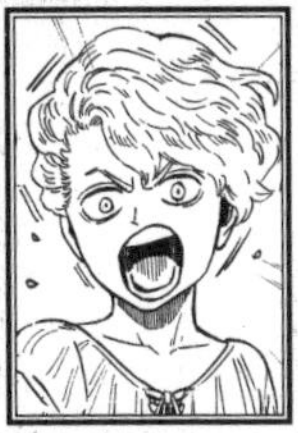	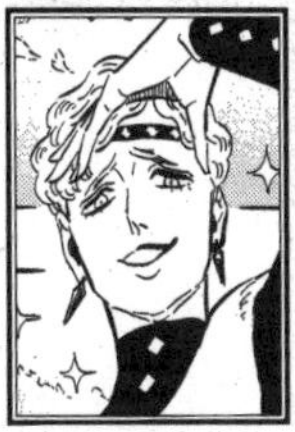	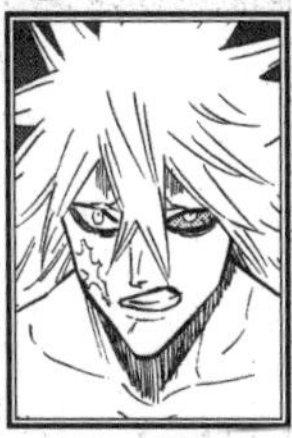	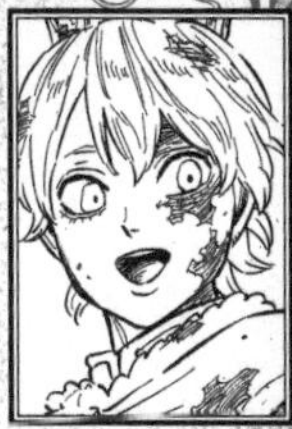
274 Stimmen	272 Stimmen	263 Stimmen	259 Stimmen	230 Stimmen

Platz 26	Platz 27	Platz 28	Platz 29	Platz 30
Liar	William Vangeance	Kahono	Fana	Solid Silva
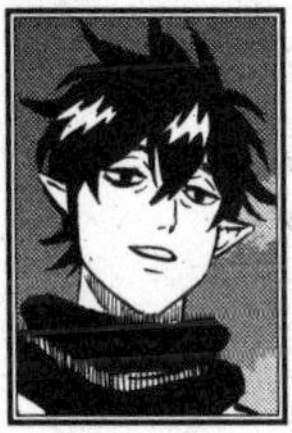	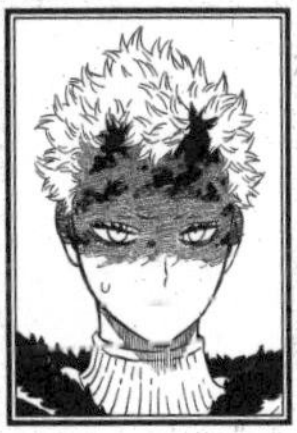	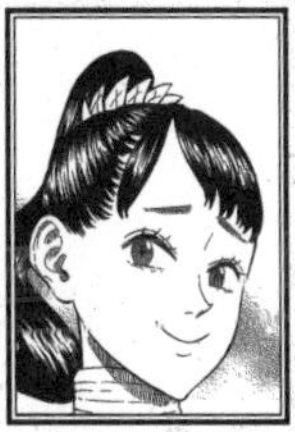	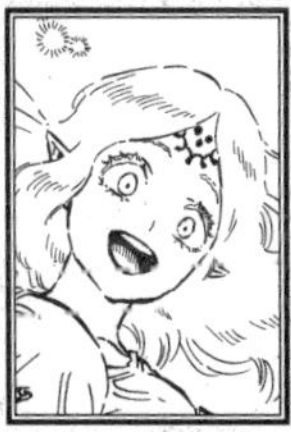	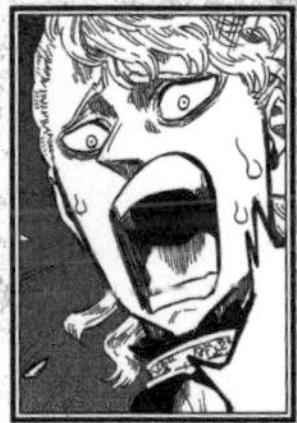
221 Stimmen	211 Stimmen	184 Stimmen	172 Stimmen	165 Stimmen

Platz	Name	Stimmen
Platz 31	Rouge	154 Stimmen
Platz 32	Grey	152 Stimmen
Platz 33	Patri	130 Stimmen
Platz 34	Jack the Ripper	122 Stimmen
Platz 35	Sekke Bronzazza	119 Stimmen
Platz 36	Lolopechka	108 Stimmen
Platz 37	Dorothy Unsworth	106 Stimmen
Platz 38	Gordon Agrippa	99 Stimmen
Platz 39	Licht	82 Stimmen
Platz 40	Yûki Tabata	76 Stimmen
Platz 41	Mars	52 Stimmen
Platz 42	Vanica Zogratis	43 Stimmen
Platz 43	Schwester Lily	37 Stimmen
Platz 44	Megicula	34 Stimmen
Platz 45	Rill Boismortier	32 Stimmen
Platz 46	Damnatio Kira	25 Stimmen
Platz 47	Salamander	23 Stimmen
Platz 48	Bell	23 Stimmen
Platz 49	Sally	21 Stimmen
Platz 50	Henry Legolant	20 Stimmen

Es sind insgesamt 25.191 Stimmen eingegangen! Vielen Dank für eure Teilnahme!

*Erstabdruck im Magazin *Shonen Jump* 40/2020.

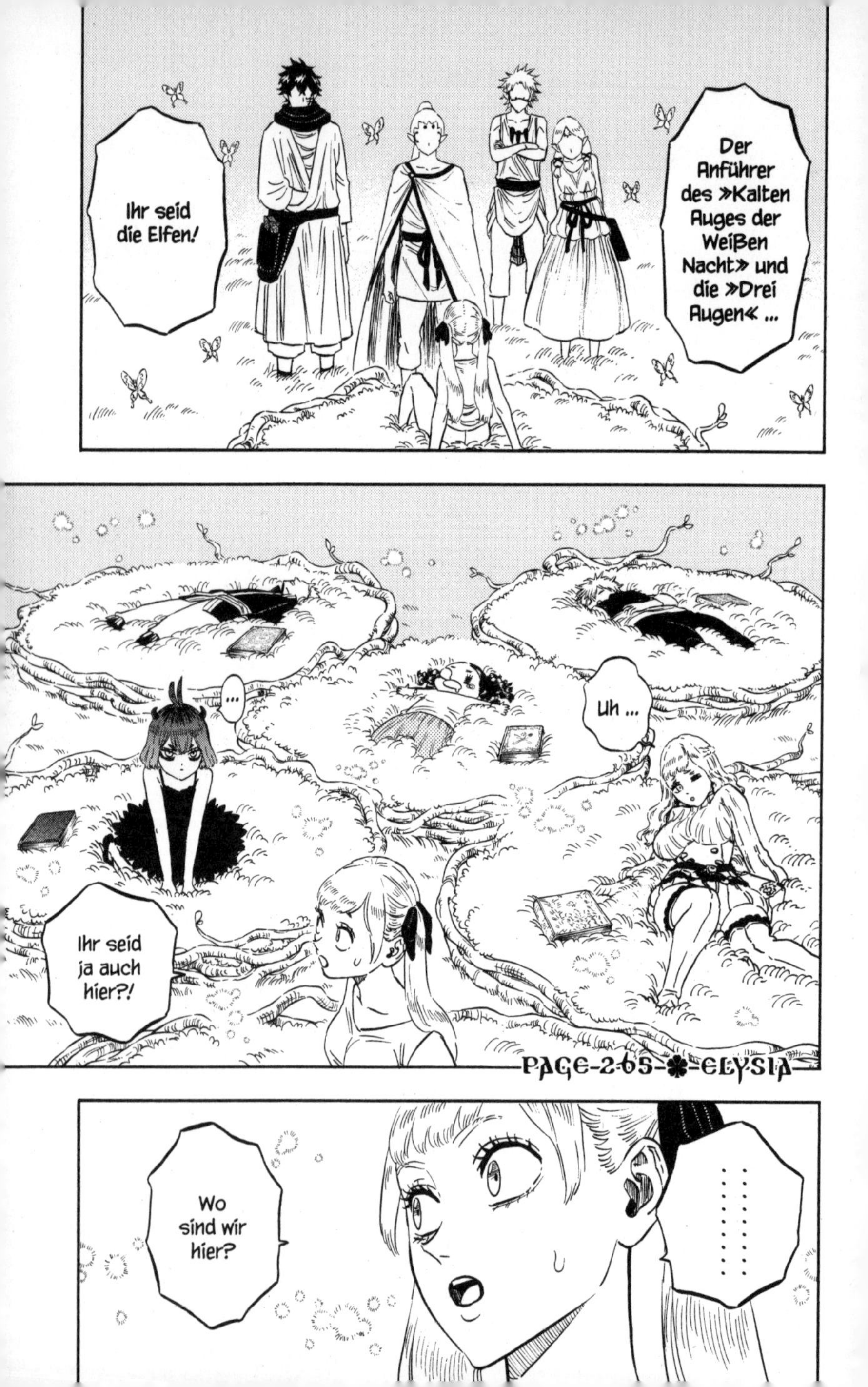
Der Anführer des »Kalten Auges der Weißen Nacht« und die »Drei Augen« ...
Ihr seid die Elfen!
Uh ...
...
Ihr seid ja auch hier?!
PAGE 265 ELYSIA
......
Wo sind wir hier?

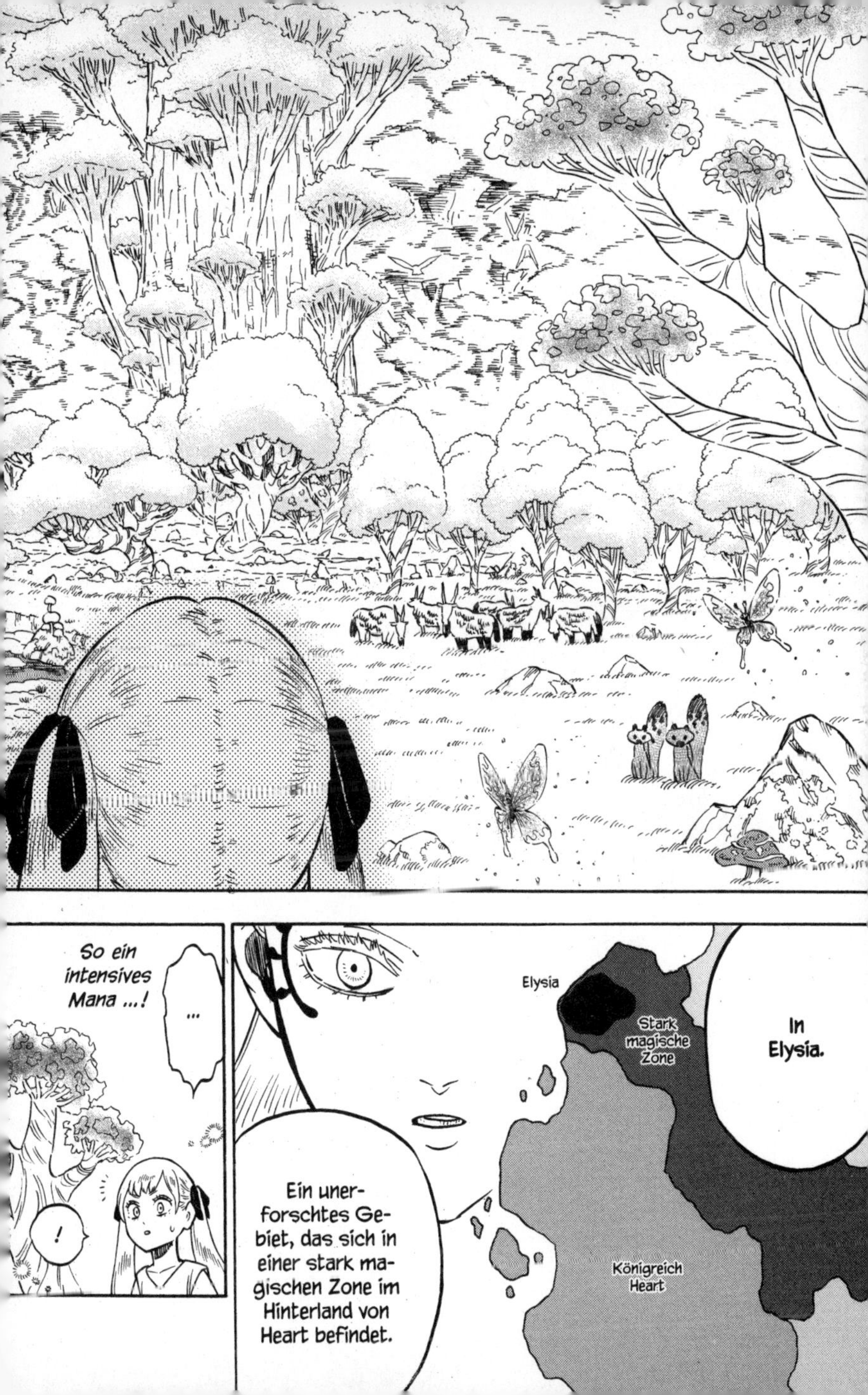
In Elysia.
Elysia
Stark magische Zone
Königreich Heart
Ein unerforschtes Gebiet, das sich in einer stark magischen Zone im Hinterland von Heart befindet.
So ein intensives Mana ...!
...
!

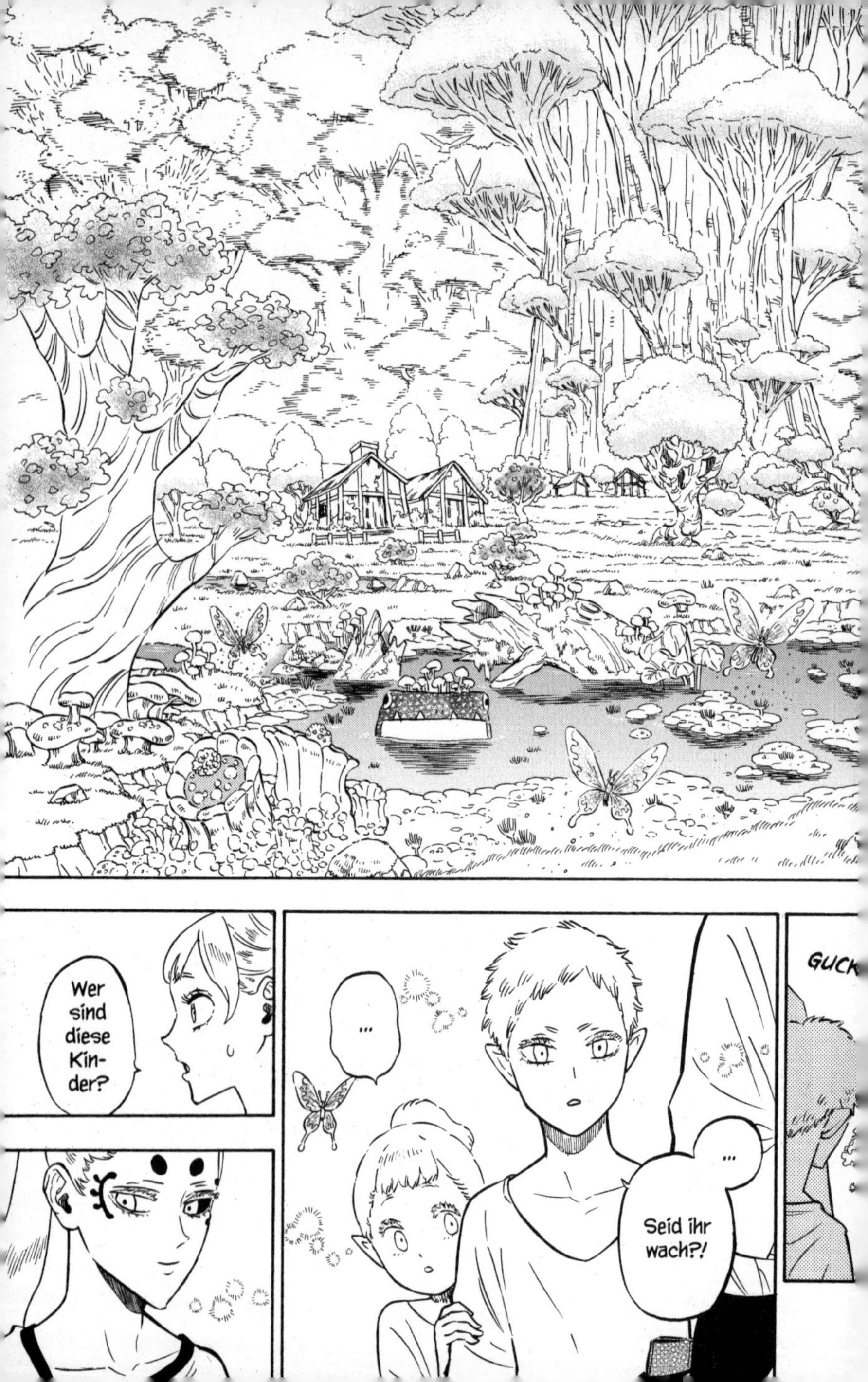
Wer sind diese Kinder?
...
Seid ihr wach?!
...
GUCK

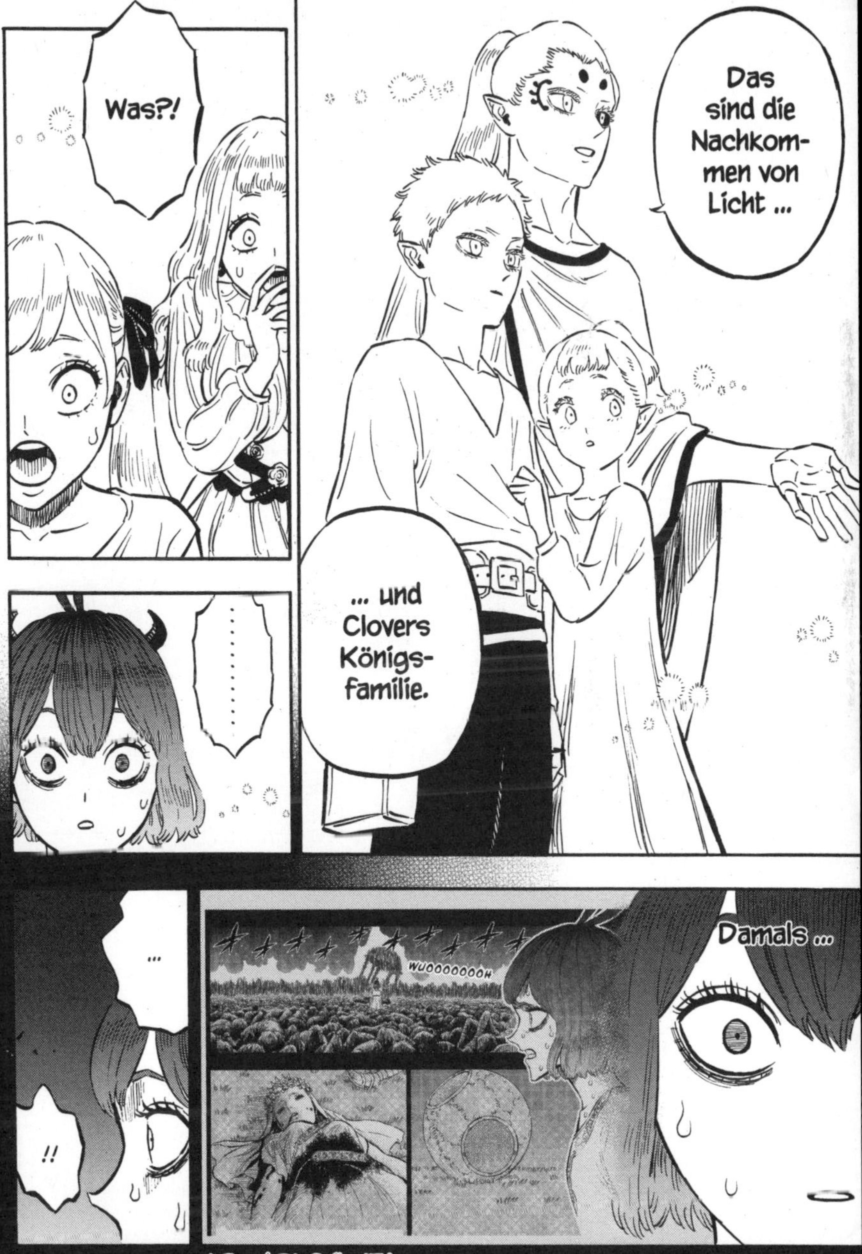

* Band 21, Seite 174

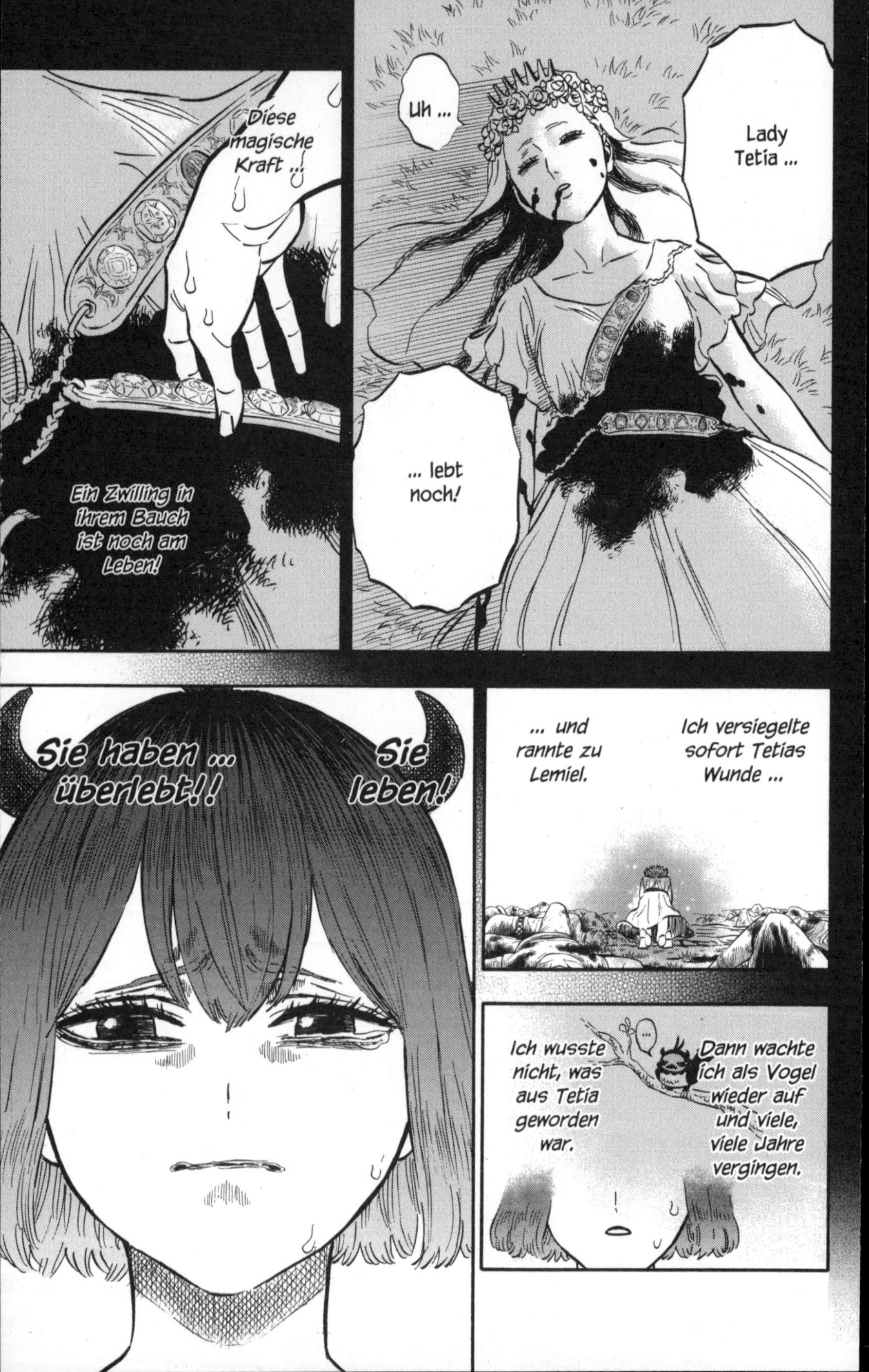
Lady Tetia ...
Uh ...
... lebt noch!
Diese magische Kraft ...
Ein Zwilling in ihrem Bauch ist noch am Leben!
Ich versiegelte sofort Tetias Wunde ...
... und rannte zu Lemiel.
Sie leben!
Sie haben ... überlebt!!
Dann wachte ich als Vogel wieder auf und viele, viele Jahre vergingen.
...
Ich wusste nicht, was aus Tetia geworden war.

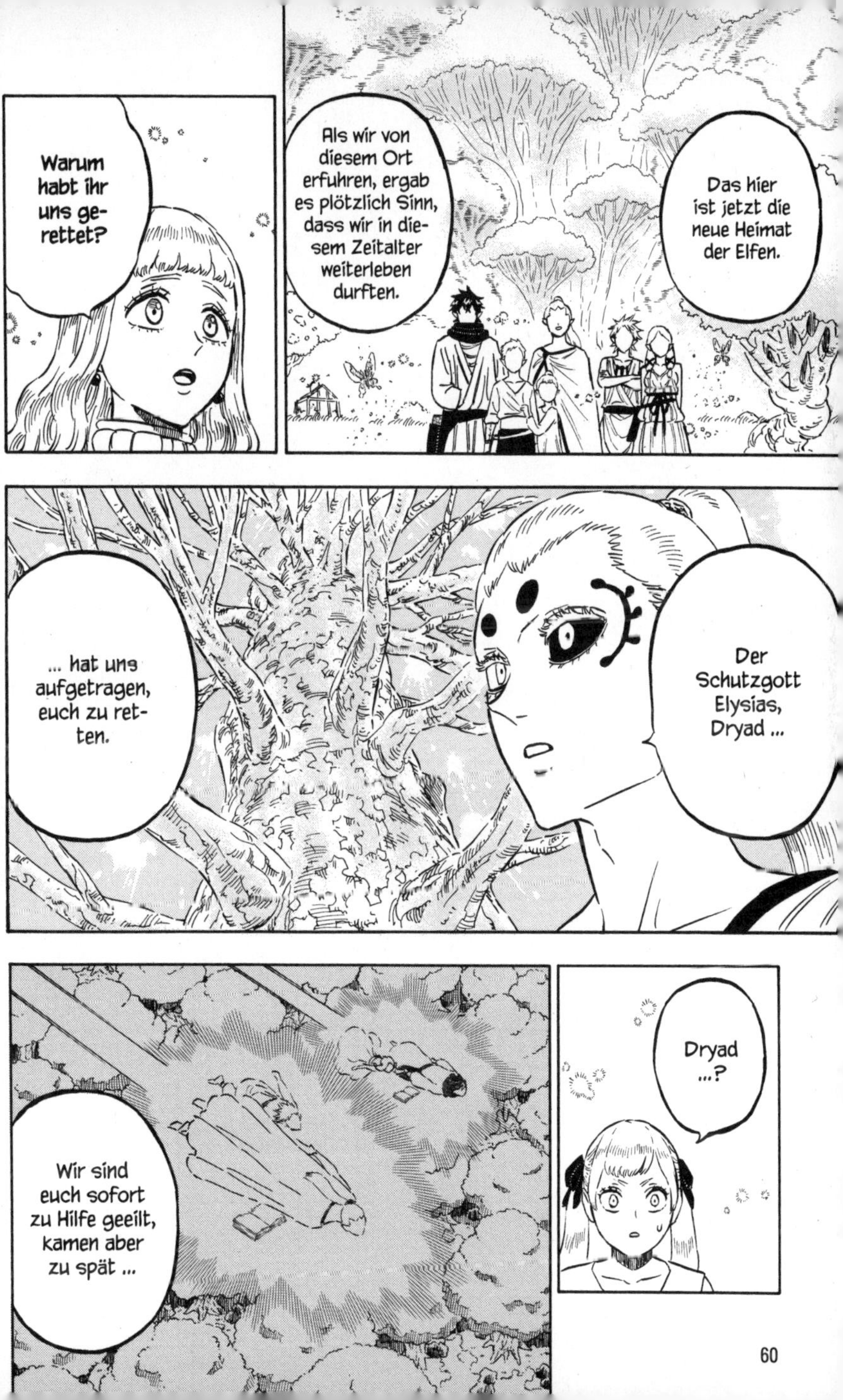
Das hier ist jetzt die neue Heimat der Elfen.
Als wir von diesem Ort erfuhren, ergab es plötzlich Sinn, dass wir in diesem Zeitalter weiterleben durften.
Warum habt ihr uns gerettet?
Der Schutzgott Elysias, Dryad ...
... hat uns aufgetragen, euch zu retten.
Dryad ...?
Wir sind euch sofort zu Hilfe geeilt, kamen aber zu spät ...

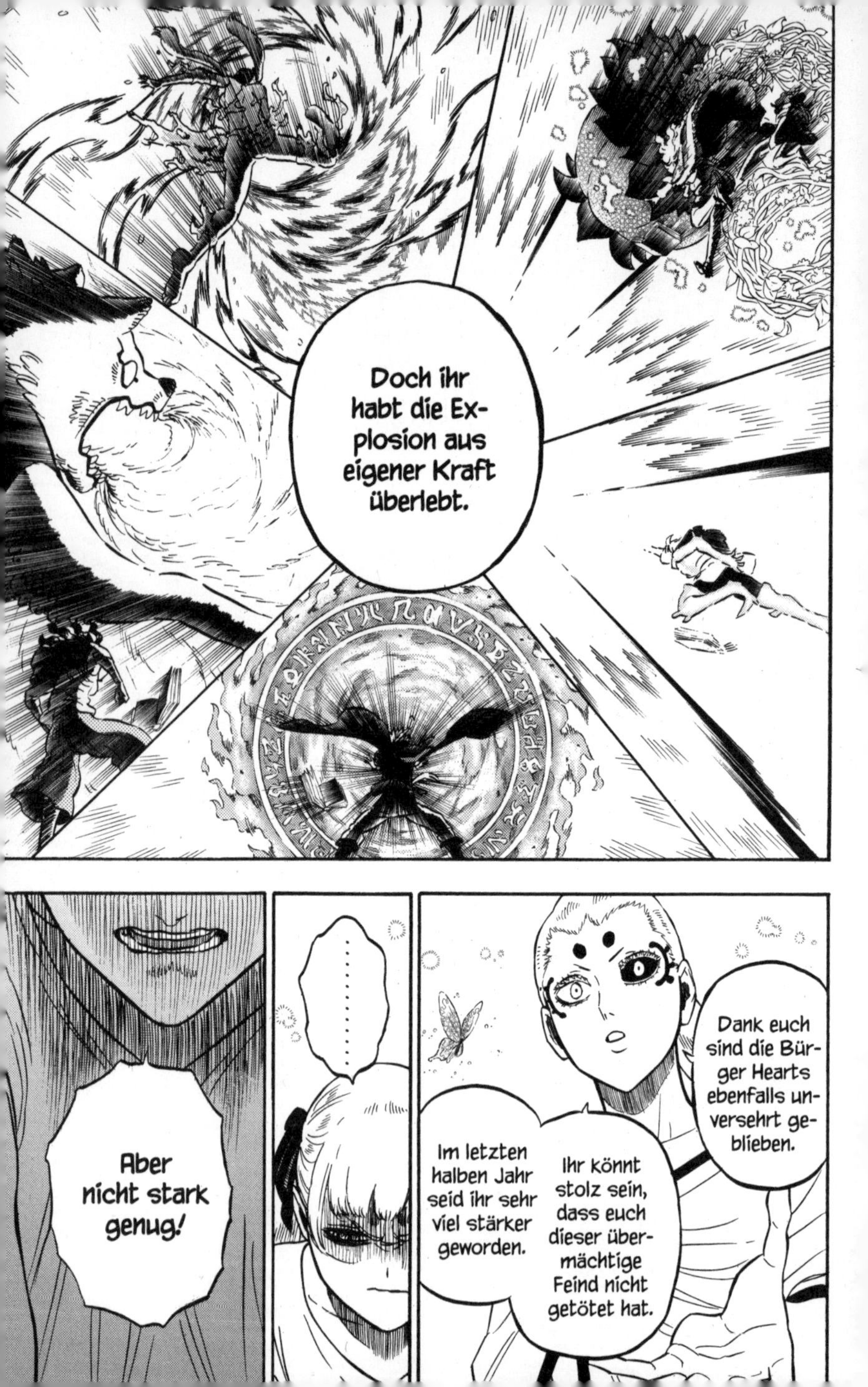
Doch ihr habt die Explosion aus eigener Kraft überlebt.
Dank euch sind die Bürger Hearts ebenfalls unversehrt geblieben.
Ihr könnt stolz sein, dass euch dieser übermächtige Feind nicht getötet hat.
Im letzten halben Jahr seid ihr sehr viel stärker geworden.
……
Aber nicht stark genug!

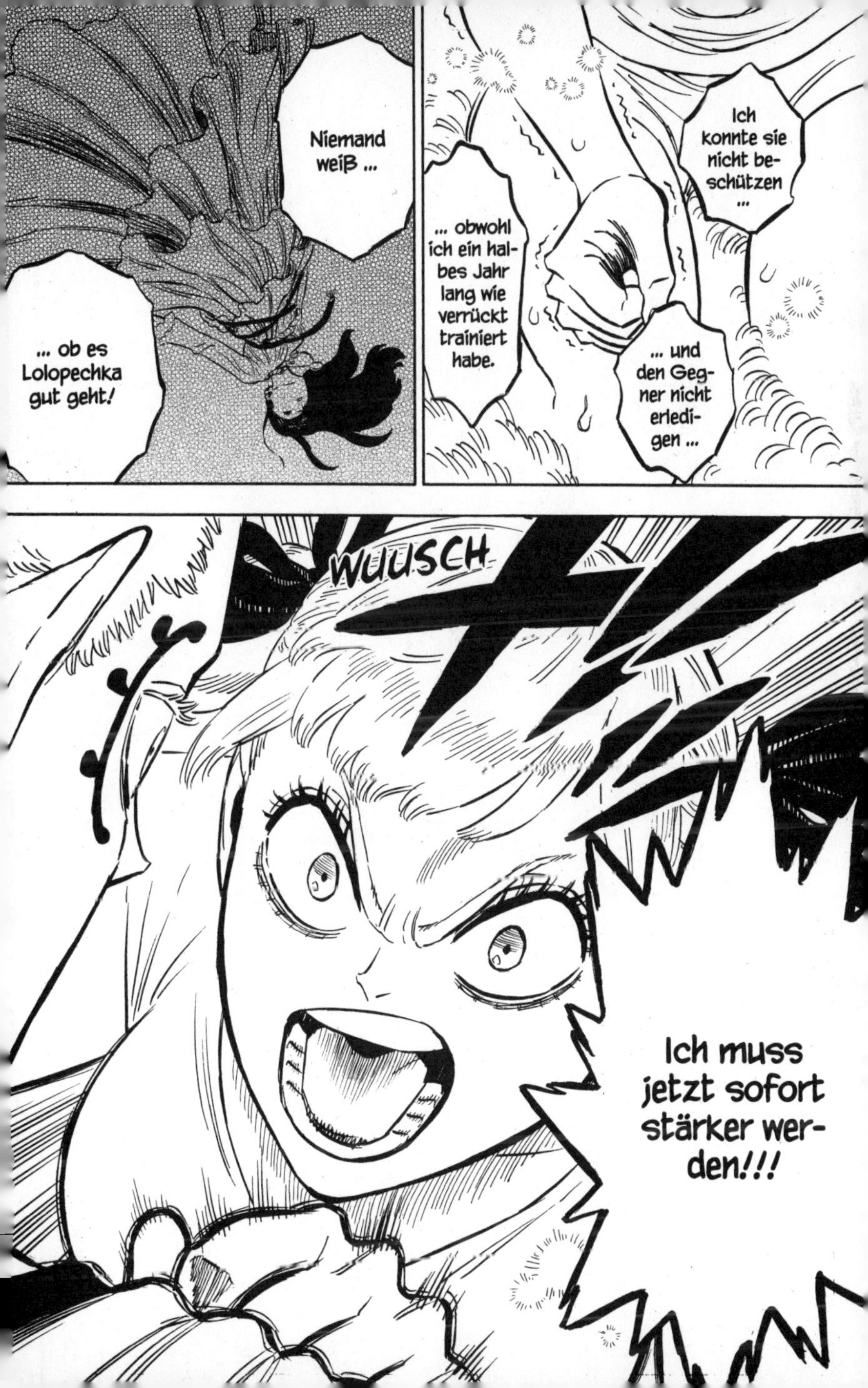
Ich konnte sie nicht beschützen ...
... und den Gegner nicht erledigen ...
... obwohl ich ein halbes Jahr lang wie verrückt trainiert habe.
Niemand weiß ...
... ob es Lolopechka gut geht!
WUUSCH
Ich muss jetzt sofort stärker werden!!!

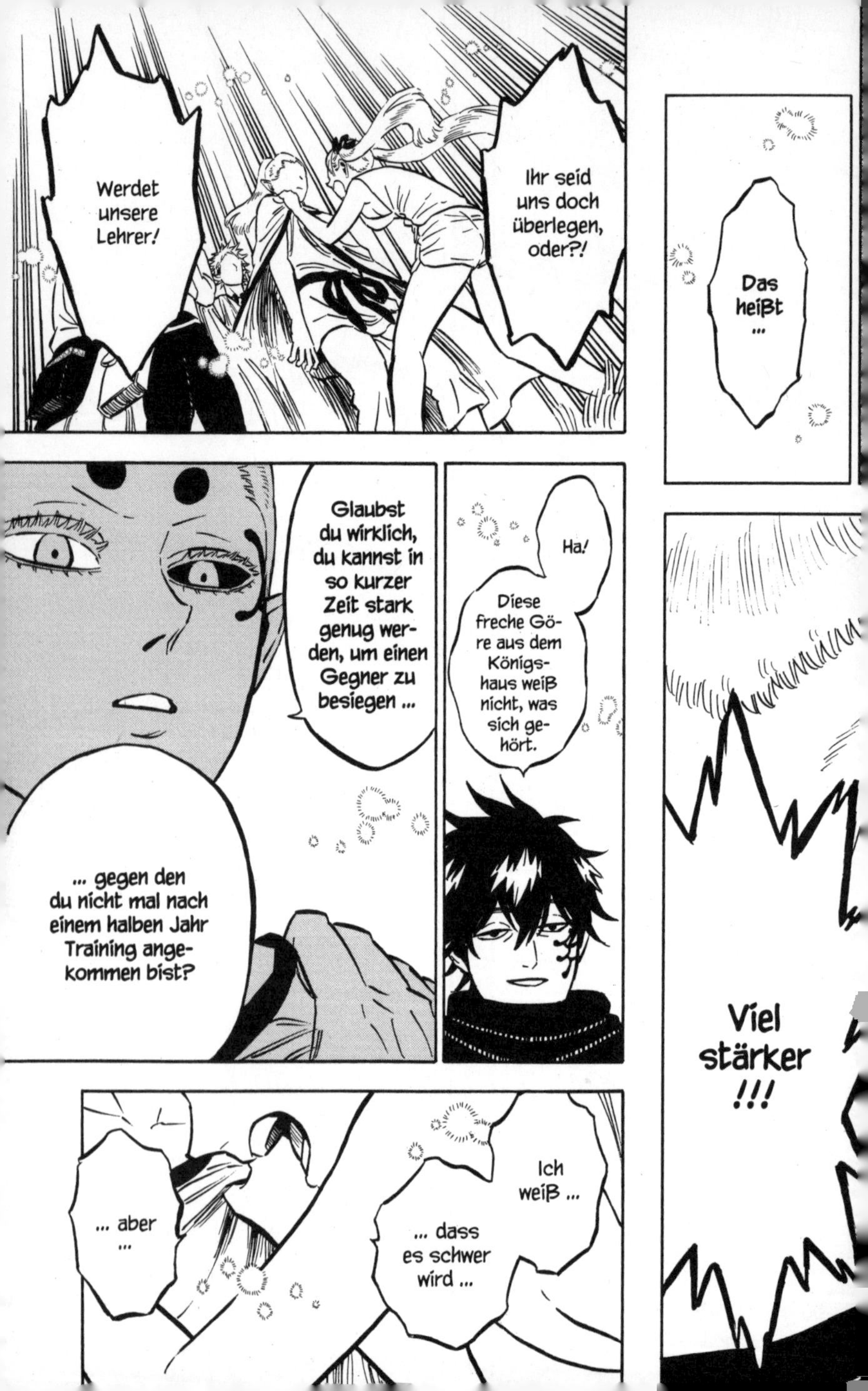

Ihr seid uns doch überlegen, oder?!
Werdet unsere Lehrer!
Ha!
Diese freche Gö-re aus dem Königs-haus weiß nicht, was sich ge-hört.
Glaubst du wirklich, du kannst in so kurzer Zeit stark genug wer-den, um einen Gegner zu besiegen ...
... gegen den du nicht mal nach einem halben Jahr Training ange-kommen bist?
Ich weiß ...
... dass es schwer wird ...
... aber ...
Das heißt ...
Viel stärker !!!

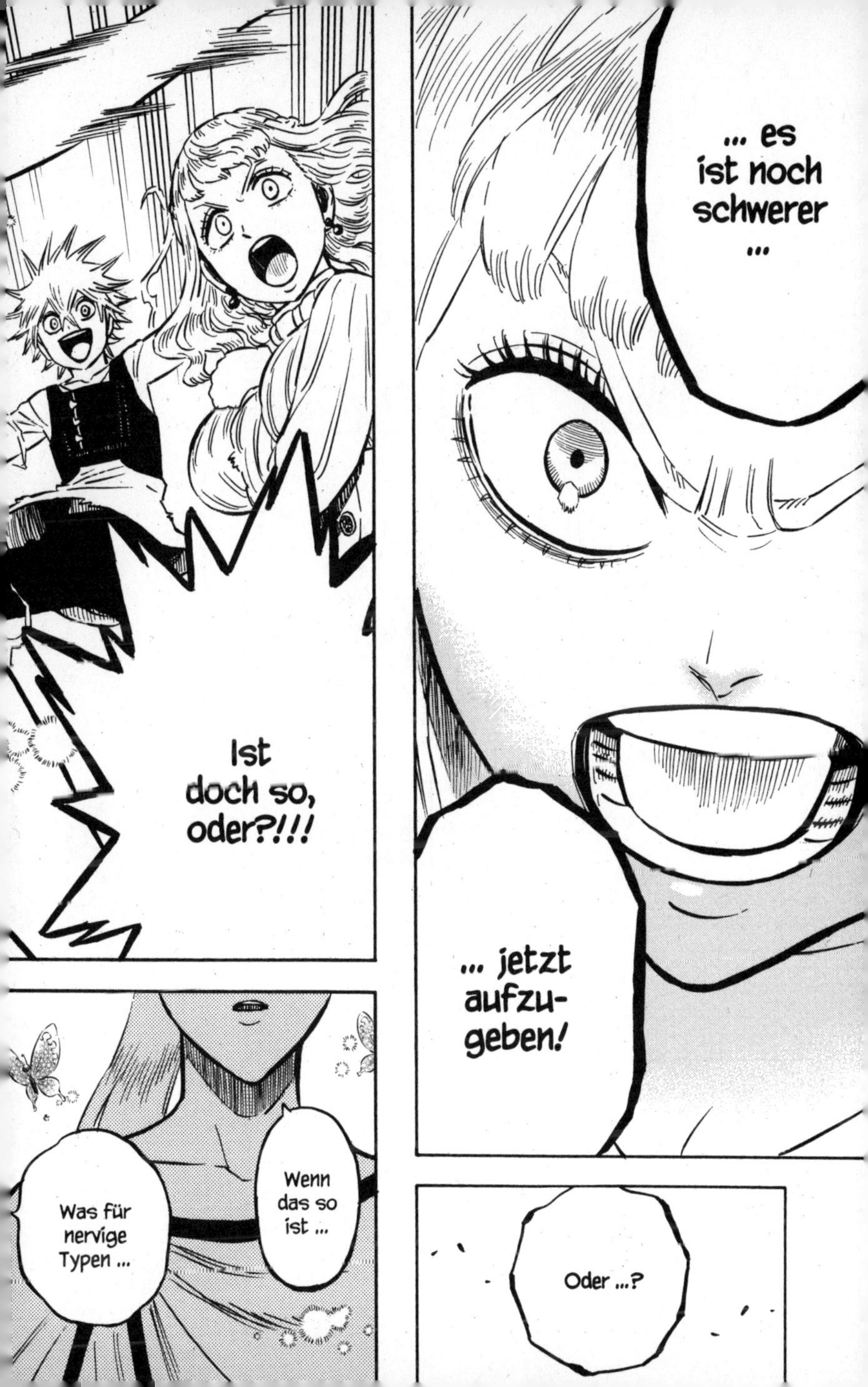
Ist doch so, oder?!!!
Was für nervige Typen ...
Wenn das so ist ...
... es ist noch schwerer ...
... jetzt aufzugeben!
Oder ...?

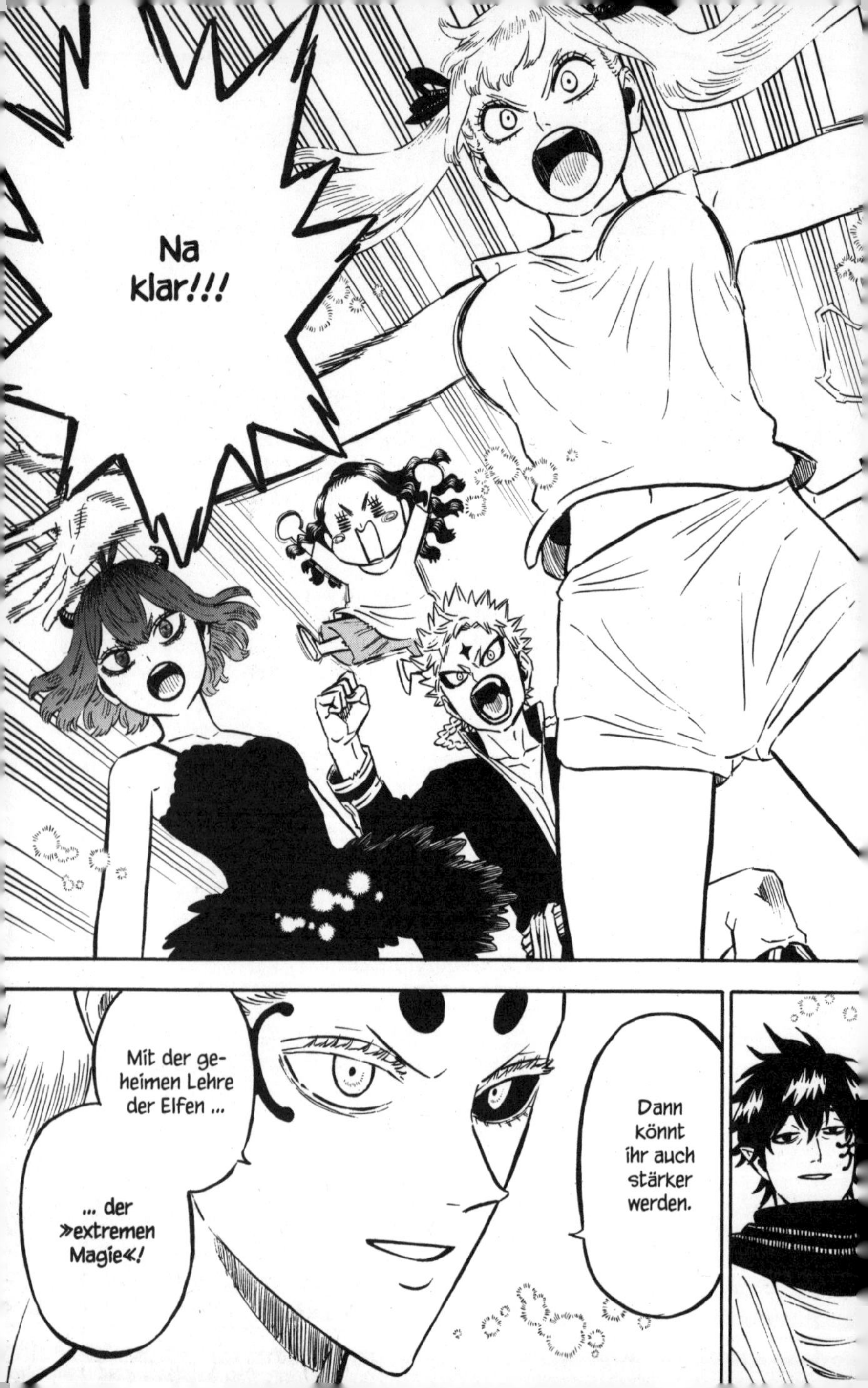
Na klar!!!
Dann könnt ihr auch stärker werden.
Mit der geheimen Lehre der Elfen ...
... der »extremen Magie«!

DER FRAGEORDEN NR. 1

Liebe Leser, guten Tag! Guten Abend! Guten Morgen! Hier ist wieder die Rubrik, in der ich auf eure ausgefallenen Fragen antworte!

Frage: In Band 18 wurde gefragt, auf was für einen Typ Frau oder Mann die Ordensanführer stehen. Jack hat in dem Zusammenhang über Nozel gesagt: »Ha ha! Ich weiß doch genau, dass du in Wirklichkeit bloß ein mürrischer Perversling bist, Silberheini!«
Ist Nozel wirklich pervers?
(von Ichirota Kazemaru)

Antwort: Nun ja, Männer ...
... sind alle ein bisschen perveeeeeeers!!!
Das heißt, Kerle wie Nozel, die einen auf cool machen, sind automatisch mürrische Perverslinge!
(Sorry für die Wortwahl! Nozel ist mürrisch, aber sein Typ Frau ist ziemlich durchschnittlich.)

Frage: Welcher Hunderasse gehört Amelie an?
(von Ichirota Kazemaru)

Antwort: Amelie ist ein Kreuzung aus Shih Tzu und Chihuahua! Da sie an einem regnerischen Tag zu uns gekommen ist** und meine Frau den Film »Amelie« so gern mag, haben wir ihr diesen Namen gegeben!

*»Verlangen«

**»Ame« bedeutet auf Japanisch »Regen«.

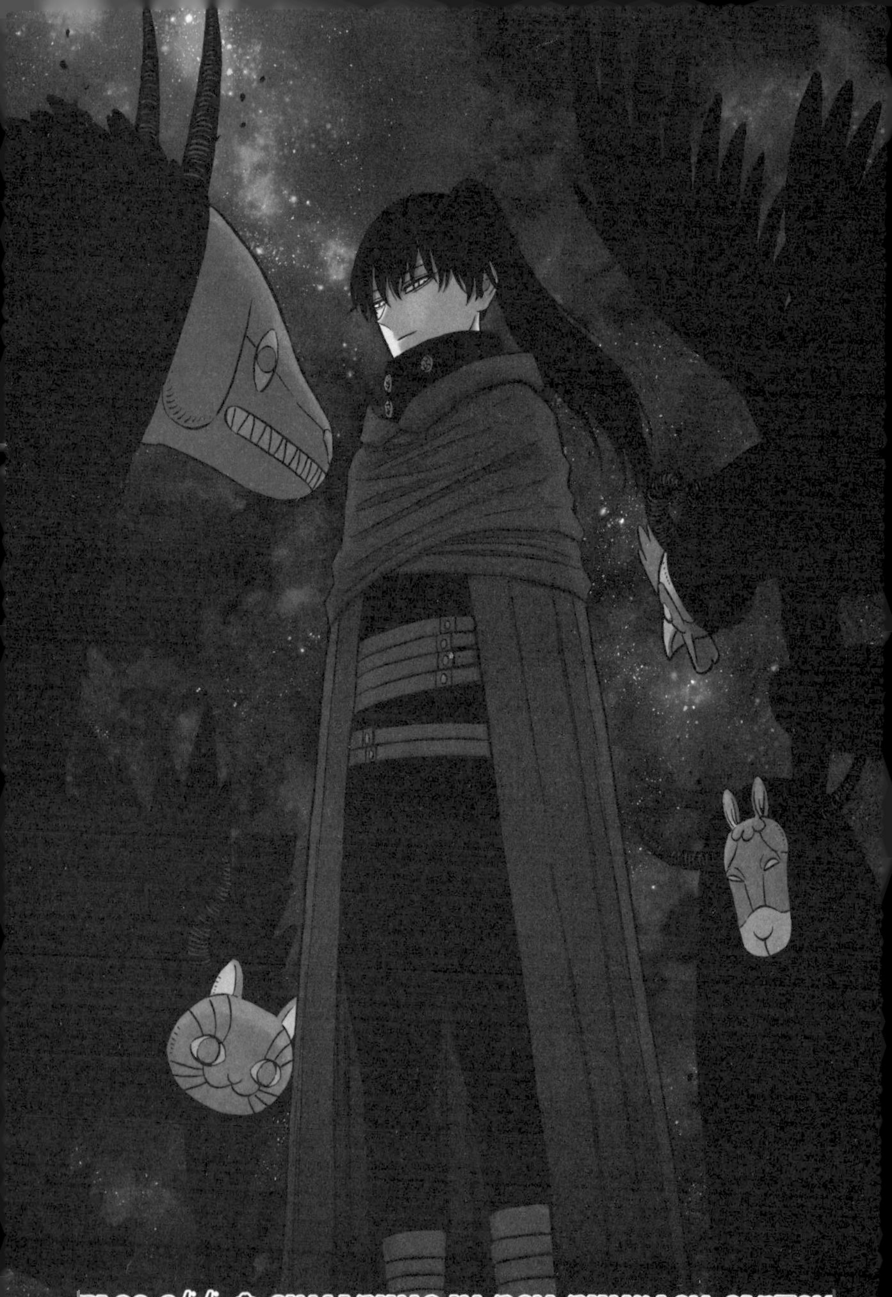

PAGE 266 ✿ EINLADUNG IN DEN DUNKLEN GARTEN

DER FRAGEORDEN NR. 2

Frage: Seit der Anime-Folge über die Agrippas interessiere ich mich für diese Familie und mit der Zeit ist das Interesse zu regelrechter Liebe angewachsen! Ich würde zu gern die Profile der Familienmitglieder sehen. Den Altersunterschied von Gordon und Roxanne wüsste ich auch zu gern! Und verstehen sich die Geschwister gut?
(von 195)

Antwort: Wer hätte gedacht, dass sich jemand so sehr für die Agrippas interessieren würde! Hier kommen die Profile!

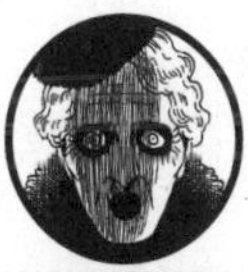

Großmutter
Nilenia Agrippa
(Flammenmagie)

Alter: 83 Jahre
Größe: 135 cm
Geburtstag: 7. Dezember

Sternzeichen: Schütze
Blutgruppe: 0

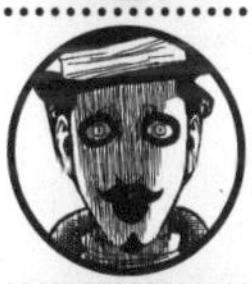

Vater
Nathan Agrippa
(Schwarzölmagie)

Alter: 48 Jahre
Größe: 190 cm
Geburtstag: 19. März

Sternzeichen: Fische
Blutgruppe: 0

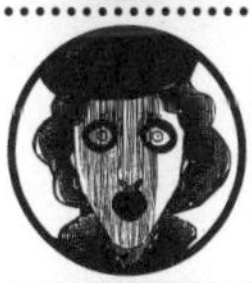

Mutter
Jonna Agrippa
(Giftpflanzenmagie)

Alter: 47 Jahre
Größe: 175 cm
Geburtstag: 20. September

Sternzeichen: Jungfrau
Blutgruppe: 0

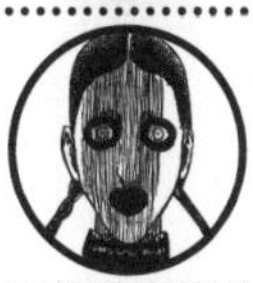

Schwester
Roxanne Agrippa
(Essigmagie)

Alter: 14 Jahre
Größe: 151 cm
Geburtstag: 29. Oktober

Sternzeichen: Skorpion
Blutgruppe: 0

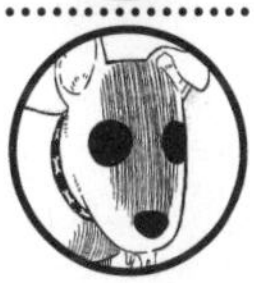

Familienhund
Nunnally

Alter: 5 Jahre

Roxanne ist also sehr viel jünger als Gordon. Auch wenn sie manchmal Kommunikationsprobleme haben, verstehen sich die beiden Geschwister sehr gut.

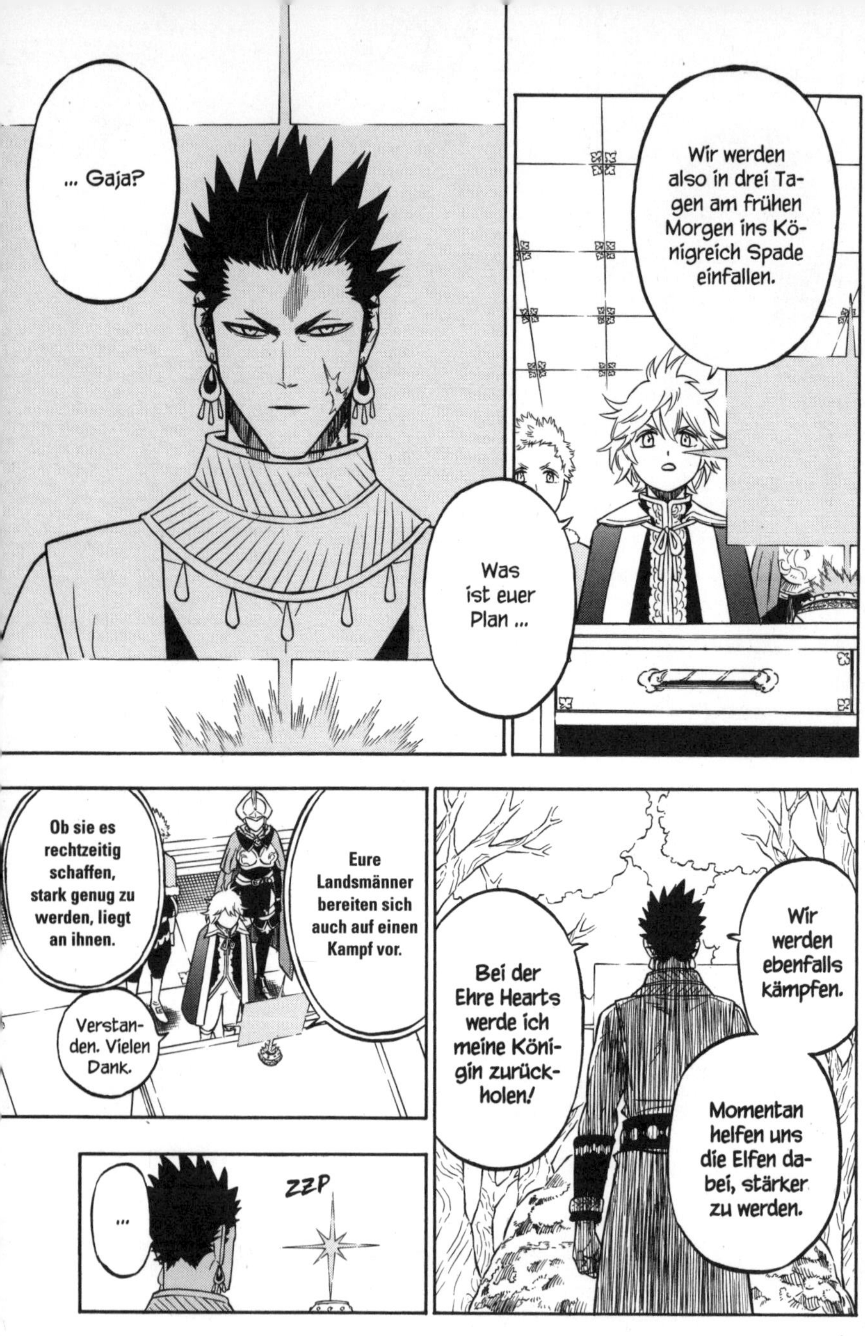

Wir werden also in drei Tagen am frühen Morgen ins Königreich Spade einfallen.
Was ist euer Plan ...
... Gaja?
Wir werden ebenfalls kämpfen.
Bei der Ehre Hearts werde ich meine Königin zurückholen!
Momentan helfen uns die Elfen dabei, stärker zu werden.
Eure Landsmänner bereiten sich auch auf einen Kampf vor.
Ob sie es rechtzeitig schaffen, stark genug zu werden, liegt an ihnen.
Verstanden. Vielen Dank.
...
ZZP

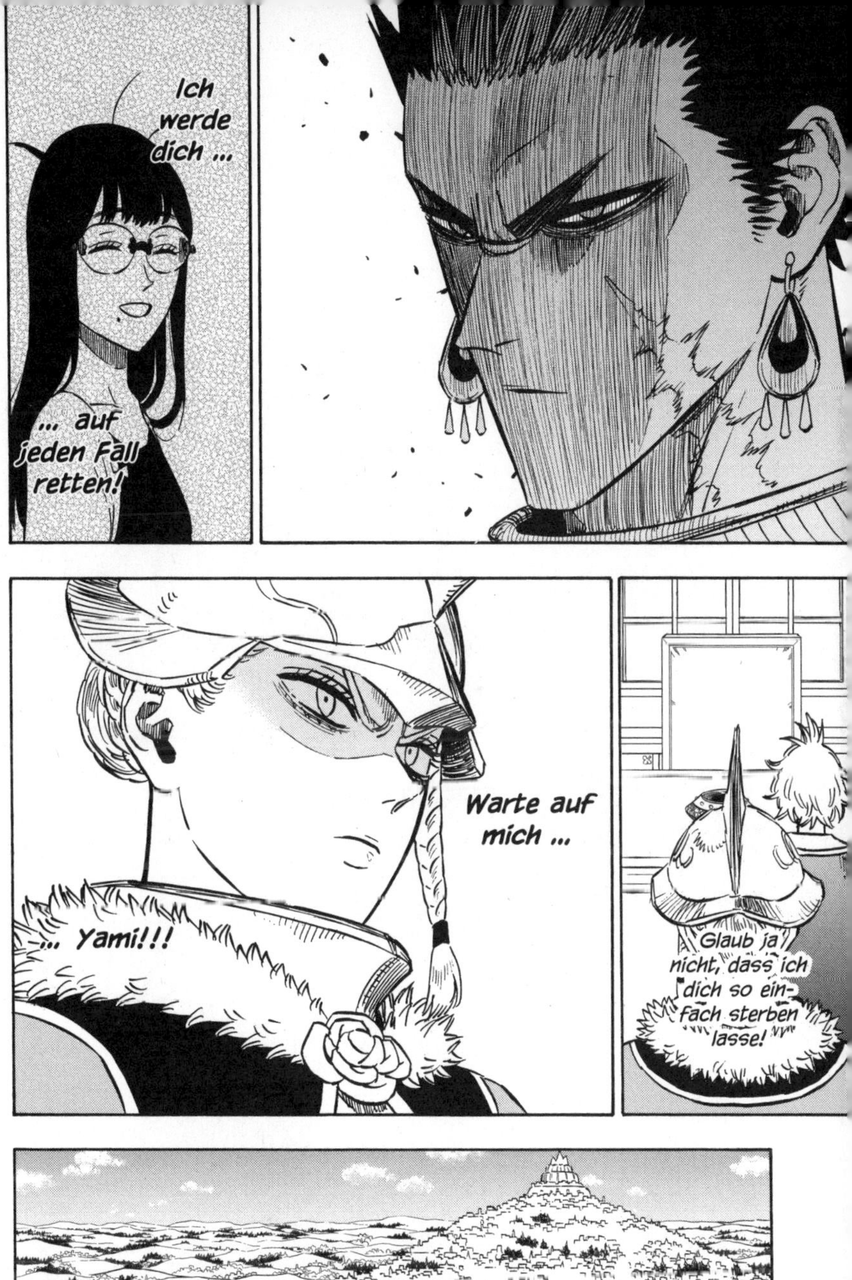
Ich werde dich ...
... auf jeden Fall retten!
Glaub ja nicht, dass ich dich so ein-fach sterben lasse!
Warte auf mich ...
... Yami!!!

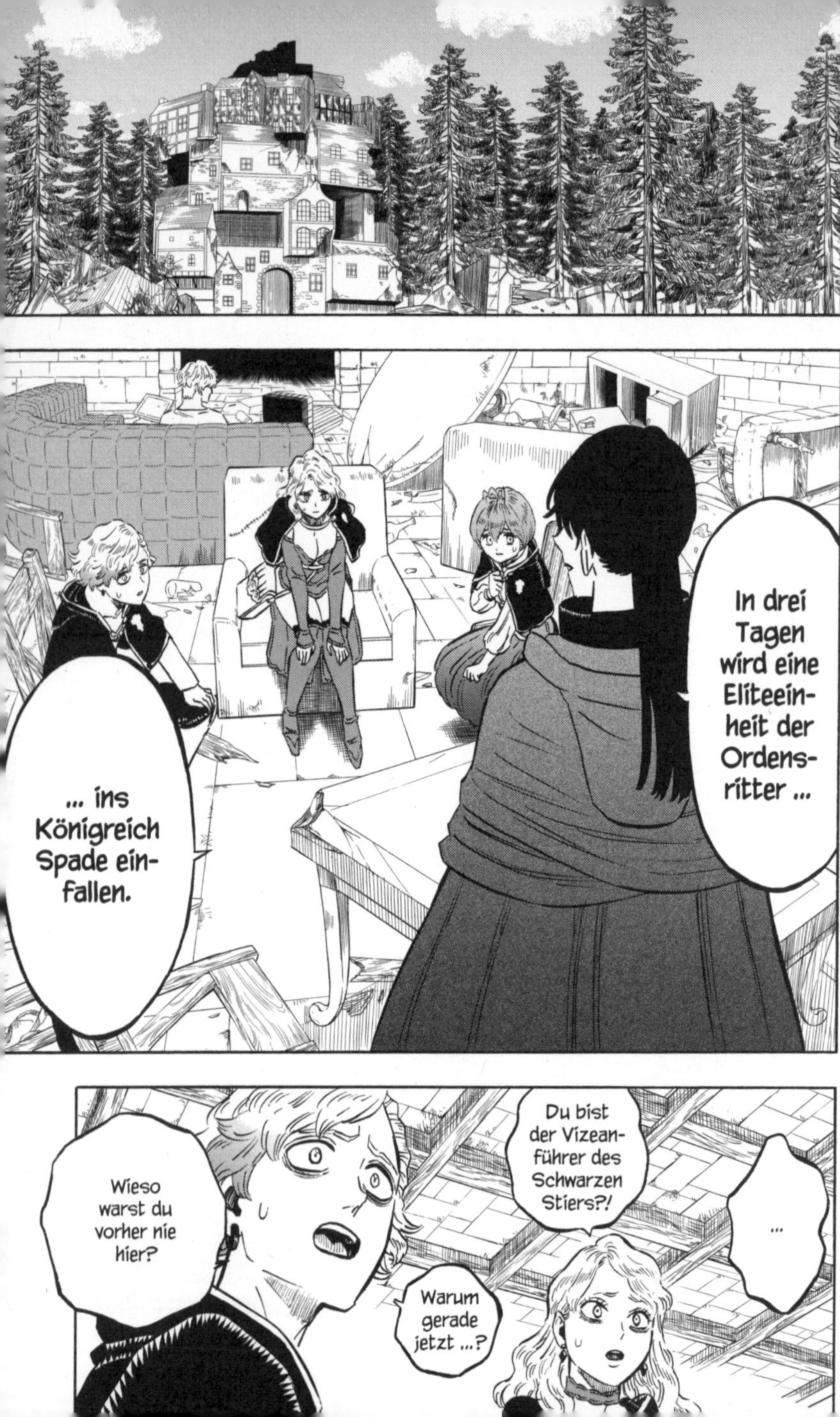
In drei Tagen wird eine Eliteeinheit der Ordensritter ...
... ins Königreich Spade einfallen.
...
Du bist der Vizeanführer des Schwarzen Stiers?!
Warum gerade jetzt ...?
Wieso warst du vorher nie hier?

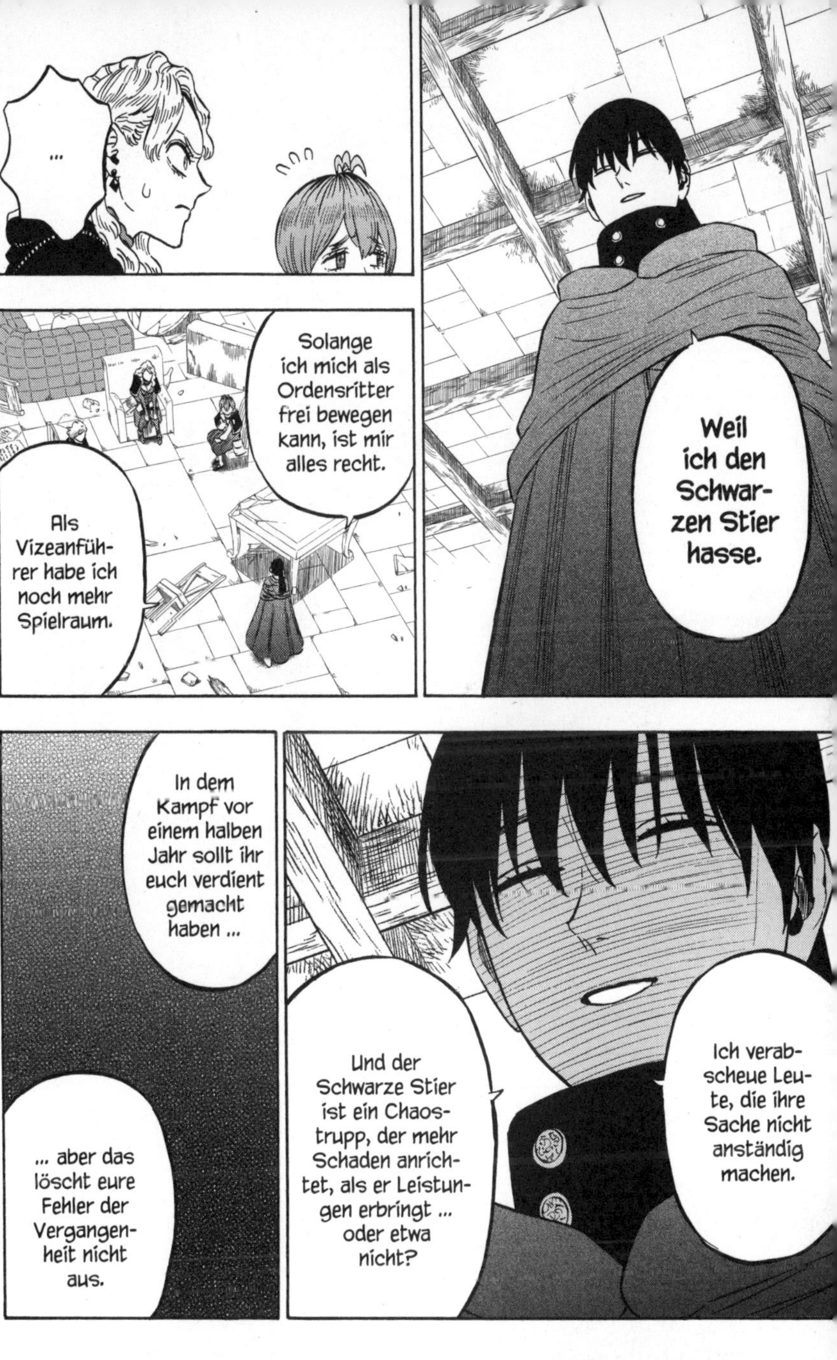
Weil ich den Schwarzen Stier hasse.
...
Solange ich mich als Ordensritter frei bewegen kann, ist mir alles recht.
Als Vizeanführer habe ich noch mehr Spielraum.
Und der Schwarze Stier ist ein Chaostrupp, der mehr Schaden anrichtet, als er Leistungen erbringt ... oder etwa nicht?
Ich verabscheue Leute, die ihre Sache nicht anständig machen.
In dem Kampf vor einem halben Jahr sollt ihr euch verdient gemacht haben ...
... aber das löscht eure Fehler der Vergangenheit nicht aus.

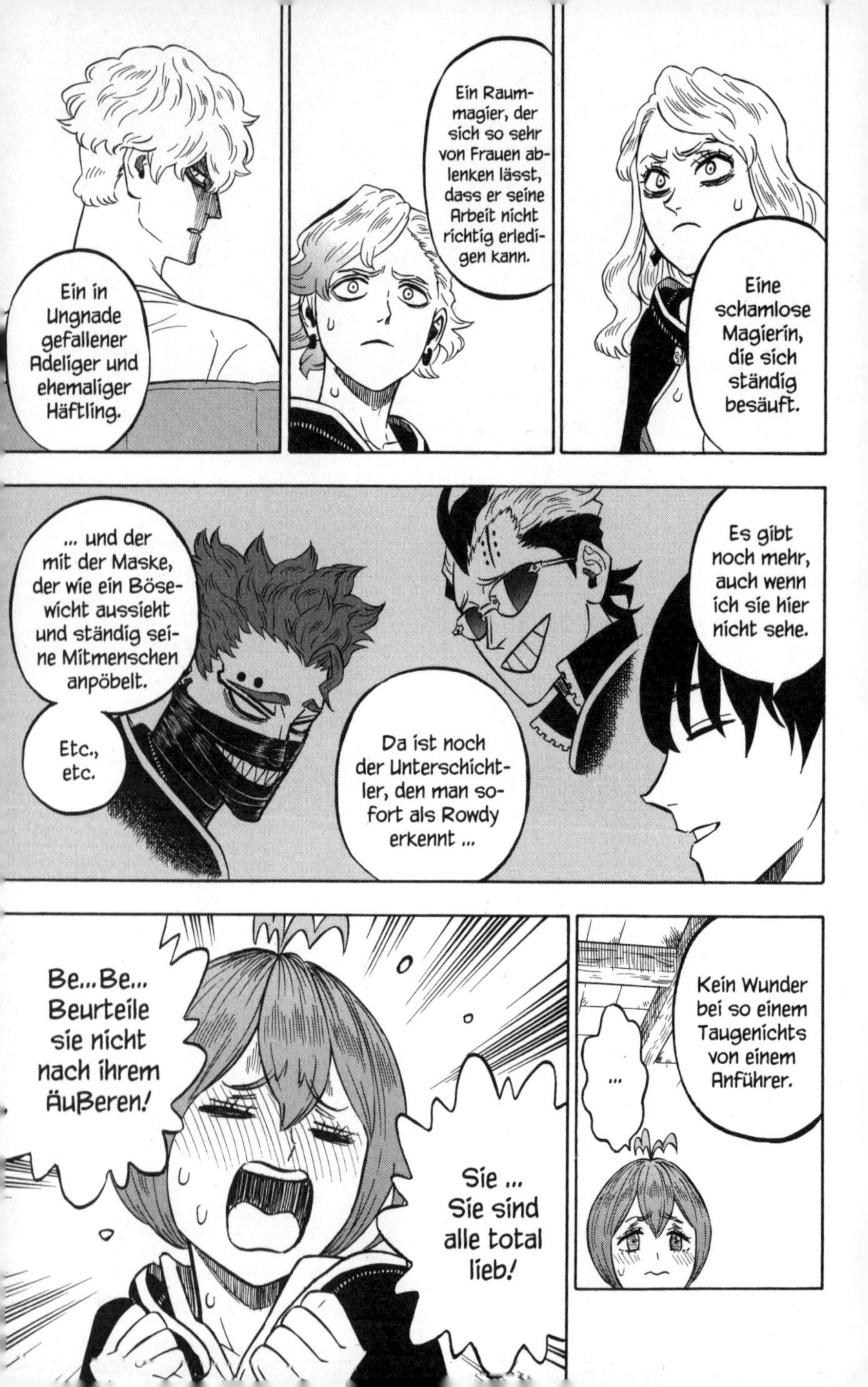
Eine schamlose Magierin, die sich ständig besäuft.
Ein Raummagier, der sich so sehr von Frauen ablenken lässt, dass er seine Arbeit nicht richtig erledigen kann.
Ein in Ungnade gefallener Adeliger und ehemaliger Häftling.
Es gibt noch mehr, auch wenn ich sie hier nicht sehe.
Da ist noch der Unterschichtler, den man sofort als Rowdy erkennt ...
... und der mit der Maske, der wie ein Bösewicht aussieht und ständig seine Mitmenschen anpöbelt.
Etc., etc.
Kein Wunder bei so einem Taugenichts von einem Anführer.
...
Be...Be... Beurteile sie nicht nach ihrem Äußeren!
Sie ... Sie sind alle total lieb!

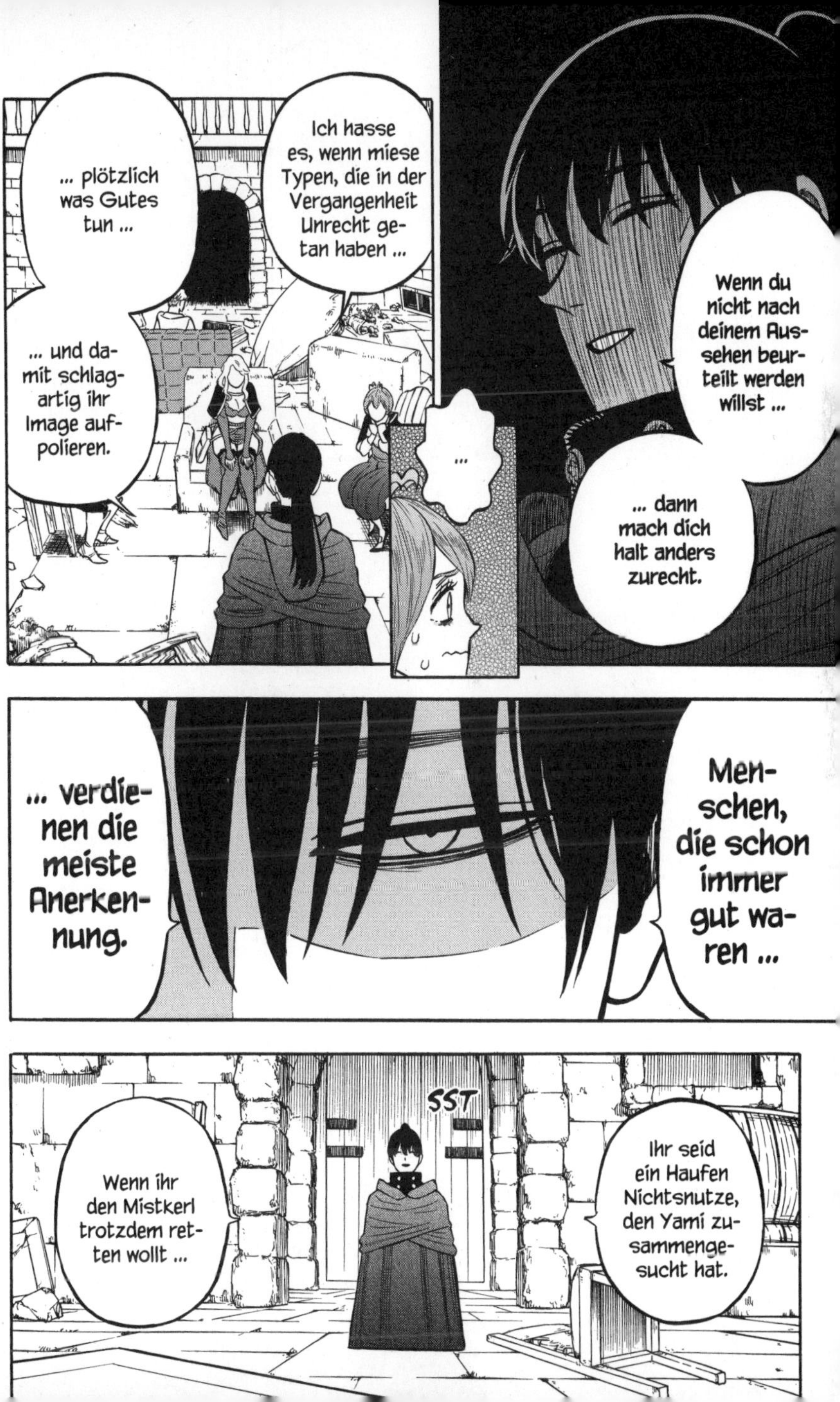
Wenn du nicht nach deinem Aussehen beurteilt werden willst ...
... dann mach dich halt anders zurecht.
...
Ich hasse es, wenn miese Typen, die in der Vergangenheit Unrecht getan haben ...
... plötzlich was Gutes tun ...
... und damit schlagartig ihr Image aufpolieren.
Menschen, die schon immer gut waren ...
... verdienen die meiste Anerkennung.
SST
Ihr seid ein Haufen Nichtsnutze, den Yami zusammengesucht hat.
Wenn ihr den Mistkerl trotzdem retten wollt ...

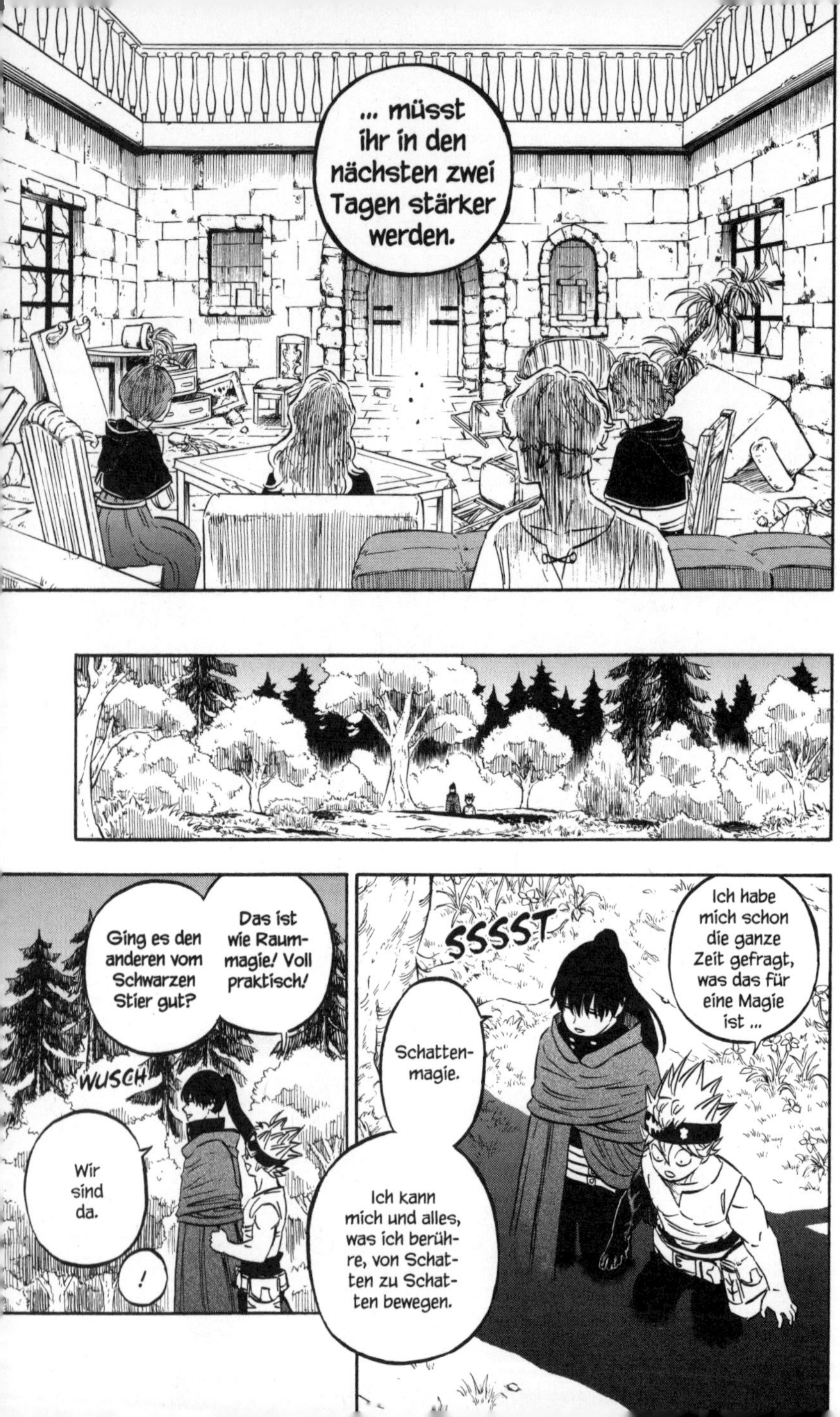

... müsst ihr in den nächsten zwei Tagen stärker werden.
SSSST
Ich habe mich schon die ganze Zeit gefragt, was das für eine Magie ist ...
Schatten-magie.
Ich kann mich und alles, was ich berühre, von Schatten zu Schatten bewegen.
Das ist wie Raum-magie! Voll praktisch!
Ging es den anderen vom Schwarzen Stier gut?
WUSCH
Wir sind da.
!

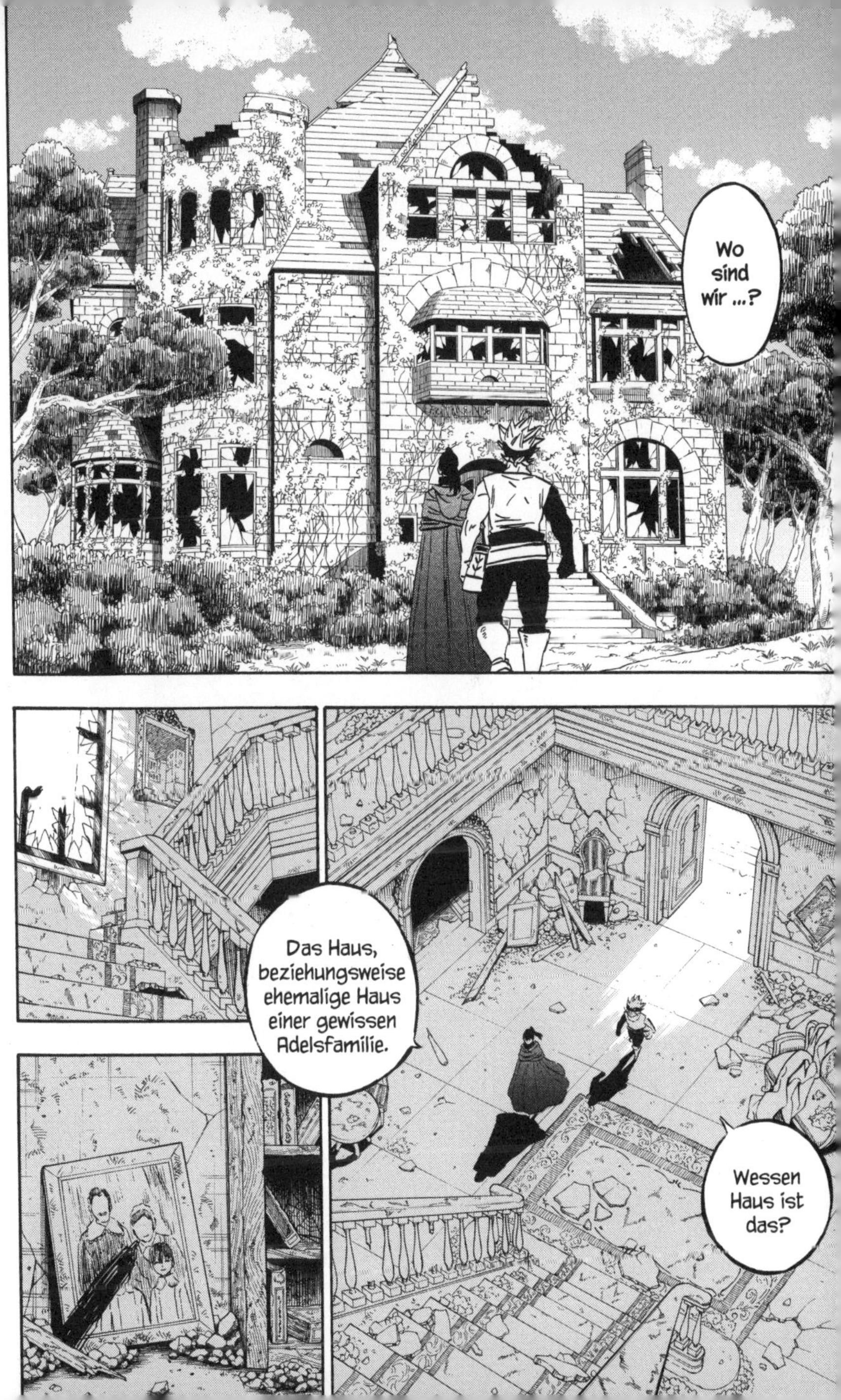
Wo sind wir ...?
Wessen Haus ist das?
Das Haus, beziehungsweise ehemalige Haus einer gewissen Adelsfamilie.

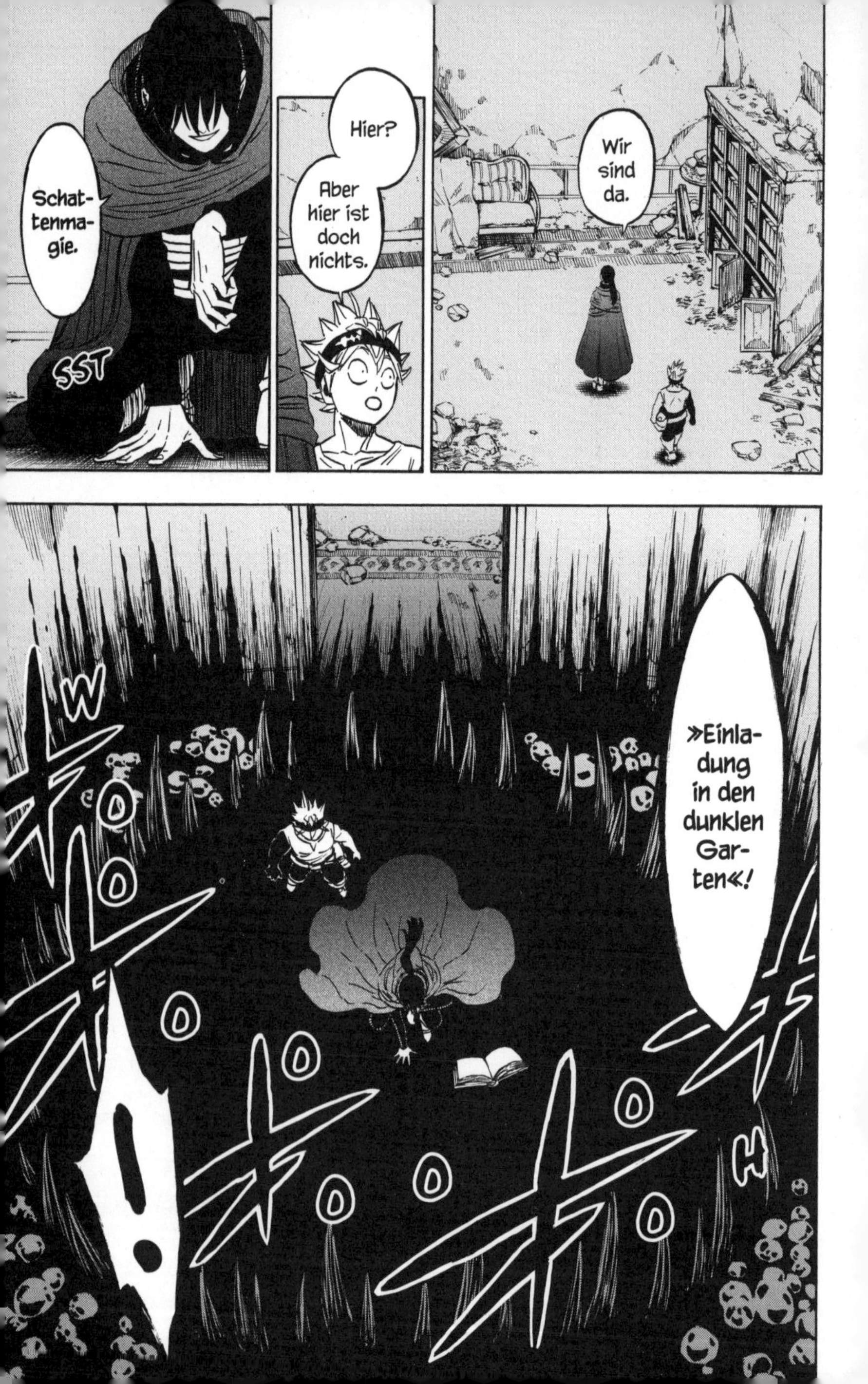

Wir sind da.
Hier?
Aber hier ist doch nichts.
Schattenmagie.
SST
»Einladung in den dunklen Garten«!
WOOOOOOOOH!

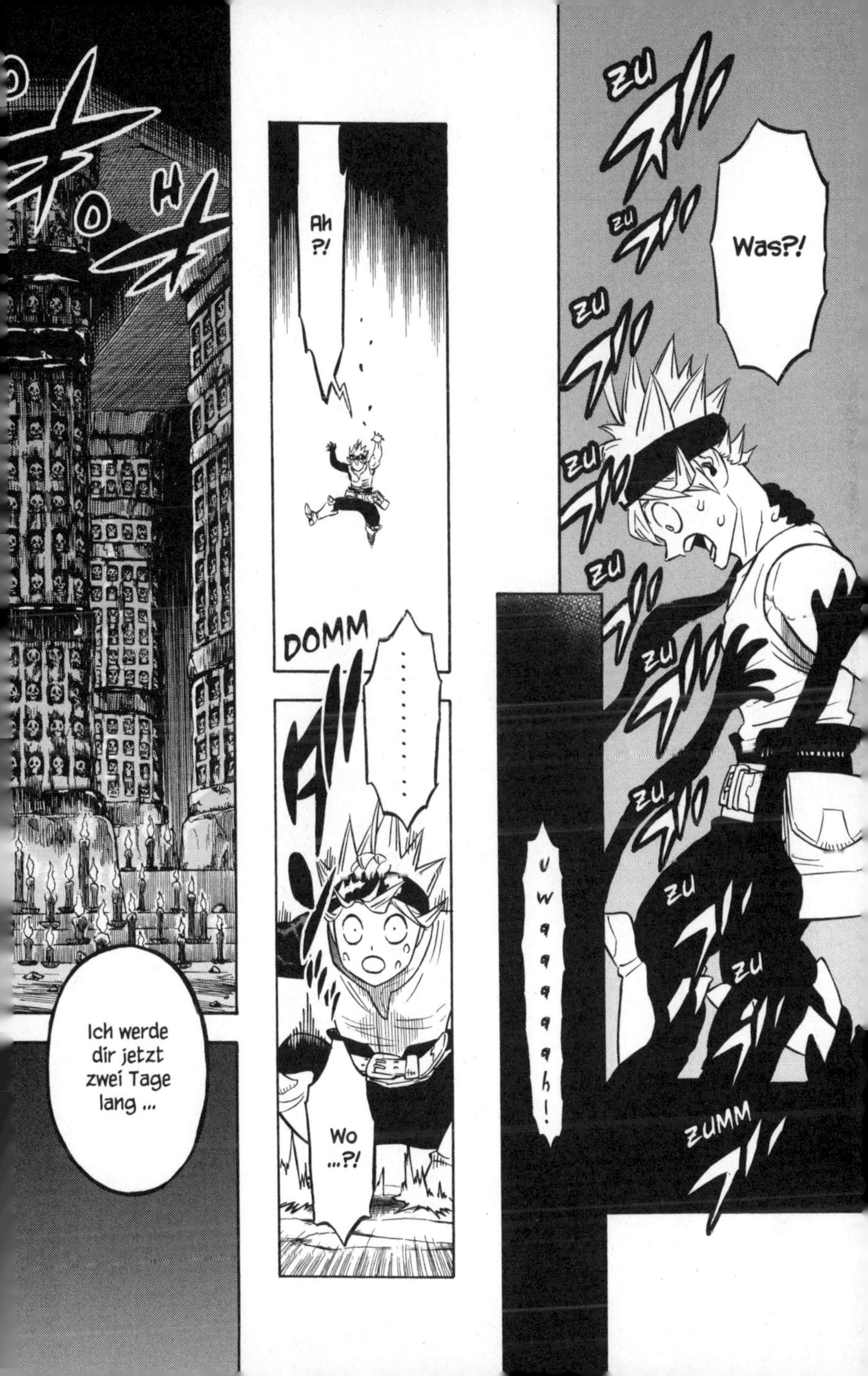
Was?!
ZU
ZU
ZU
ZU
ZU
ZU
ZU
ZU
ZU
Uwaaaaaaah!
ZUMM
Ah ?!
DOMM
......
Wo ...?!
Ich werde dir jetzt zwei Tage lang ...

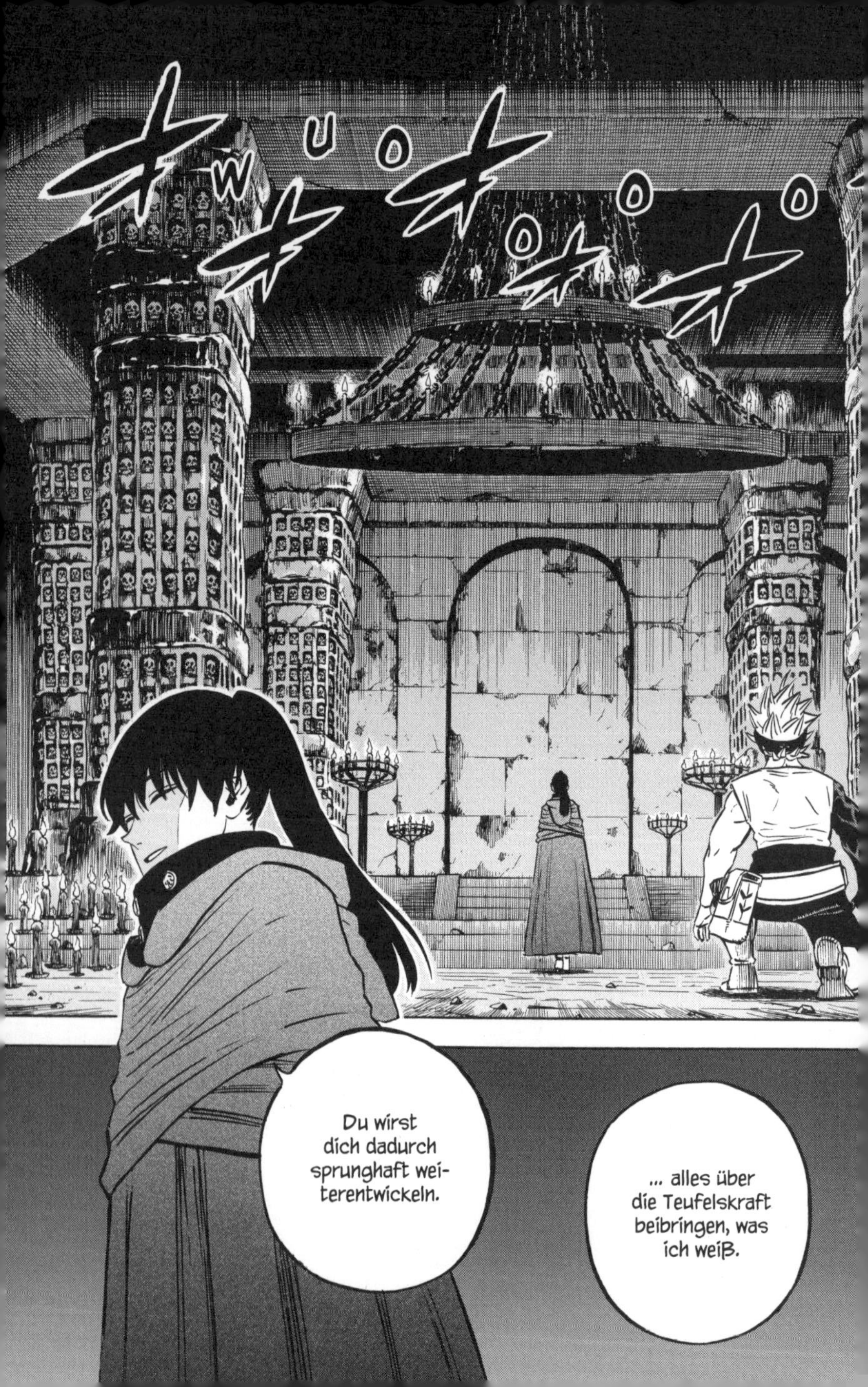
WUOOOO
... alles über die Teufelskraft beibringen, was ich weiß.
Du wirst dich dadurch sprunghaft weiterentwickeln.

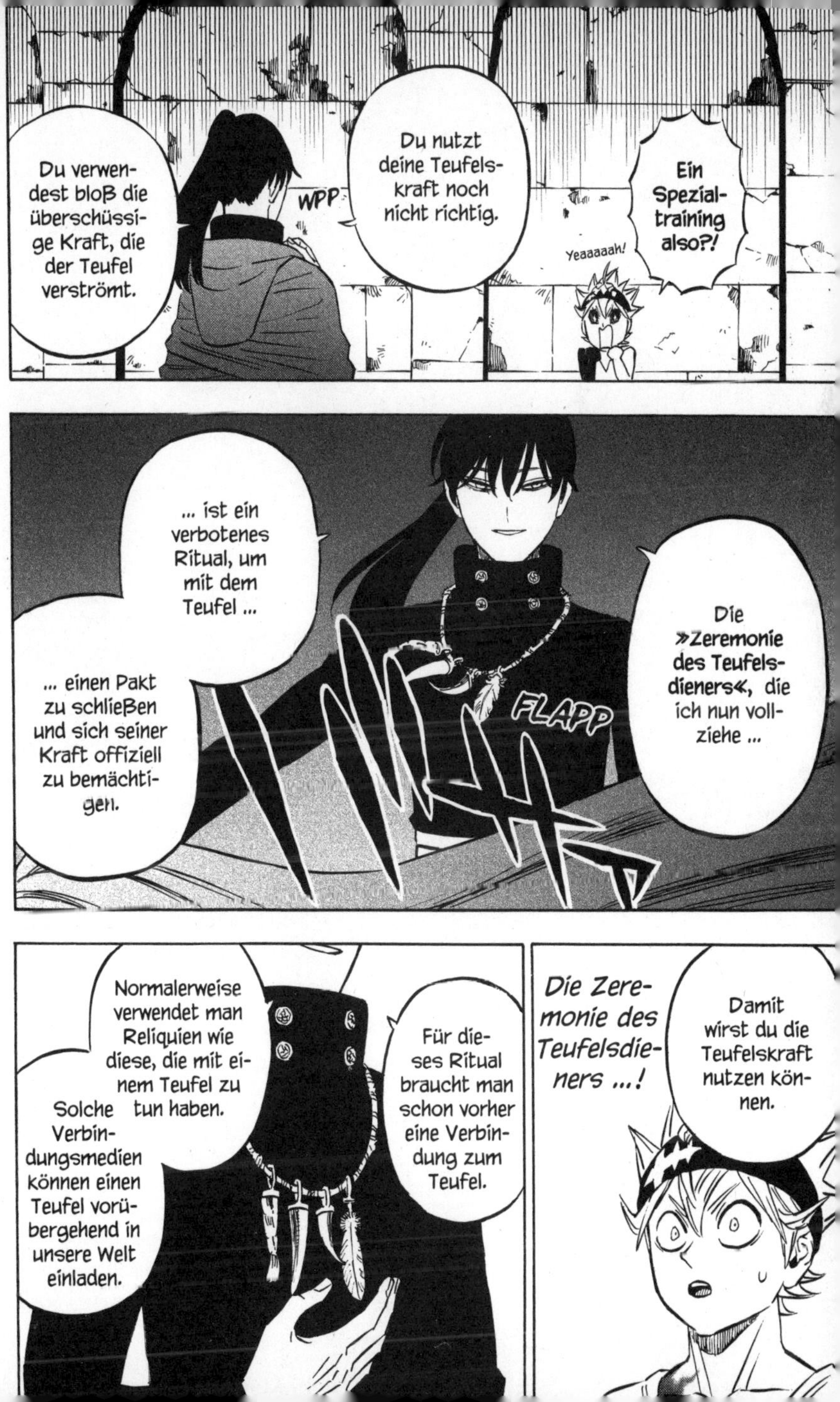
Ein Spezialtraining also?!
Yeaaaaah!
Du nutzt deine Teufelskraft noch nicht richtig.
WPP
Du verwendest bloß die überschüssige Kraft, die der Teufel verströmt.
Die »Zeremonie des Teufelsdieners«, die ich nun vollziehe ...
FLAPP
... ist ein verbotenes Ritual, um mit dem Teufel ...
... einen Pakt zu schließen und sich seiner Kraft offiziell zu bemächtigen.
Damit wirst du die Teufelskraft nutzen können.
Die Zeremonie des Teufelsdieners ...!
Für dieses Ritual braucht man schon vorher eine Verbindung zum Teufel.
Normalerweise verwendet man Reliquien wie diese, die mit einem Teufel zu tun haben.
Solche Verbindungsmedien können einen Teufel vorübergehend in unsere Welt einladen.

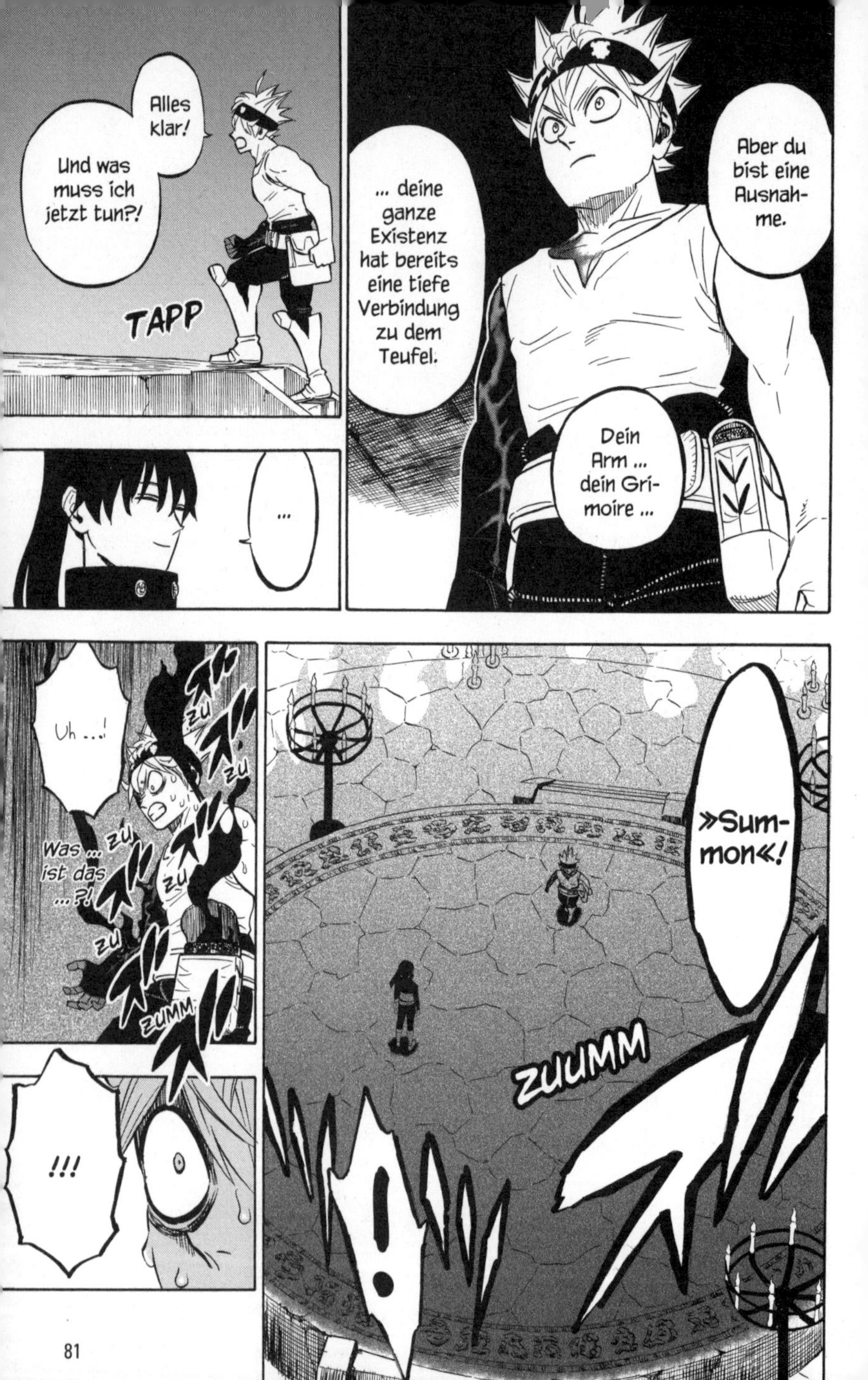
Aber du bist eine Ausnahme.
... deine ganze Existenz hat bereits eine tiefe Verbindung zu dem Teufel.
Dein Arm ... dein Grimoire ...
Alles klar!
Und was muss ich jetzt tun?!
TAPP
...
»Summon«!
ZUUMM
!
Uh ...!
ZU
ZU
Was ... ist das ...?!
ZU
ZU
ZUMM
!!!

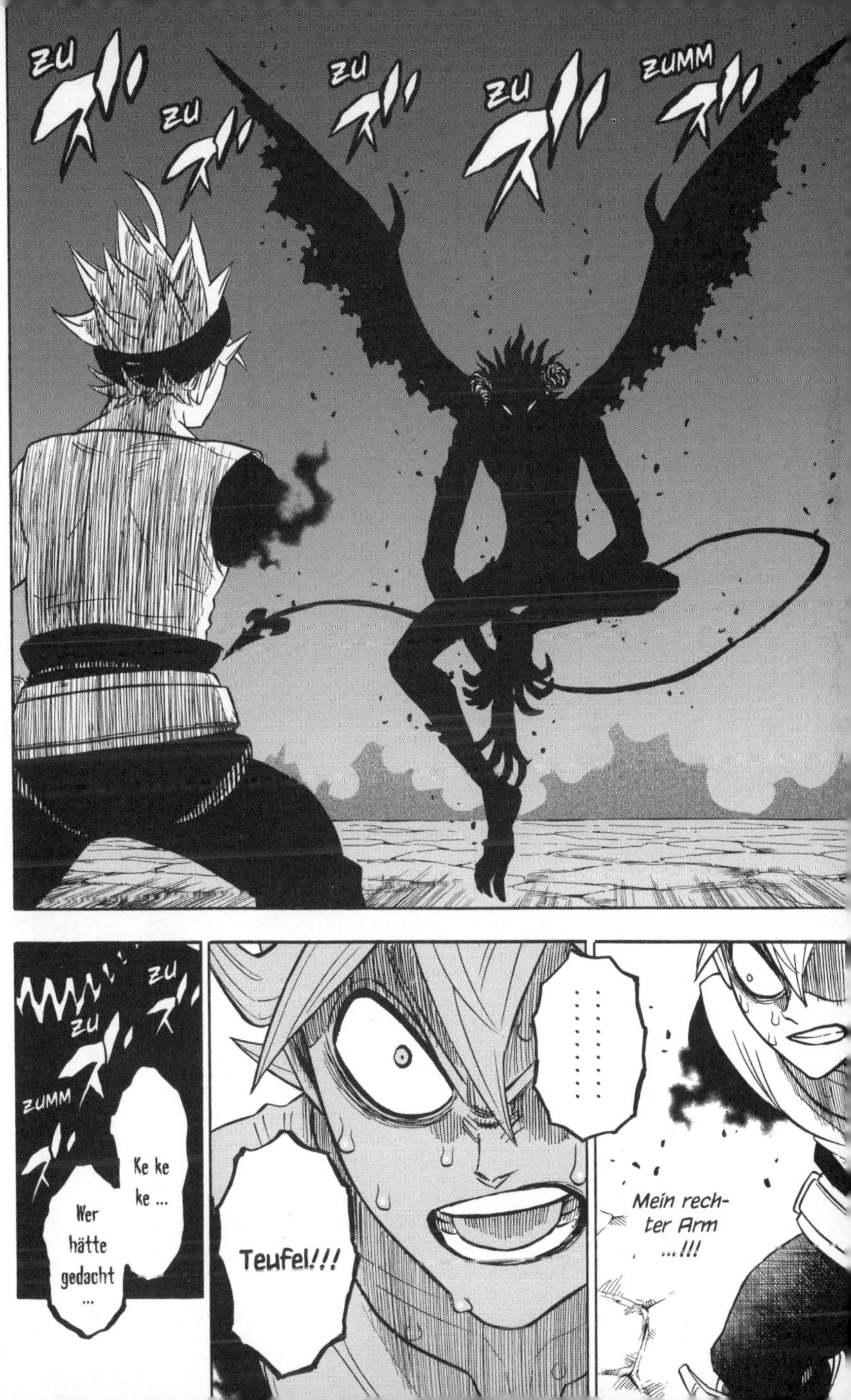
ZUMM
ZU
ZU
ZU
ZU
Mein rech-
ter Arm
...!!!
......
Teufel!!!
ZU
ZU
ZUMM
Ke ke
ke ...
Wer
hätte
gedacht
...

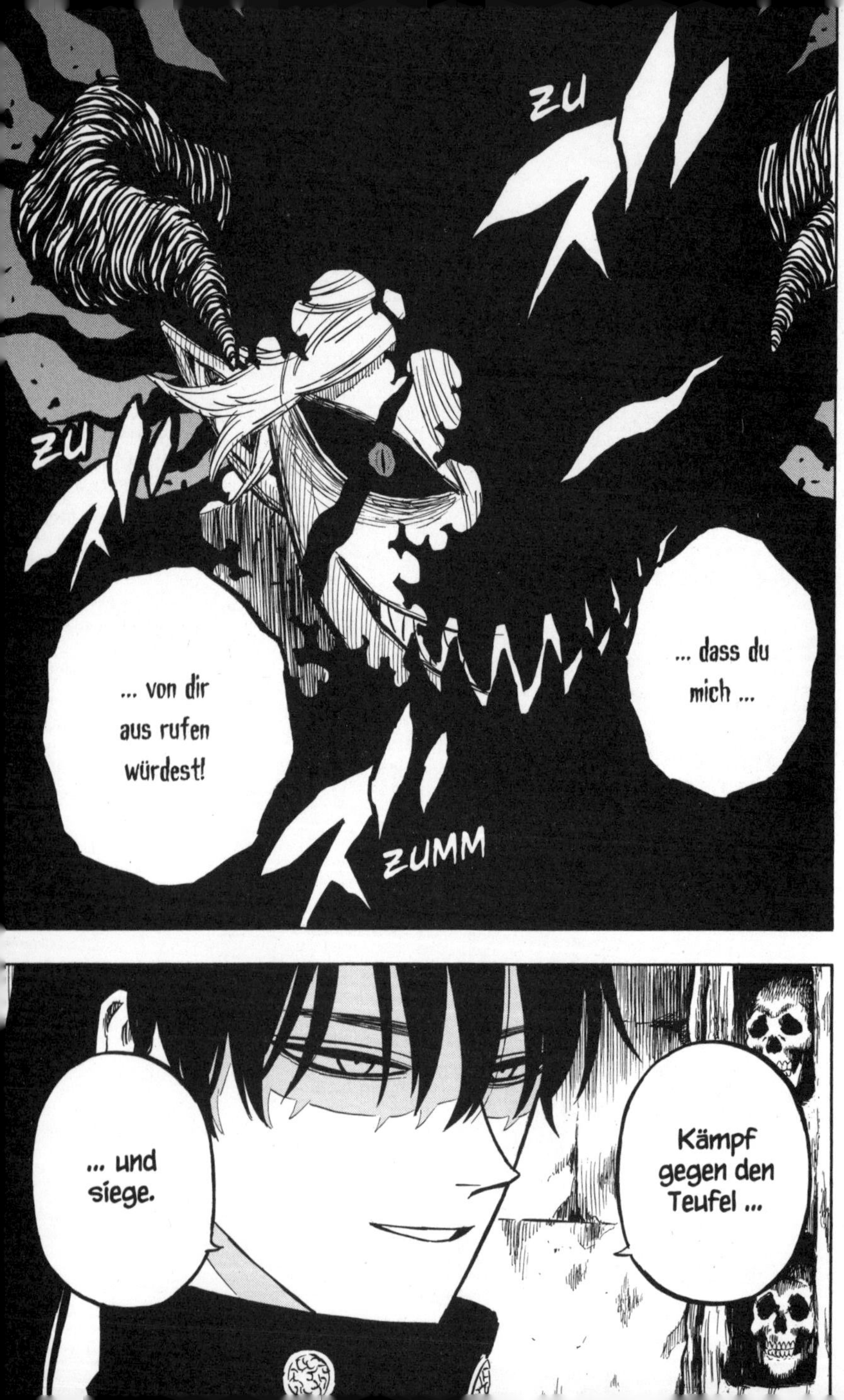
ZU
ZU
... dass du mich ...
... von dir aus rufen würdest!
ZUMM
Kämpf gegen den Teufel ...
... und siege.

DER SCHWARZ-WEISSE BILDERORDEN NR. 1

Yumipi aus Saitama

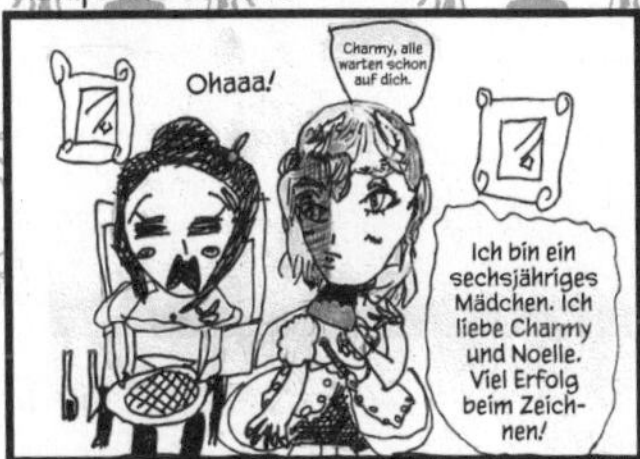

Ich hoffe, du verfolgst die Geschichte der beiden weiter!

Reisa aus Saitama

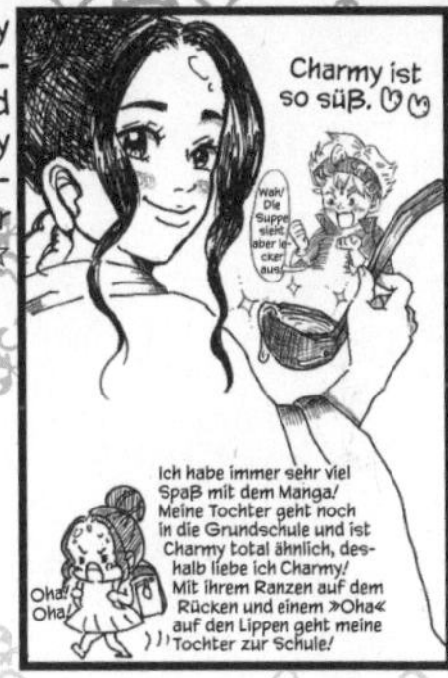

Charmy als Erwachsene und Charmy mit glänzender Stirn! ☆

In diesem Bereich werden Leserzeichnungen abgedruckt! Egal ob ihr gerade erst mit dem Zeichnen angefangen habt oder schon lange dabei seid: Vielen, vielen Dank für eure Einsendungen!

Pinguin aus Kyoto

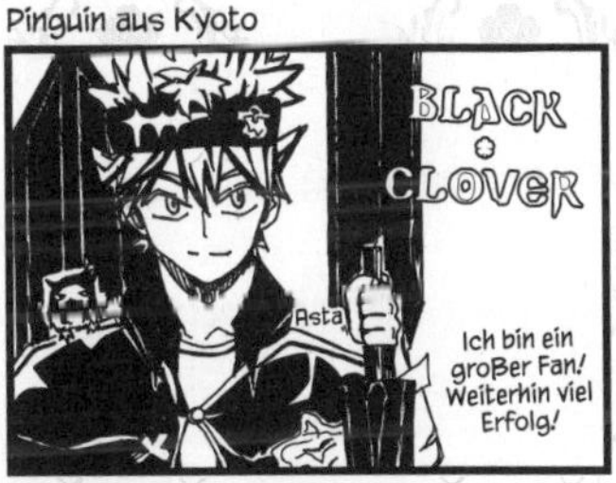

Er entwickelt sich täglich weiter, um irgendwann König der Magier zu werden!

Amy aus Osaka

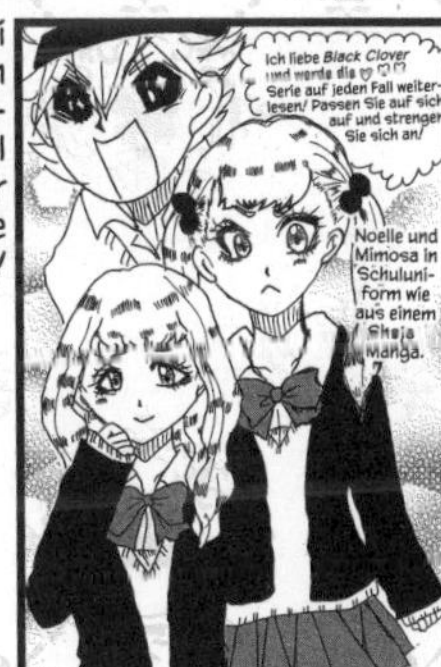

Mit zwei solchen Schönheiten will jeder zur Schule gehen!

Kaho aus Ibaraki

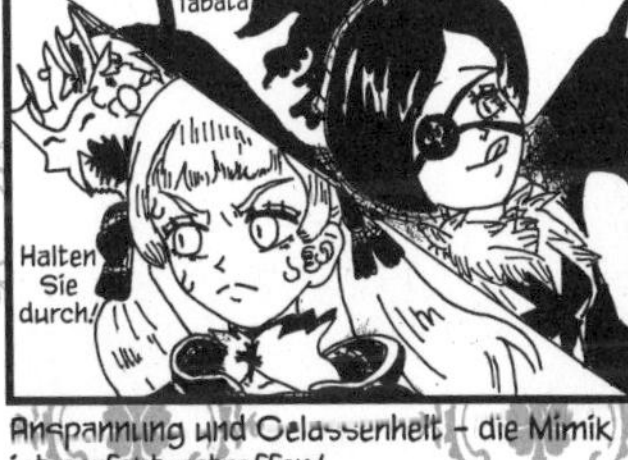

Anspannung und Gelassenheit – die Mimik ist perfekt getroffen!

Asami Yamashita aus Hyogo

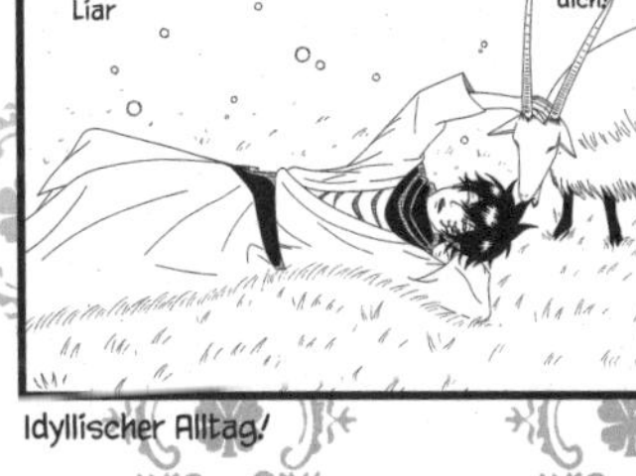

Idyllischer Alltag!

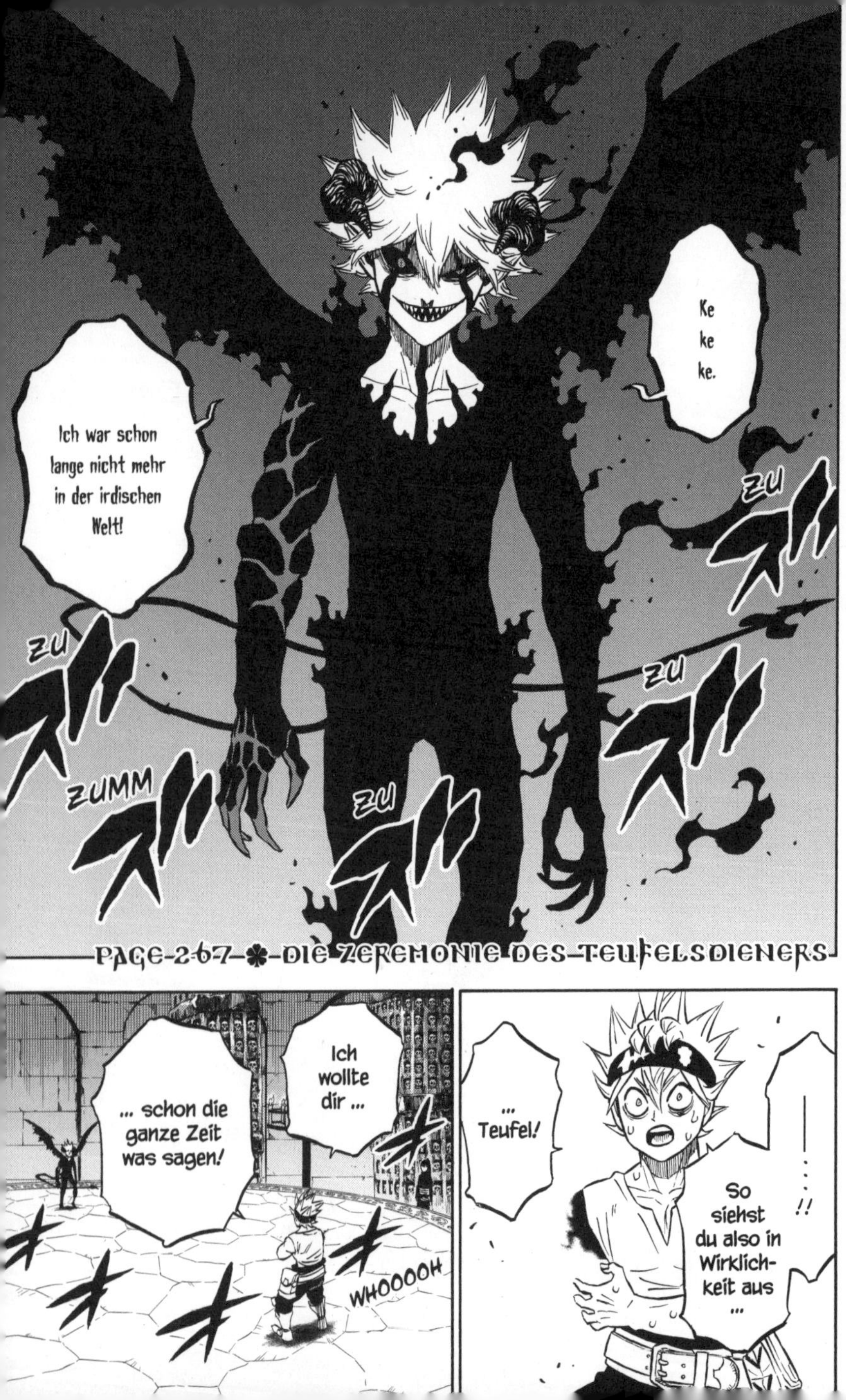
Ke ke ke.
Ich war schon lange nicht mehr in der irdischen Welt!
ZU
ZU
ZU
ZU
ZUMM
PAGE 267 ✿ DIE ZEREMONIE DES TEUFELSDIENERS
... Teufel!
......!!
So siehst du also in Wirklichkeit aus ...
Ich wollte dir ...
... schon die ganze Zeit was sagen!
WHOOOOH

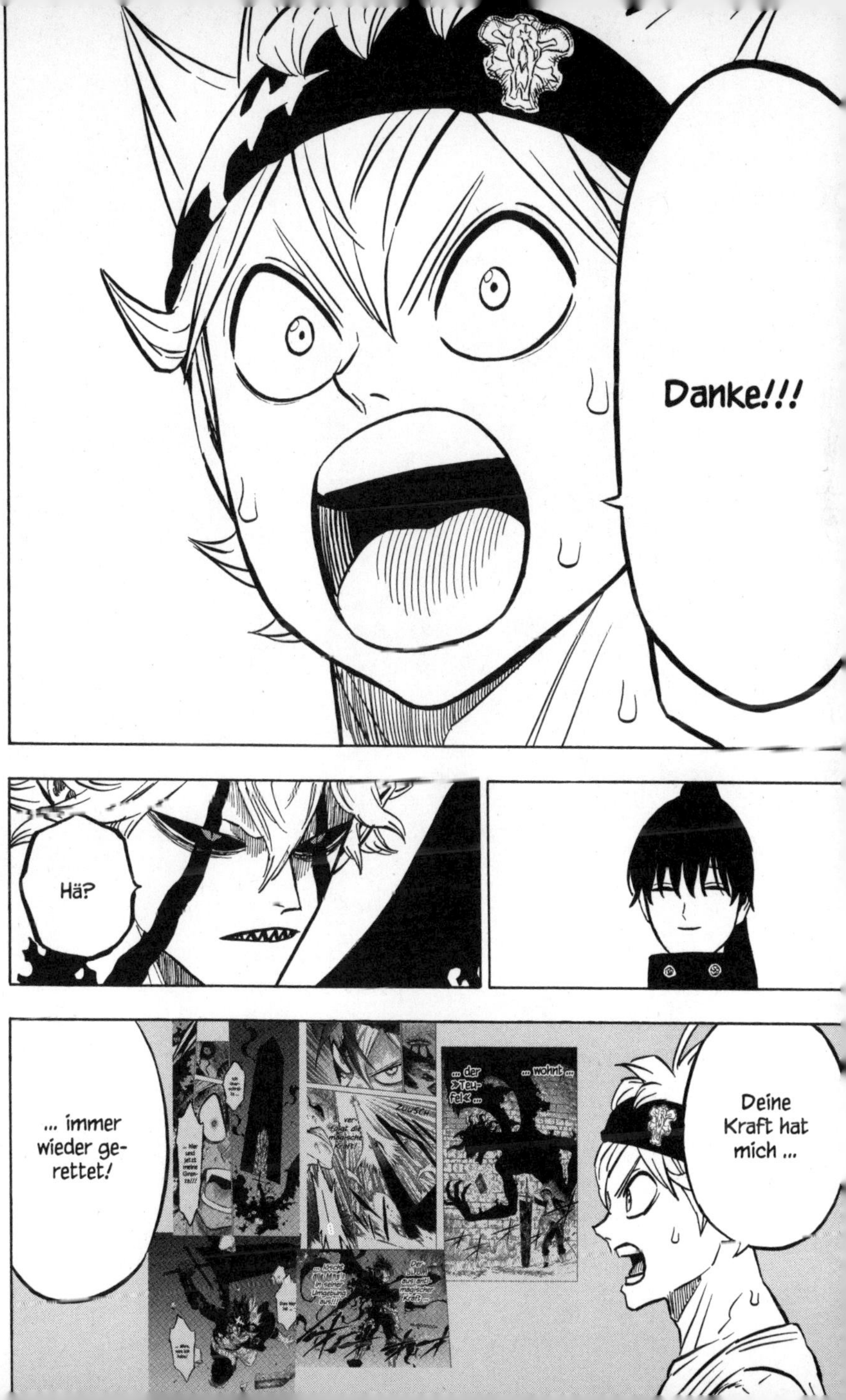
Danke!!!
Hä?
Deine Kraft hat mich ...
... immer wieder gerettet!

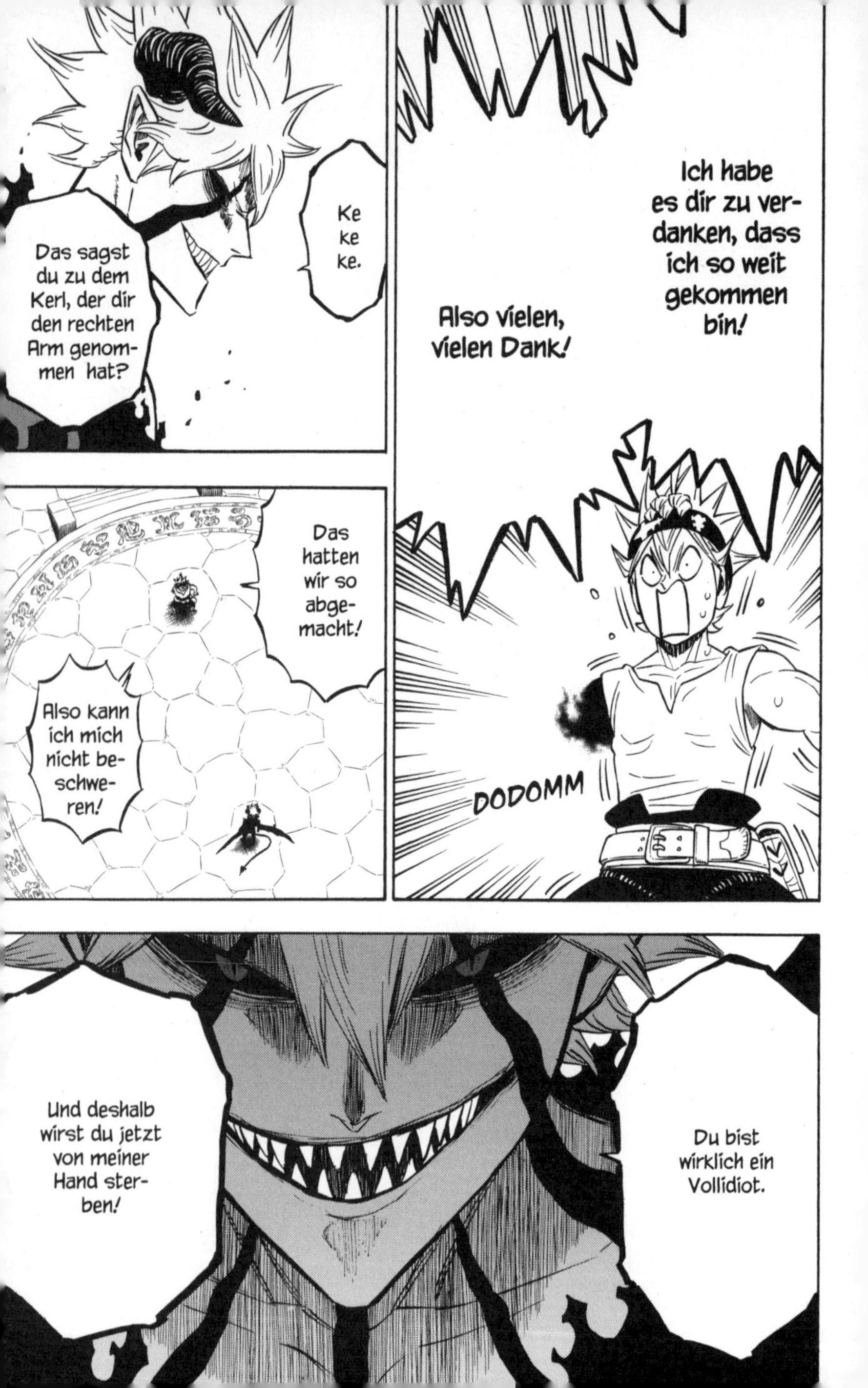

Ich habe es dir zu ver-danken, dass ich so weit gekommen bin!
Also vielen, vielen Dank!
DODOMM
Ke ke ke.
Das sagst du zu dem Kerl, der dir den rechten Arm genom-men hat?
Das hatten wir so abge-macht!
Also kann ich mich nicht be-schwe-ren!
Du bist wirklich ein Vollidiot.
Und deshalb wirst du jetzt von meiner Hand ster-ben!

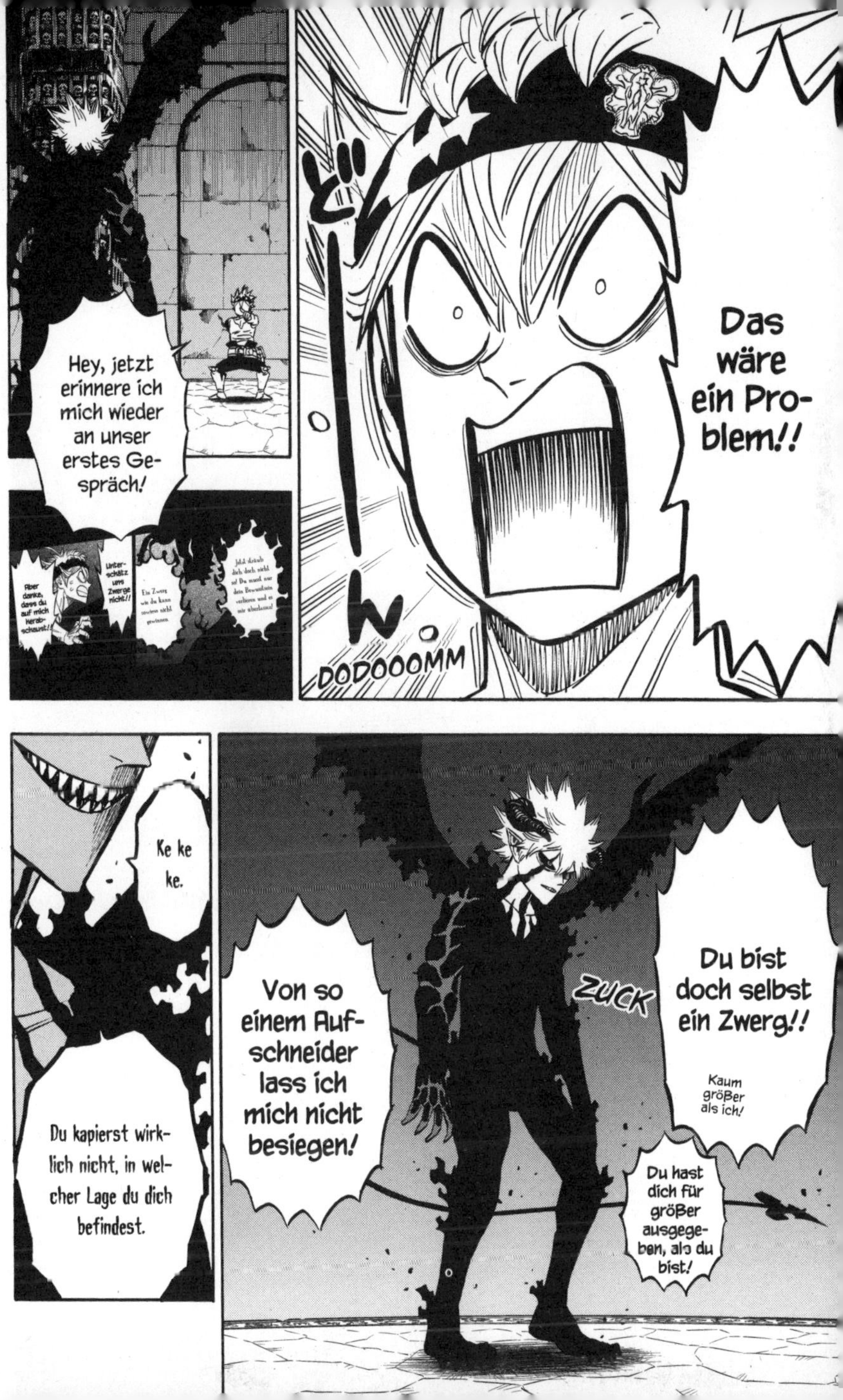

Das wäre ein Problem!!
DODOOOMM
Hey, jetzt erinnere ich mich wieder an unser erstes Gespräch!
Jetzt sträub dich doch nicht so! Du musst nur dein Bewusstsein verlieren und es mir überlassen!
Ein Zwerg wie du kann sowieso nicht gewinnen.
Unterschätz uns Zwerge nicht!!
Aber danke, dass du auf mich herabschaust!!
Du bist doch selbst ein Zwerg!!
Kaum größer als ich!
Du hast dich für größer ausgegeben, als du bist!
ZUCK
Von so einem Aufschneider lass ich mich nicht besiegen!
Ke ke ke.
Du kapierst wirklich nicht, in welcher Lage du dich befindest.

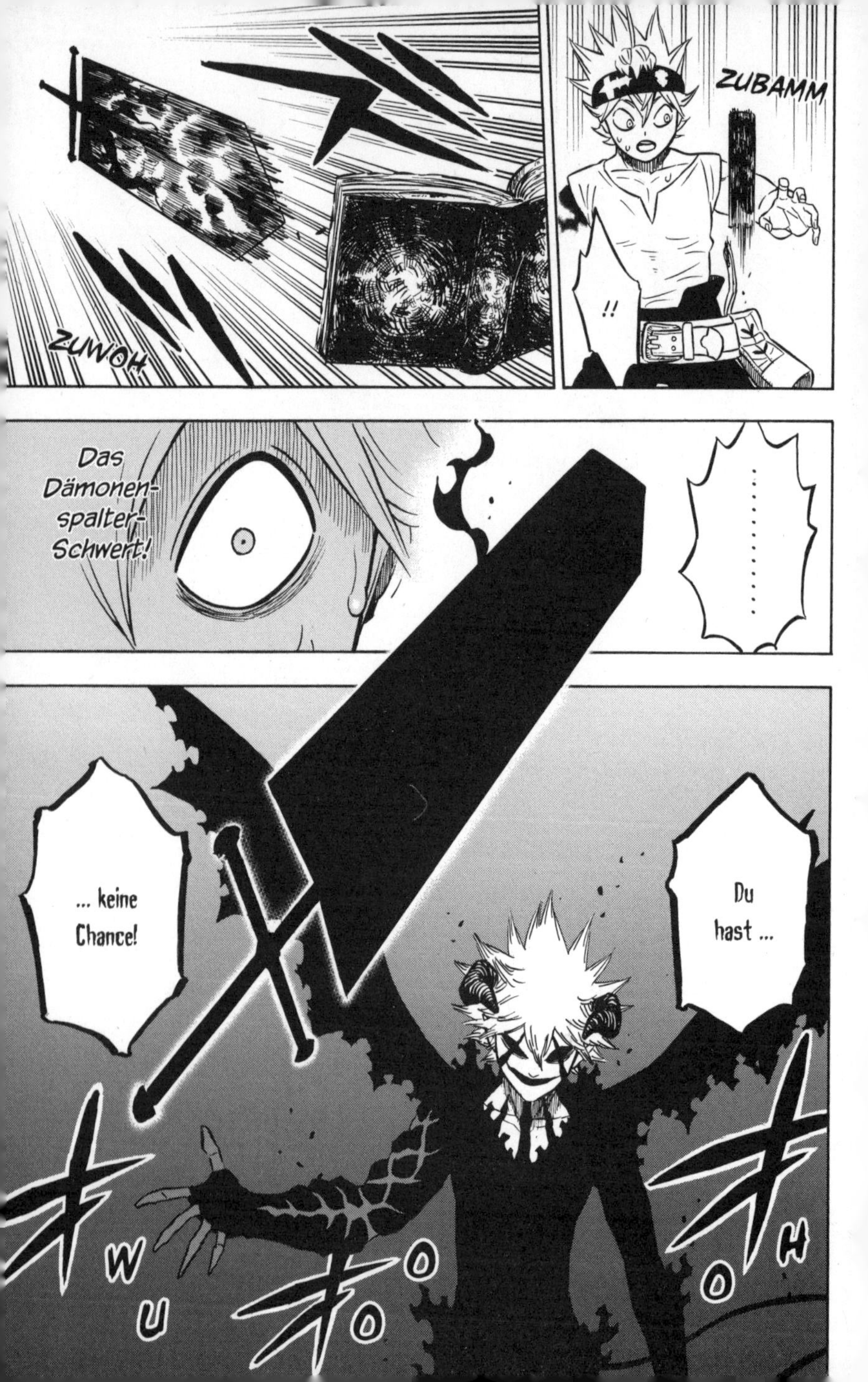
ZUBAMM
!!
ZUWOH
……
Das Dämonen-spalter-Schwert!
Du hast ...
... keine Chance!
WUOOOOH

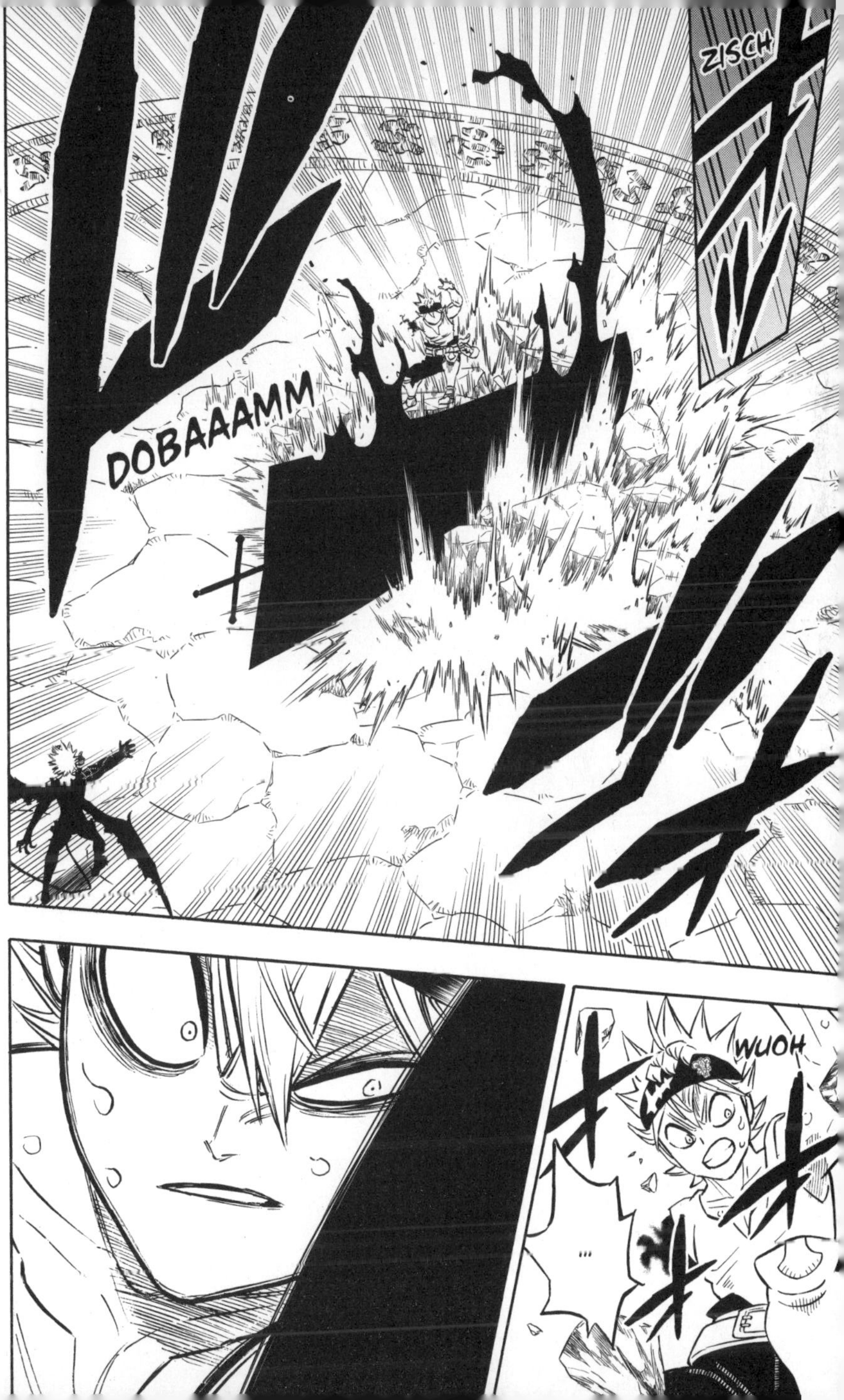
ZISCH
DOBAAAMM
WUOH
...

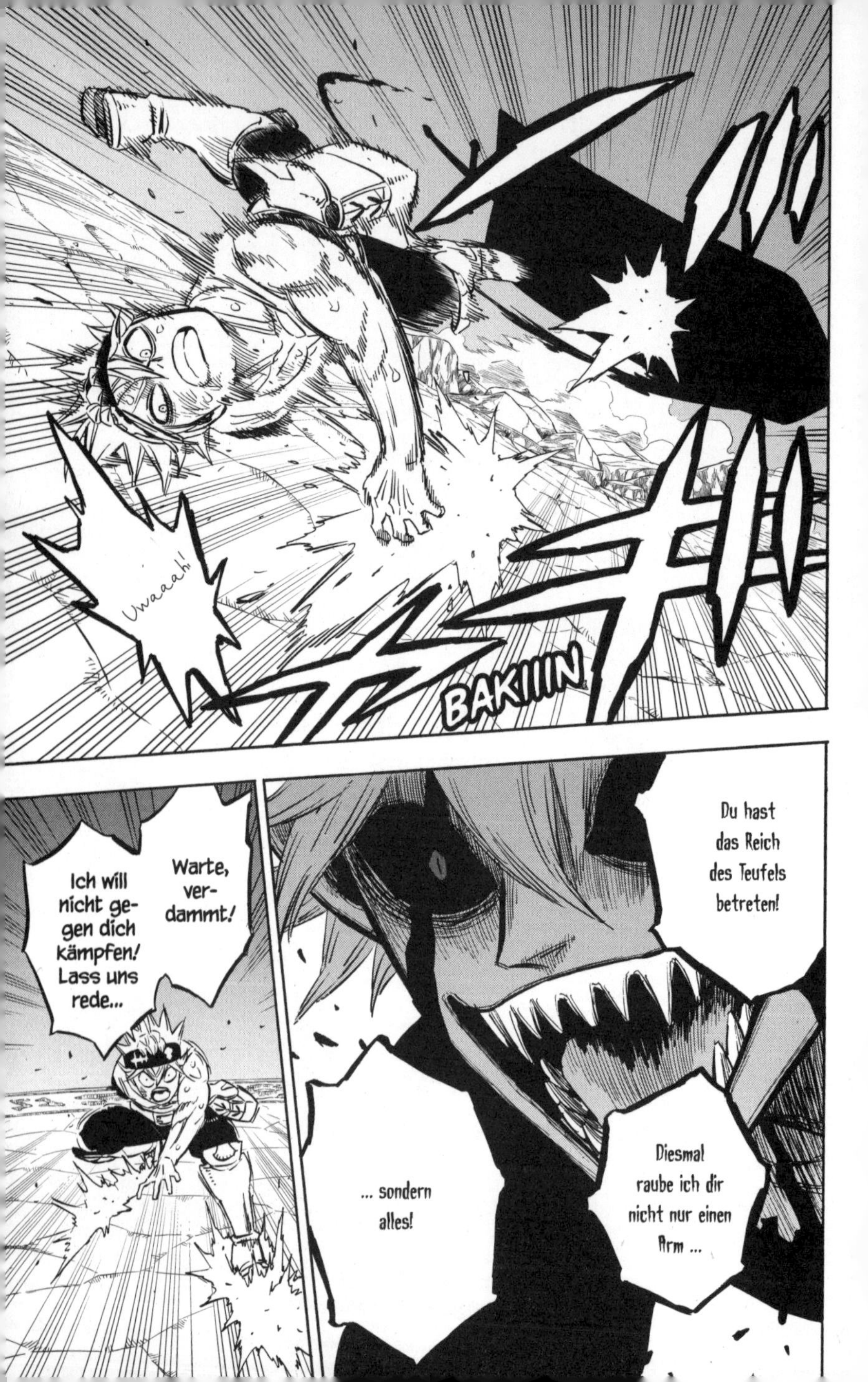

Uwaaah!
BAKIIIN
Du hast das Reich des Teufels betreten!
Warte, verdammt!
Ich will nicht gegen dich kämpfen! Lass uns rede...
Diesmal raube ich dir nicht nur einen Arm ...
... sondern alles!

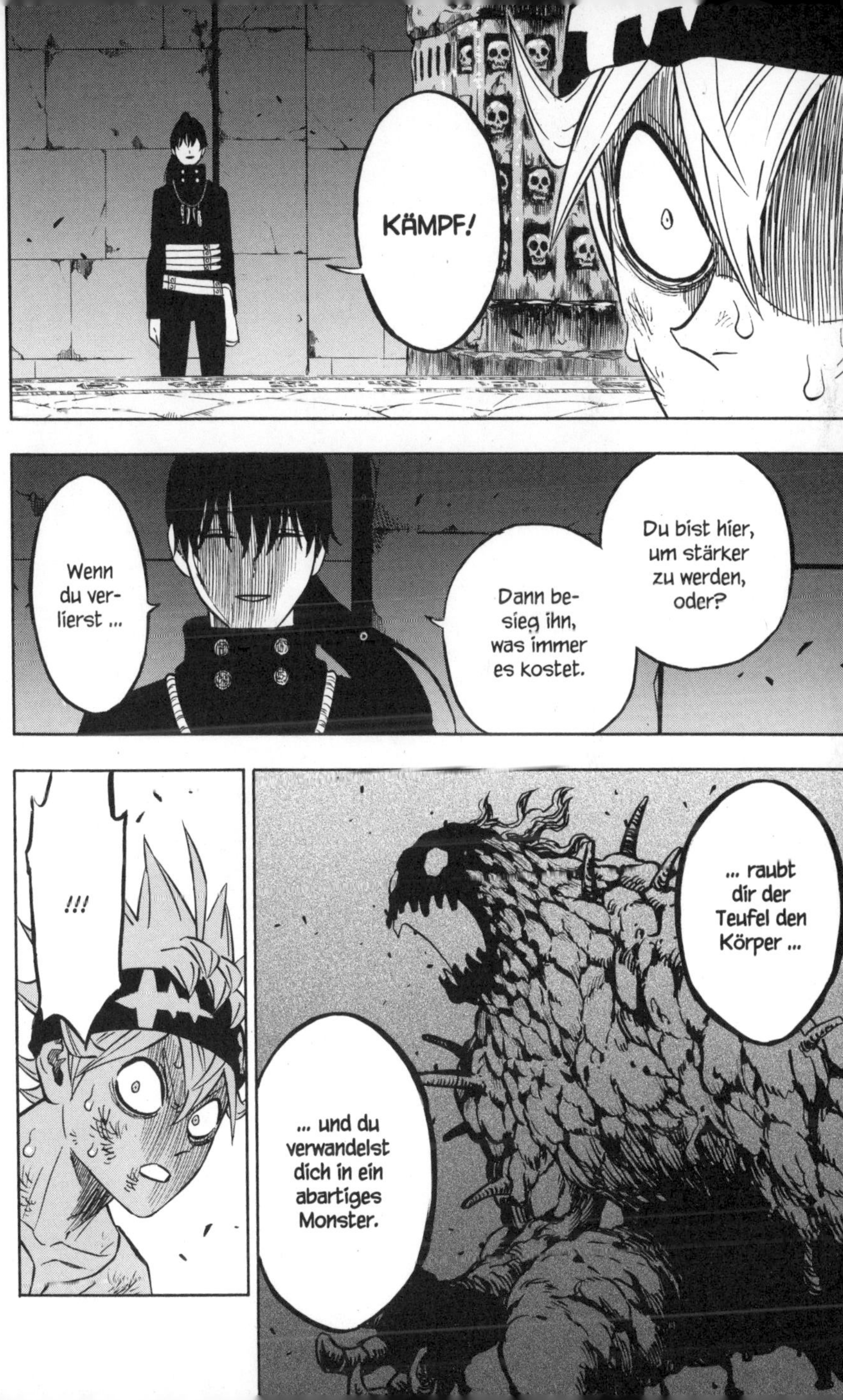
KÄMPF!
Du bist hier, um stärker zu werden, oder?
Dann besieg ihn, was immer es kostet.
Wenn du verlierst ...
... raubt dir der Teufel den Körper ...
... und du verwandelst dich in ein abartiges Monster.
!!!

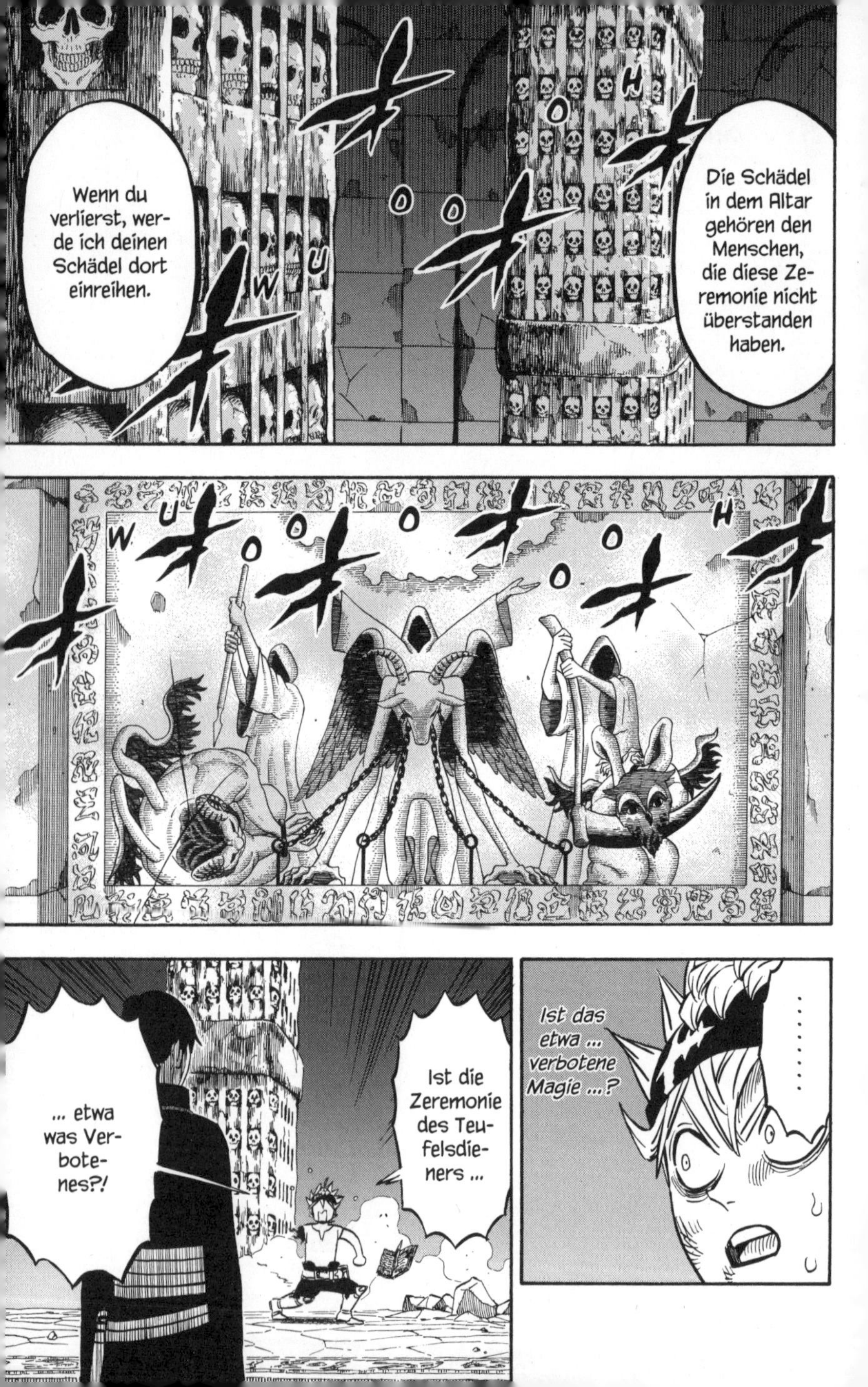
Die Schädel in dem Altar gehören den Menschen, die diese Zeremonie nicht überstanden haben.
WUOOOH
Wenn du verlierst, werde ich deinen Schädel dort einreihen.
WUOOOOOH
Ist das etwa ... verbotene Magie ...?
......
Ist die Zeremonie des Teufelsdieners ...
... etwa was Verbotenes?!

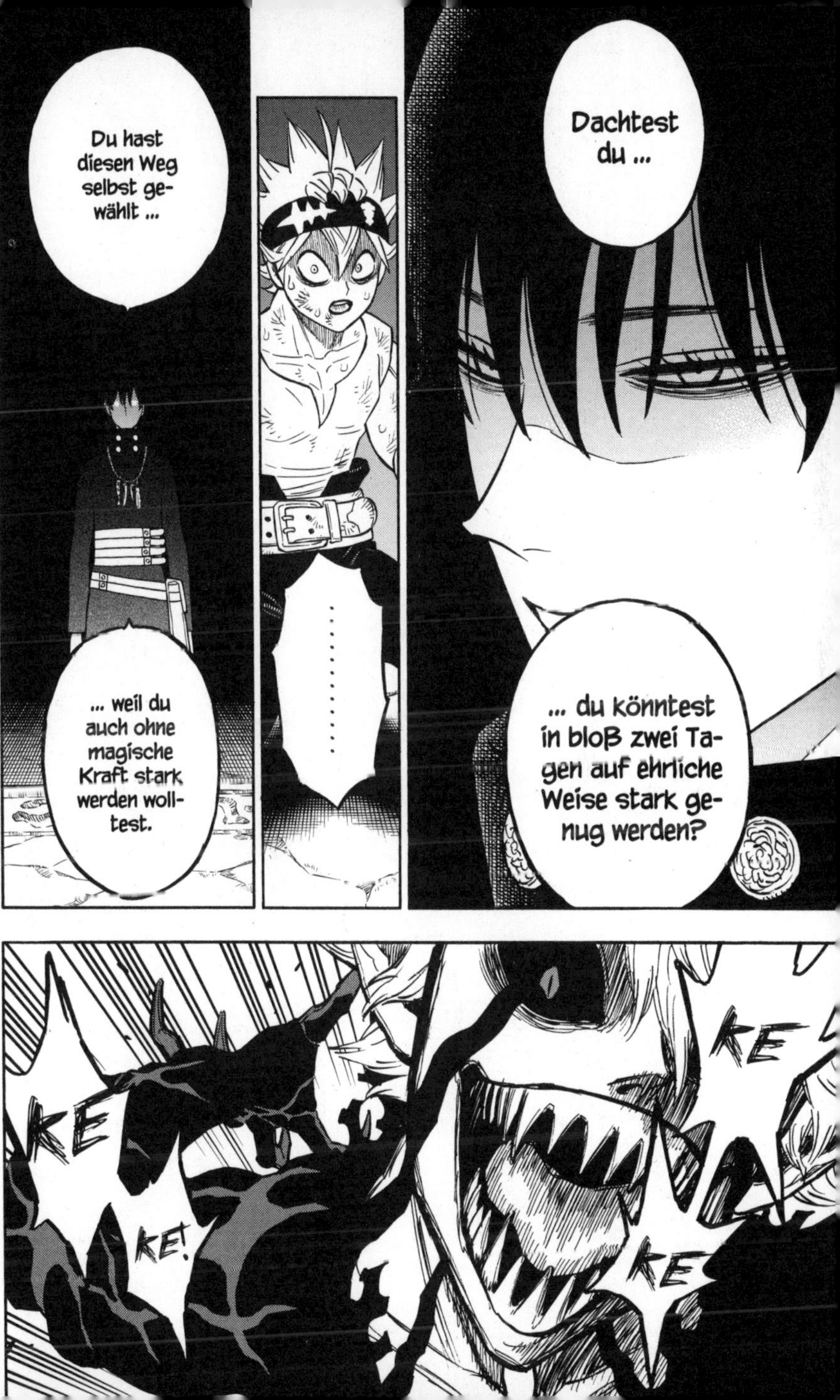
Dachtest du ...
... du könntest in bloß zwei Tagen auf ehrliche Weise stark genug werden?
Du hast diesen Weg selbst gewählt ...
... weil du auch ohne magische Kraft stark werden wolltest.
KE
KE
KE!
KE

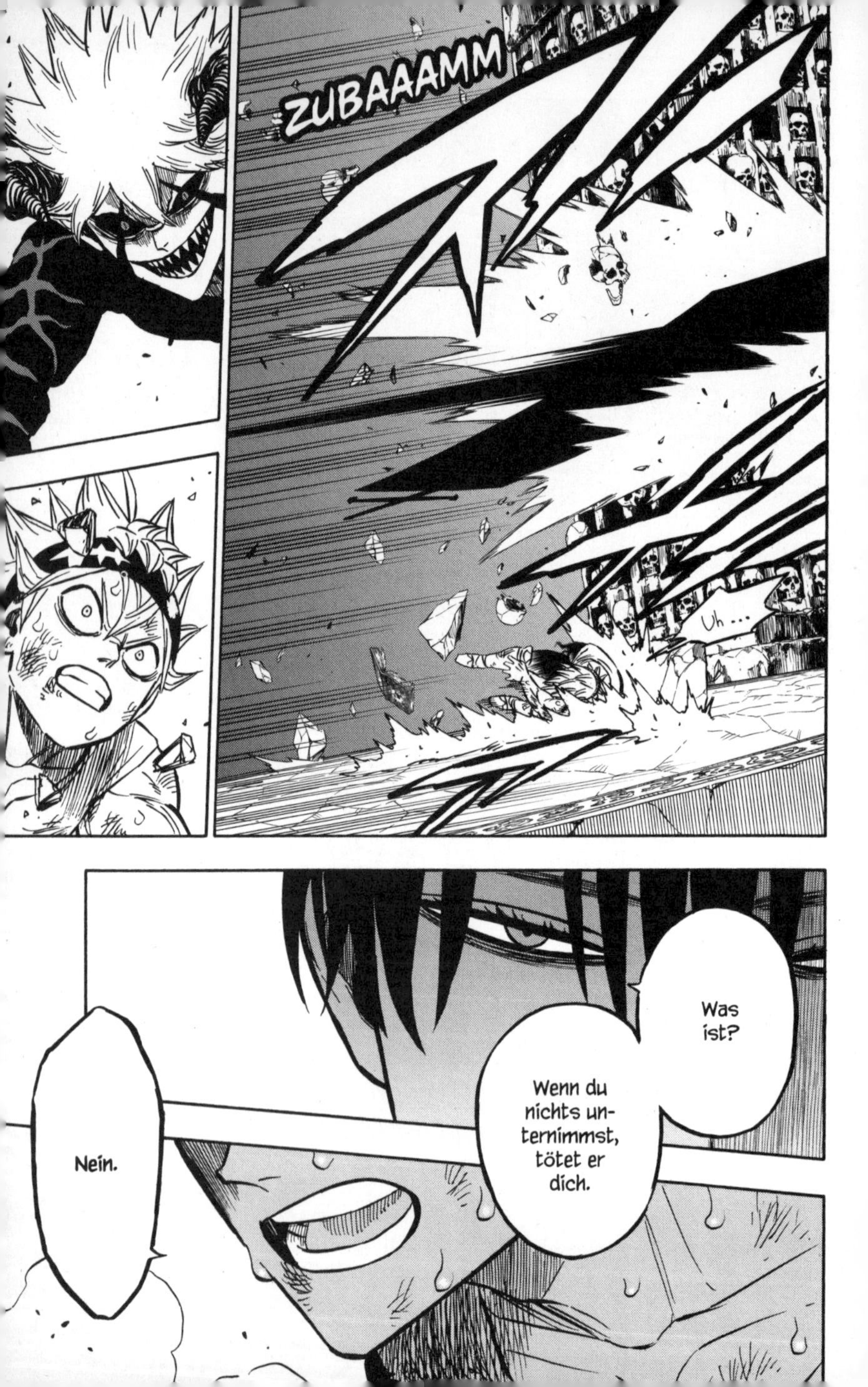
ZUBAAAMM
Uh ...
Was ist?
Wenn du nichts unternimmst, tötet er dich.
Nein.

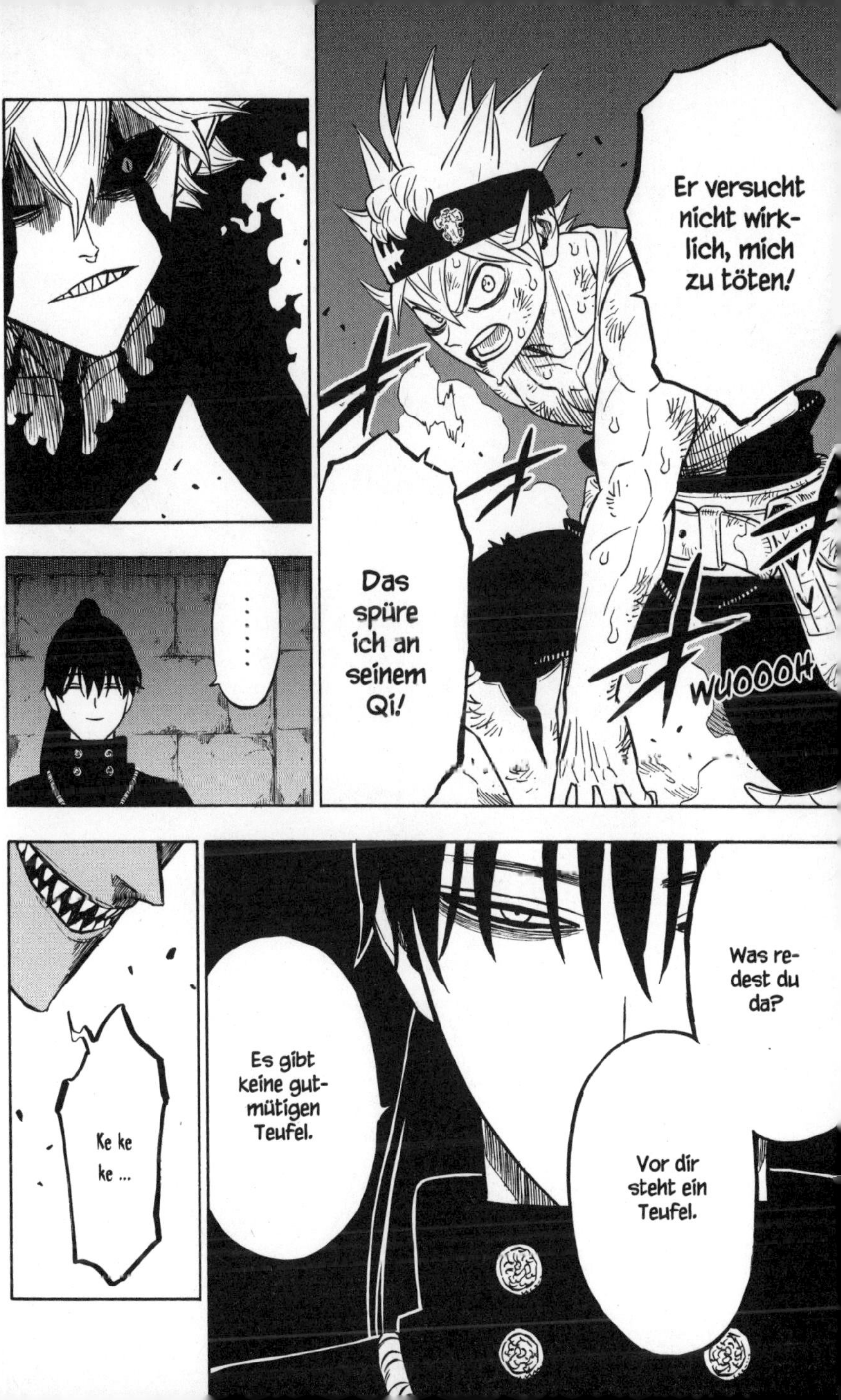
Er versucht nicht wirklich, mich zu töten!
Das spüre ich an seinem Qi!
WUOOOH
......
Was redest du da?
Vor dir steht ein Teufel.
Es gibt keine gutmütigen Teufel.
Ke ke ke ...

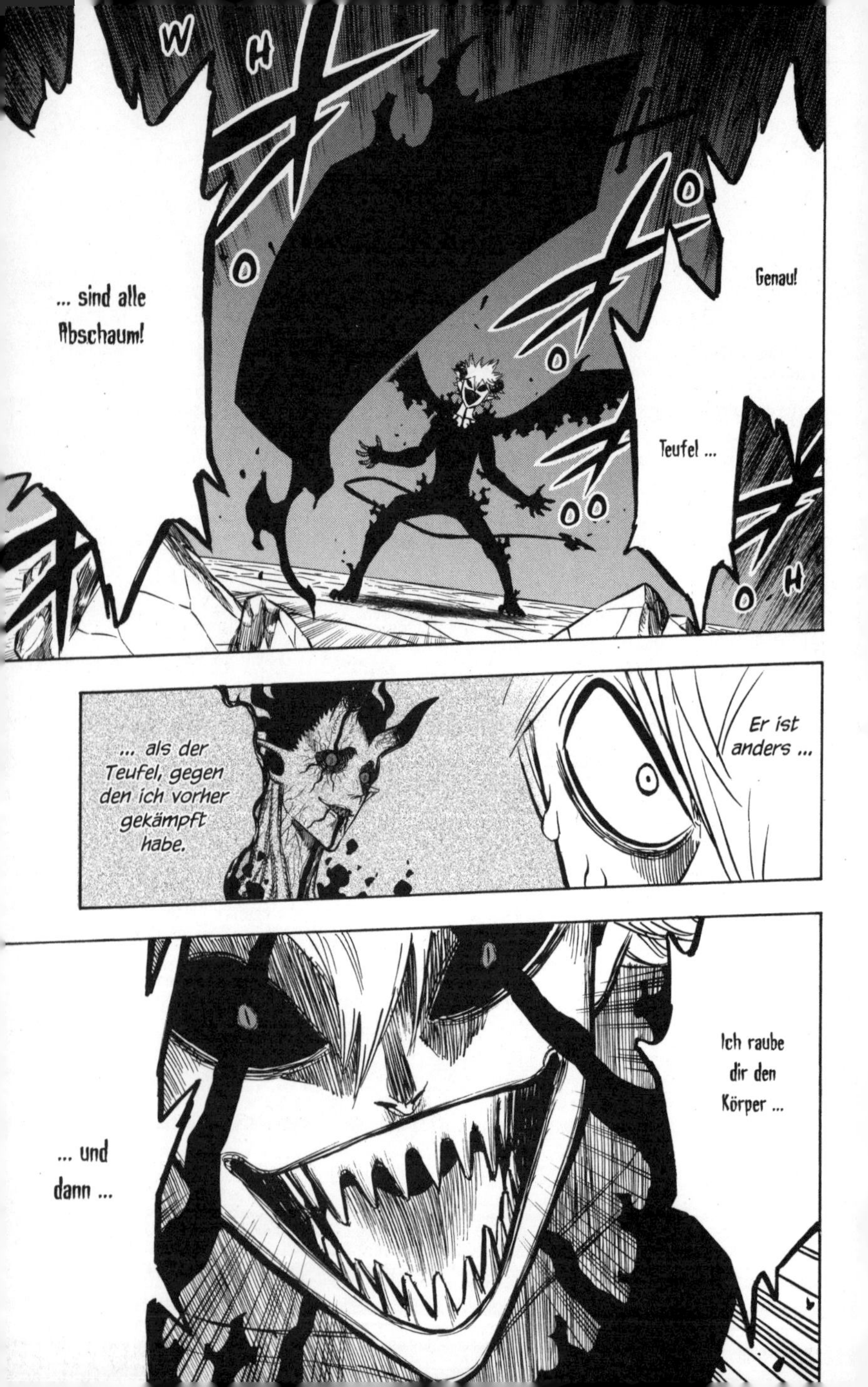
Genau!
Teufel ...
... sind alle Abschaum!
Er ist anders ...
... als der Teufel, gegen den ich vorher gekämpft habe.
Ich raube dir den Körper ...
... und dann ...

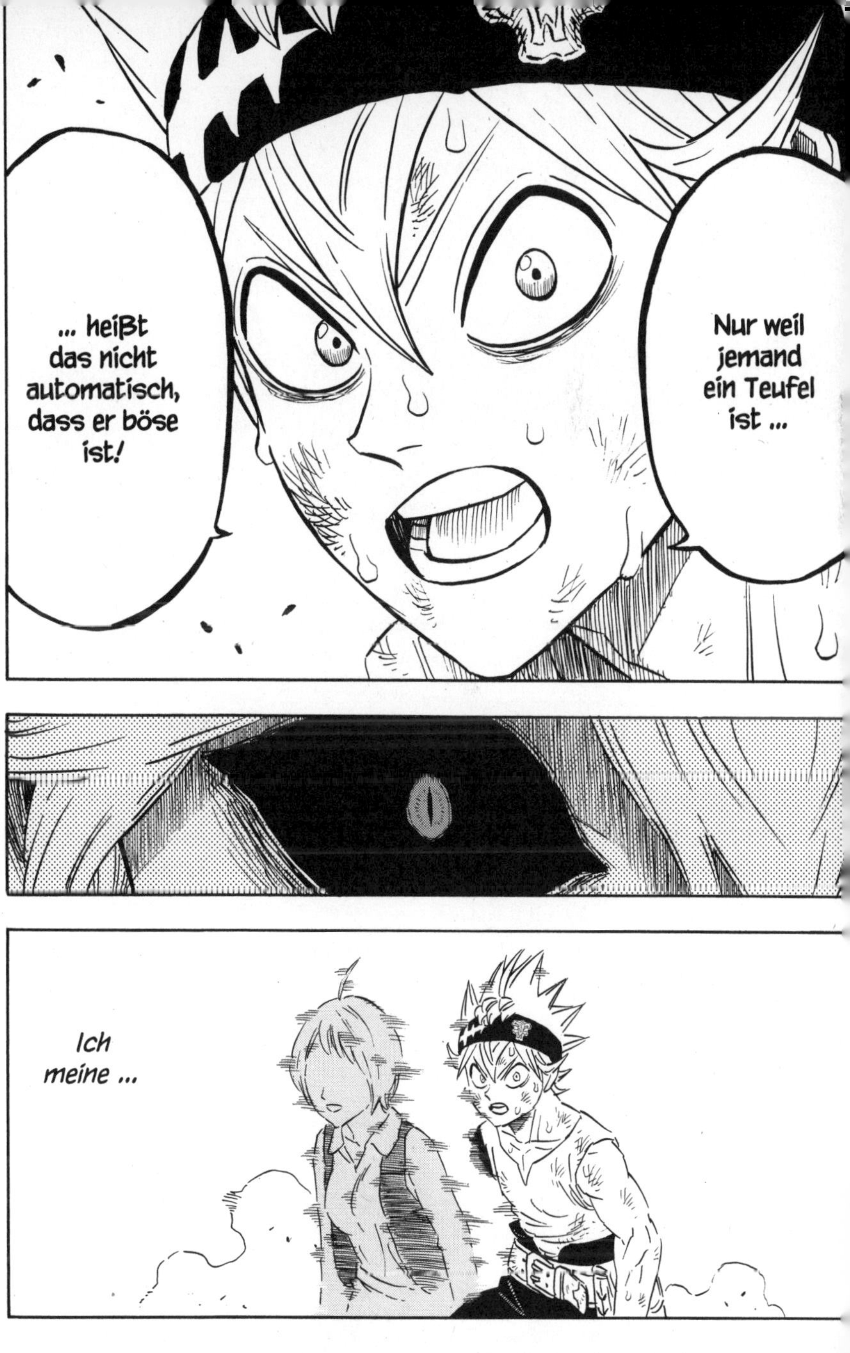
Nur weil jemand ein Teufel ist ...
... heißt das nicht automatisch, dass er böse ist!
Ich meine ...

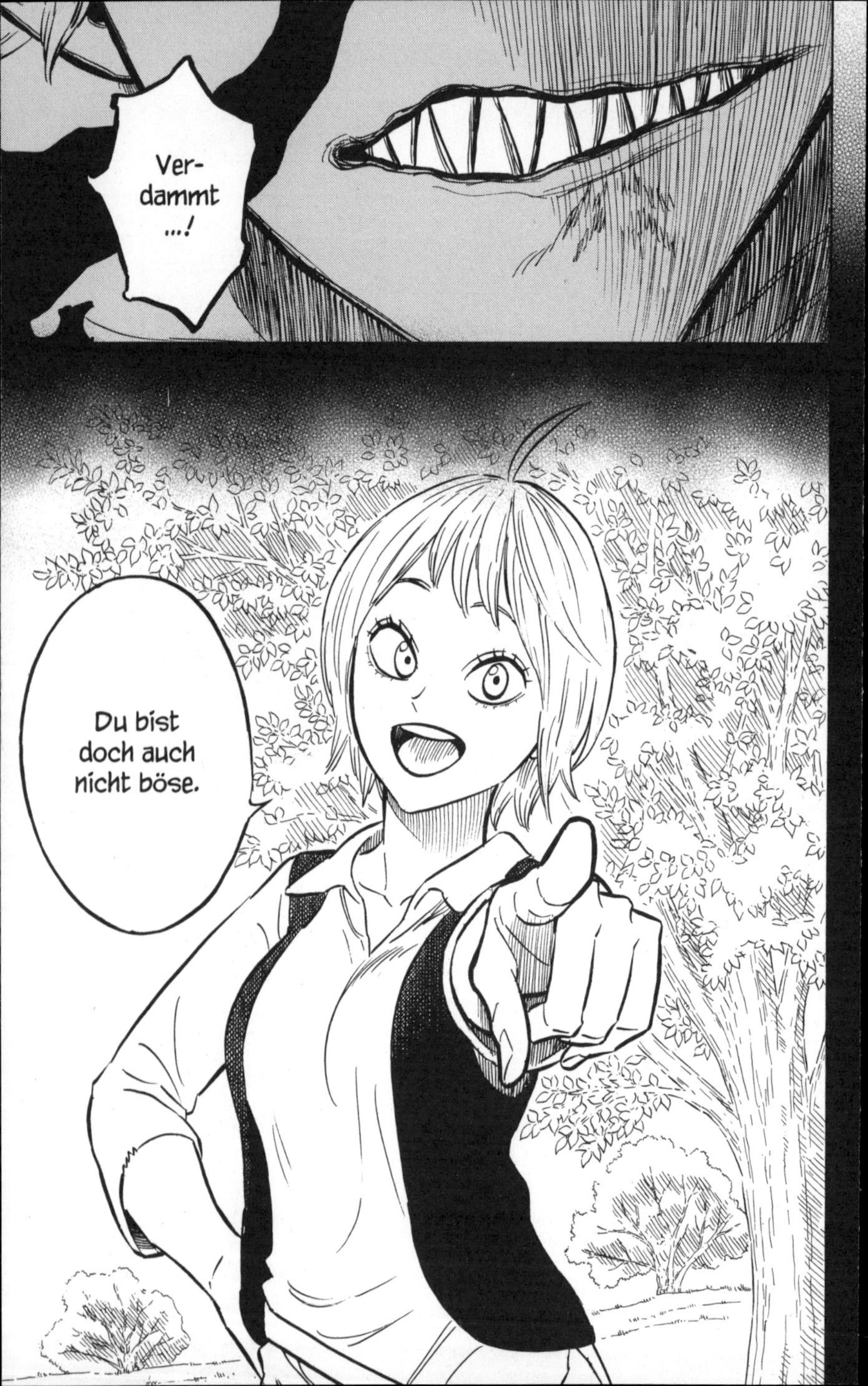
Ver-
dammt
...!
Du bist
doch auch
nicht böse.

Der Schwarz-Weiße Bilderorden Nr. 2

Er darf nicht verlieren!

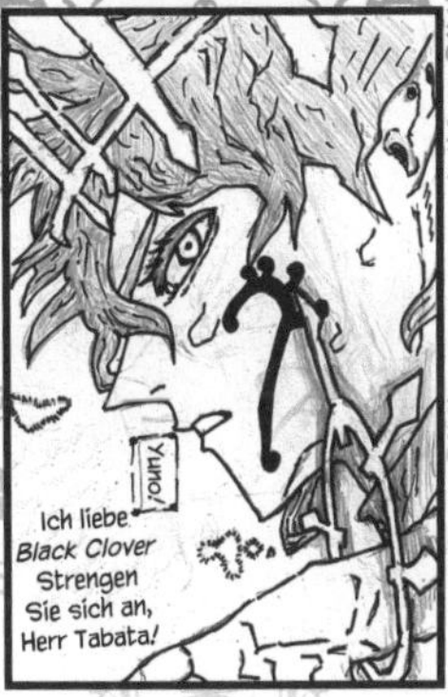

Kanabun aus Miyagi

Um seine Freunde zu beschützen, greift er zum Schwert!

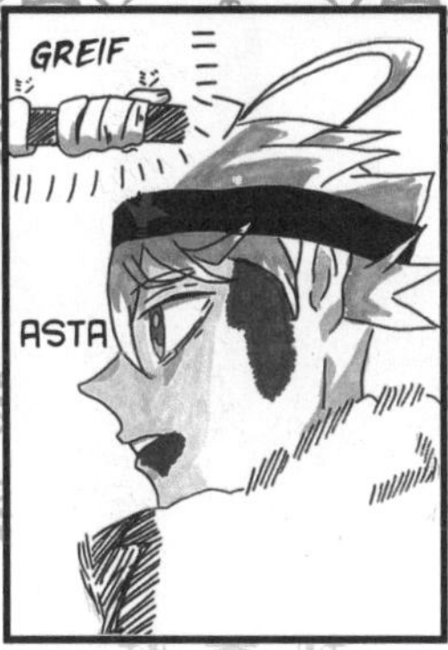

Sakku aus Niigata

Hidenori Matsubara aus Fukuoka

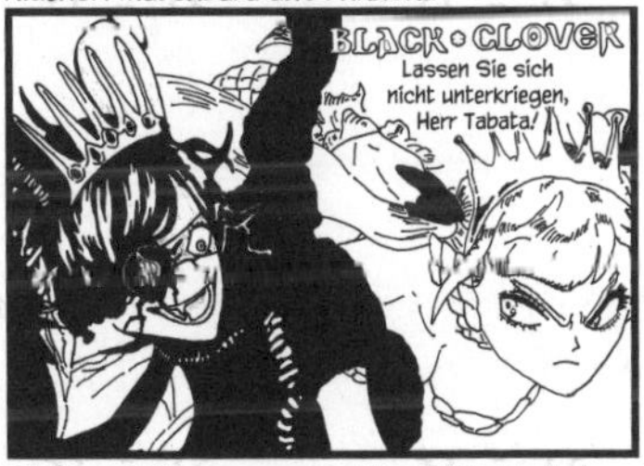

Stolz und Überzeugung prallen aufeinander!

Er verwirrt den Gegner mit seiner Imitationsmagie!

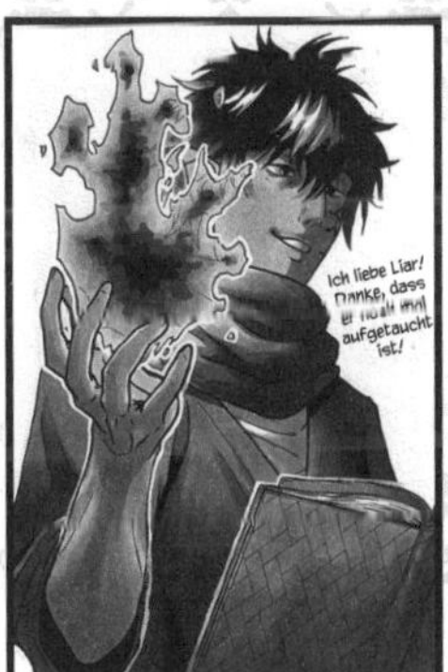

Katzenbau

Prinz Lemiel wünscht sich eine strahlende Zukunft.

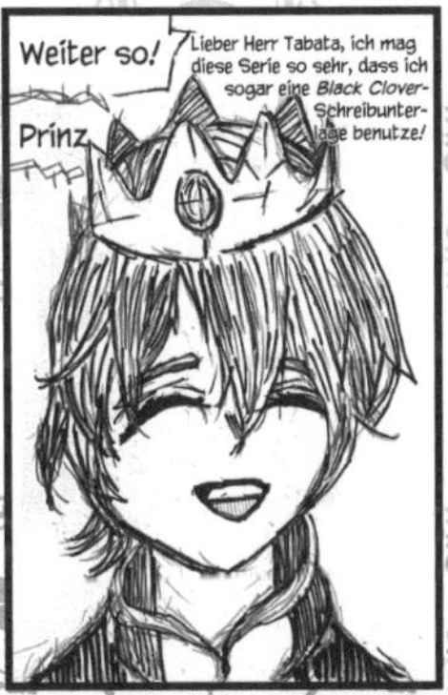

Ayagon aus Miyagi

Misuke aus Kyoto

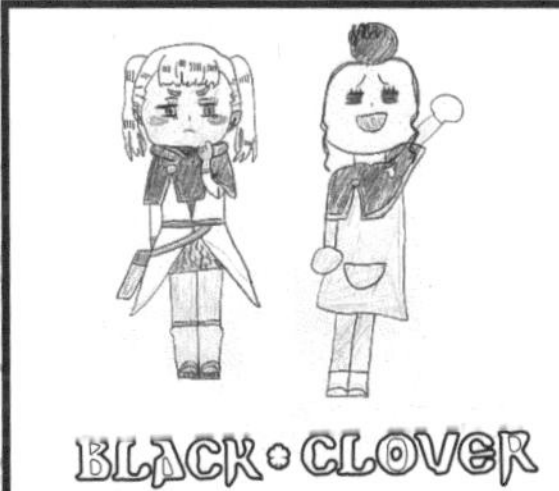

Zwei süße und talentierte Mädchen!

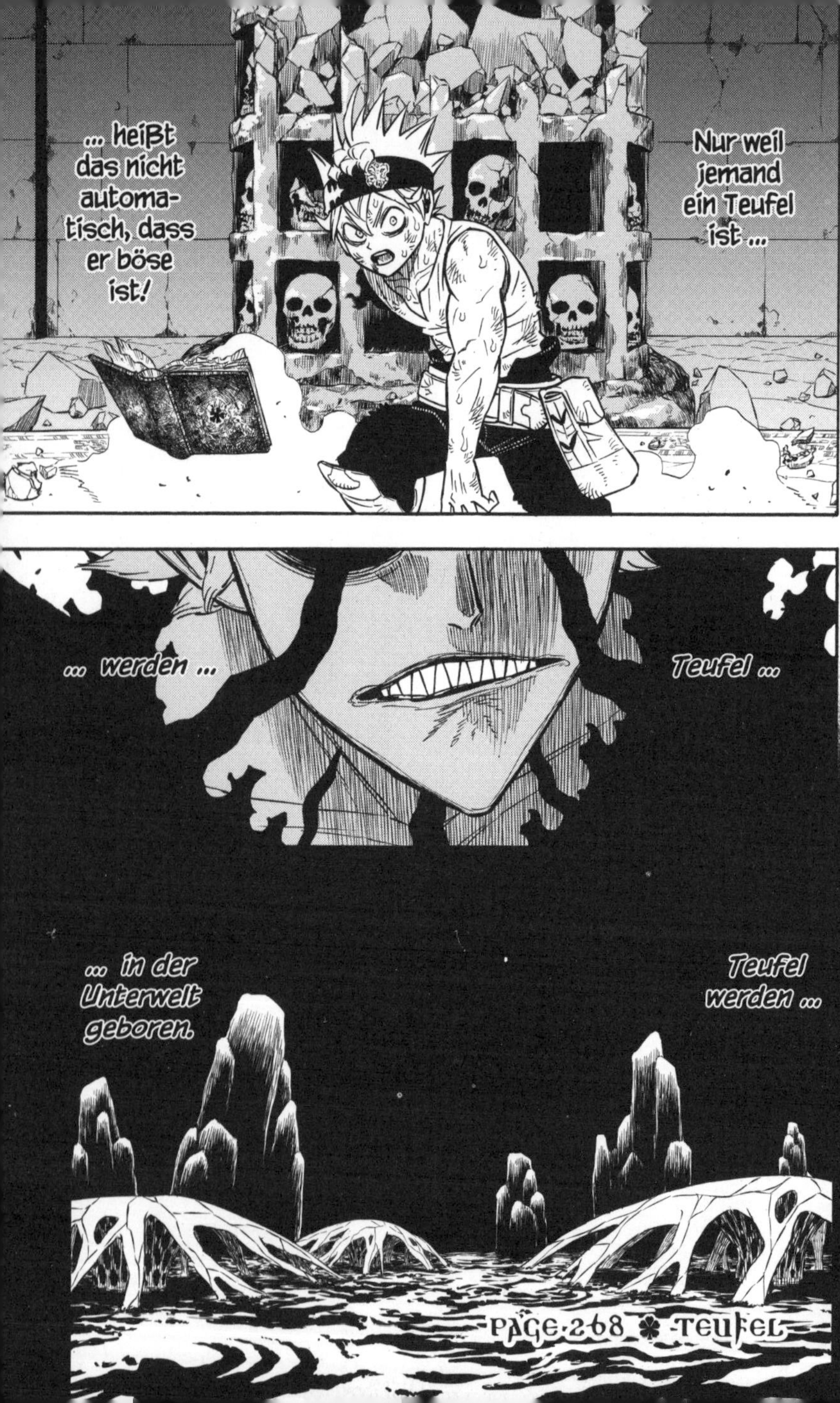
Nur weil jemand ein Teufel ist ...
... heißt das nicht automatisch, dass er böse ist!
Teufel ...
... werden ...
Teufel werden ...
... in der Unterwelt geboren.
PAGE 268 ♣ TEUFEL

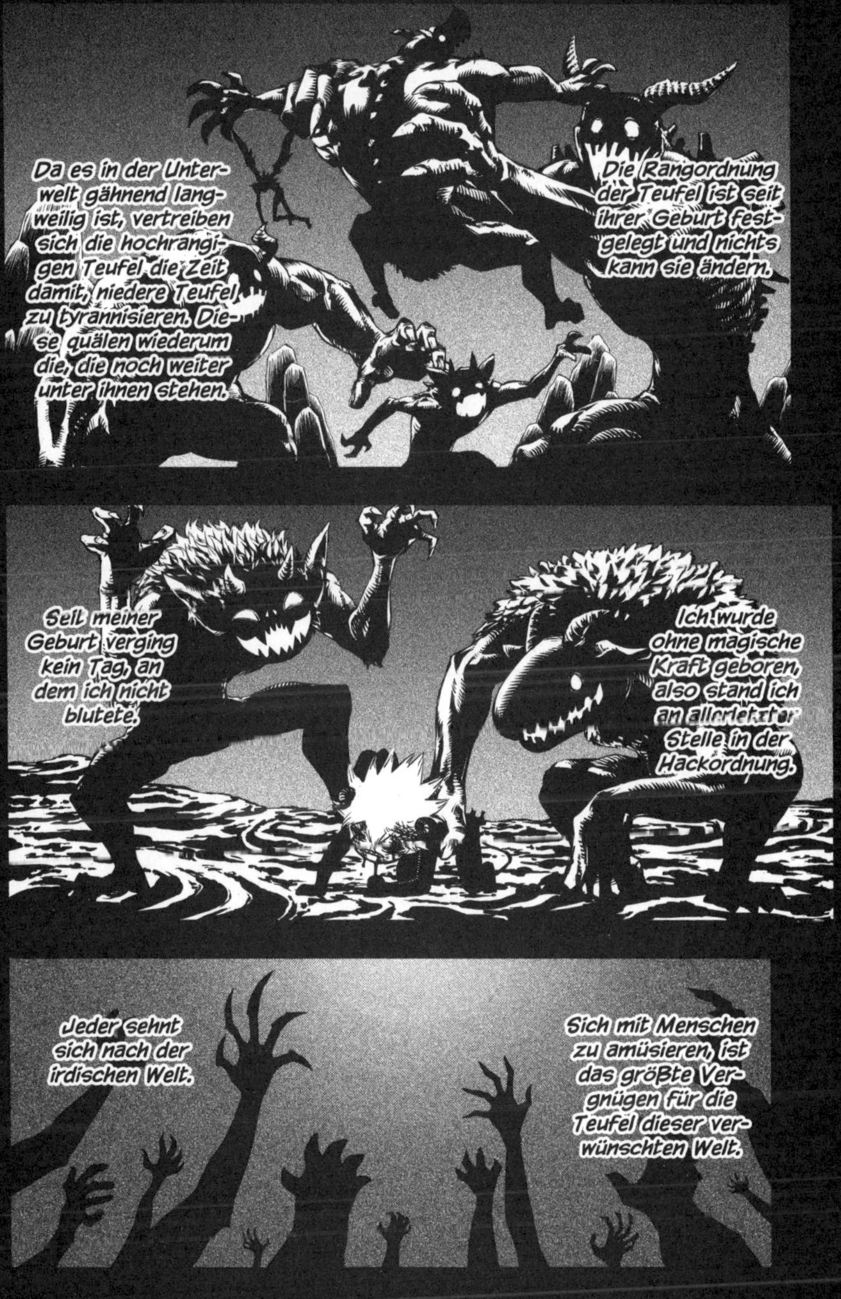
Da es in der Unterwelt gähnend langweilig ist, vertreiben sich die hochrangigen Teufel die Zeit damit, niedere Teufel zu tyrannisieren. Diese quälen wiederum die, die noch weiter unter ihnen stehen.
Die Rangordnung der Teufel ist seit ihrer Geburt festgelegt und nichts kann sie ändern.
Seit meiner Geburt verging kein Tag, an dem ich nicht blutete.
Ich wurde ohne magische Kraft geboren, also stand ich an allerletzter Stelle in der Hackordnung.
Jeder sehnt sich nach der irdischen Welt.
Sich mit Menschen zu amüsieren, ist das größte Vergnügen für die Teufel dieser verwünschten Welt.

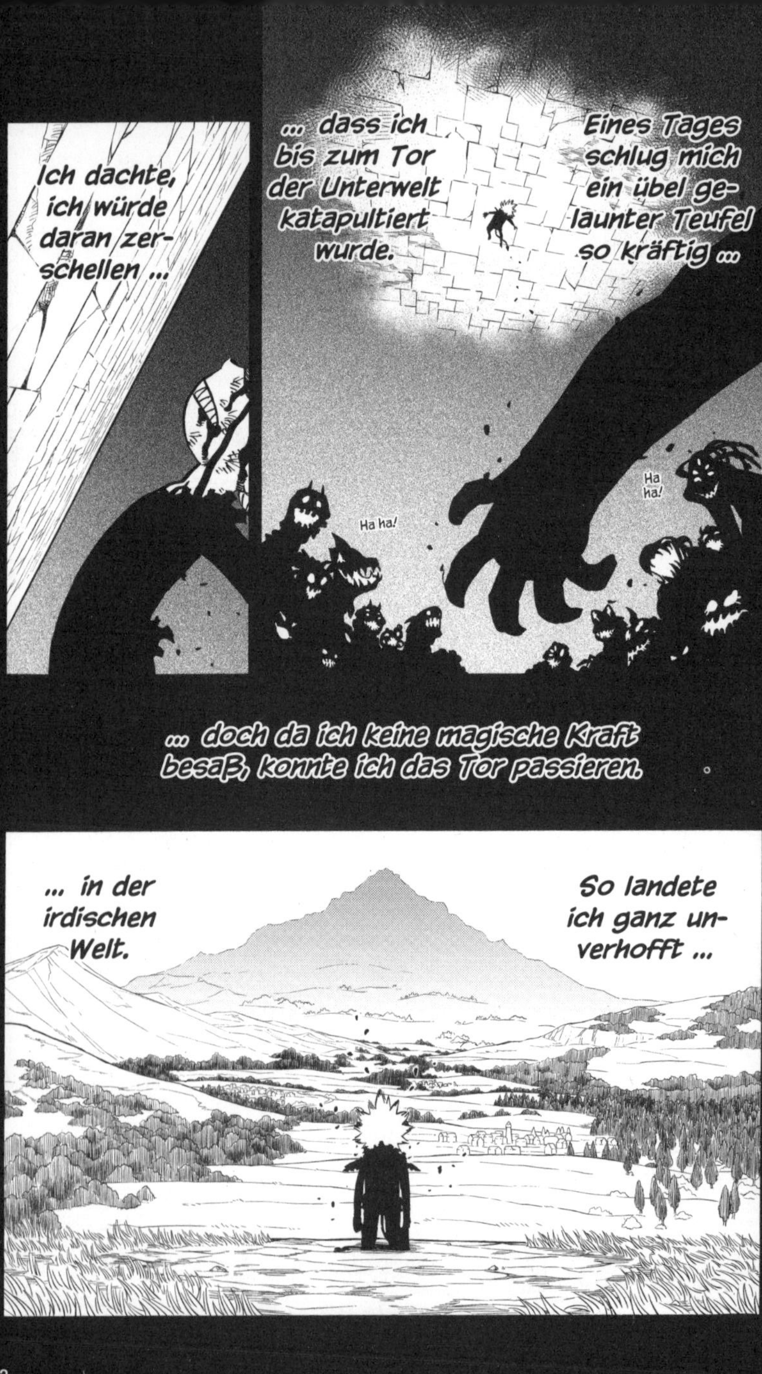
Eines Tages schlug mich ein übel gelaunter Teufel so kräftig ...
... dass ich bis zum Tor der Unterwelt katapultiert wurde.
Ich dachte, ich würde daran zerschellen ...
Ha ha!
Ha ha!
... doch da ich keine magische Kraft besaß, konnte ich das Tor passieren.
So landete ich ganz unverhofft ...
... in der irdischen Welt.

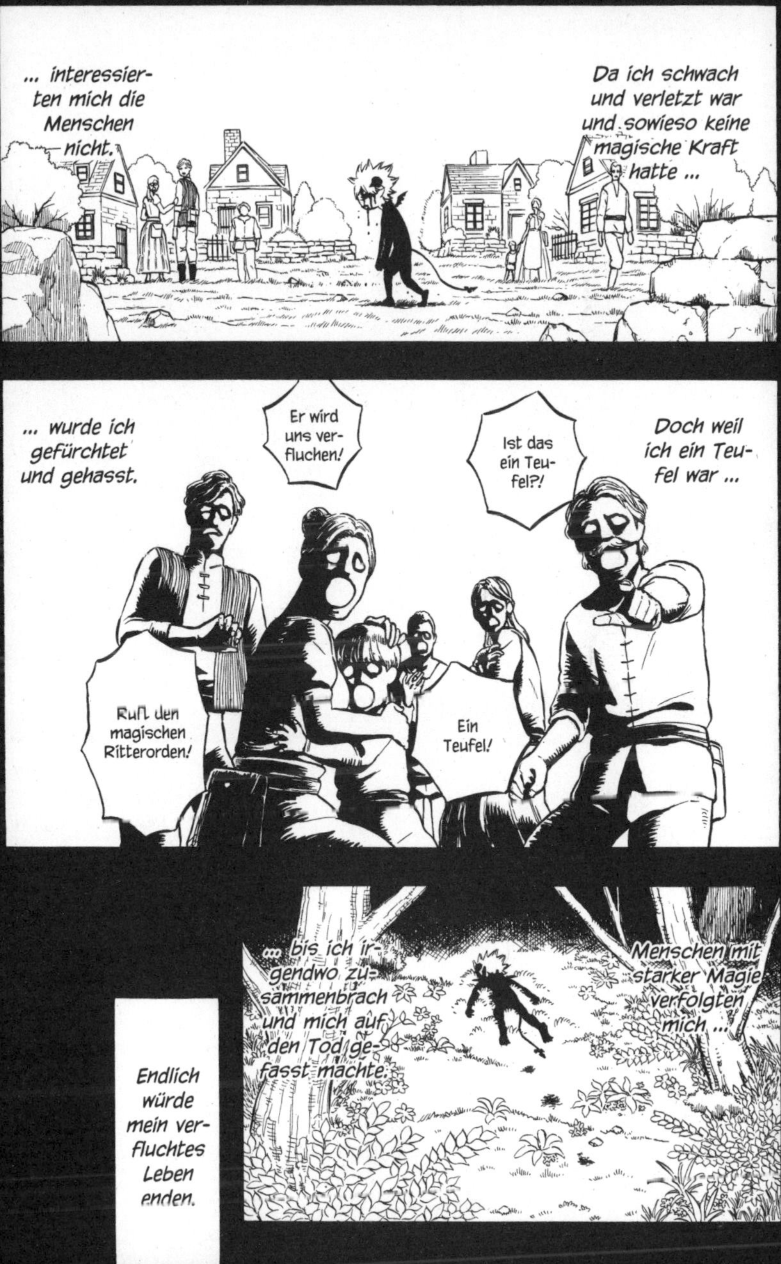

Da ich schwach und verletzt war und sowieso keine magische Kraft hatte ...
... interessierten mich die Menschen nicht.
Doch weil ich ein Teufel war ...
... wurde ich gefürchtet und gehasst.
Ist das ein Teufel?!
Er wird uns verfluchen!
Ein Teufel!
Ruft den magischen Ritterorden!
Menschen mit starker Magie verfolgten mich ...
... bis ich irgendwo zusammenbrach und mich auf den Tod gefasst machte.
Endlich würde mein verfluchtes Leben enden.

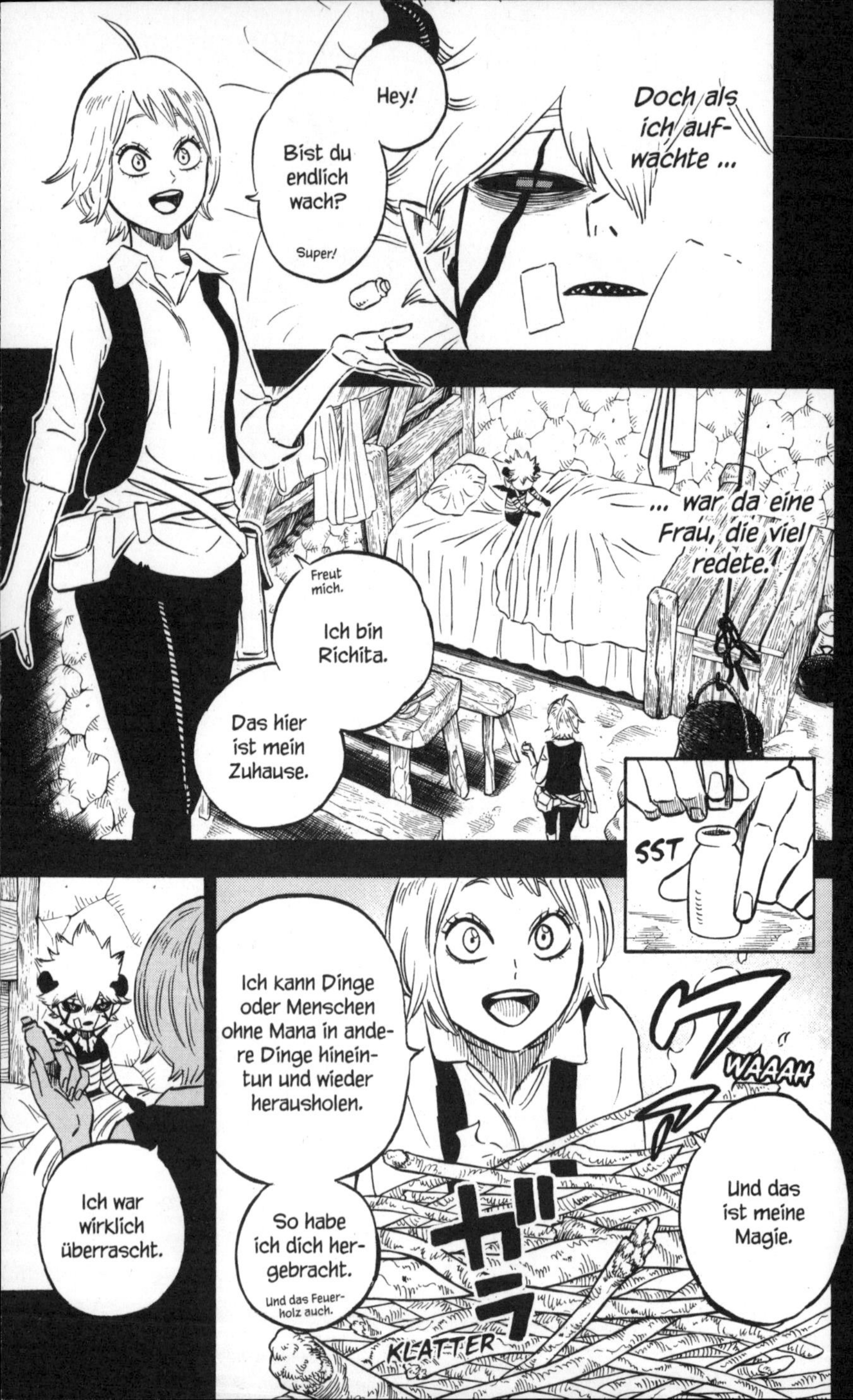
Doch als ich aufwachte ...
Hey!
Bist du endlich wach?
Super!
... war da eine Frau, die viel redete.
Freut mich.
Ich bin Richita.
Das hier ist mein Zuhause.
SST
WAAAH
Und das ist meine Magie.
Ich kann Dinge oder Menschen ohne Mana in andere Dinge hineintun und wieder herausholen.
So habe ich dich hergebracht.
Und das Feuerholz auch.
KLATTER
Ich war wirklich überrascht.

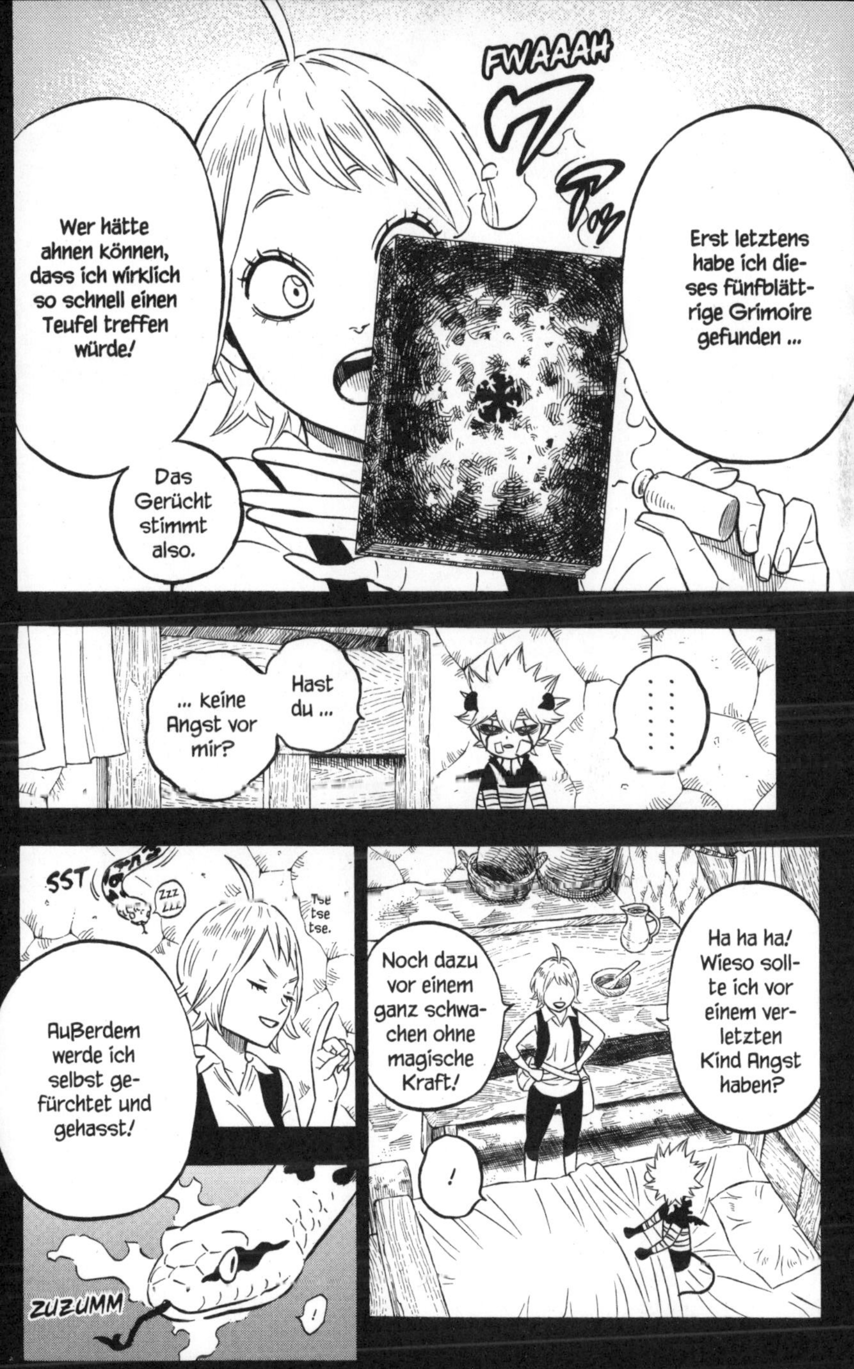
FWAAAH
Erst letztens habe ich dieses fünfblättrige Grimoire gefunden ...
Wer hätte ahnen können, dass ich wirklich so schnell einen Teufel treffen würde!
Das Gerücht stimmt also.
......
Hast du ...
... keine Angst vor mir?
Ha ha ha! Wieso sollte ich vor einem verletzten Kind Angst haben?
Noch dazu vor einem ganz schwachen ohne magische Kraft!
!
SST
Zzz
Tse tse tse.
Außerdem werde ich selbst gefürchtet und gehasst!
ZUZUMM
!

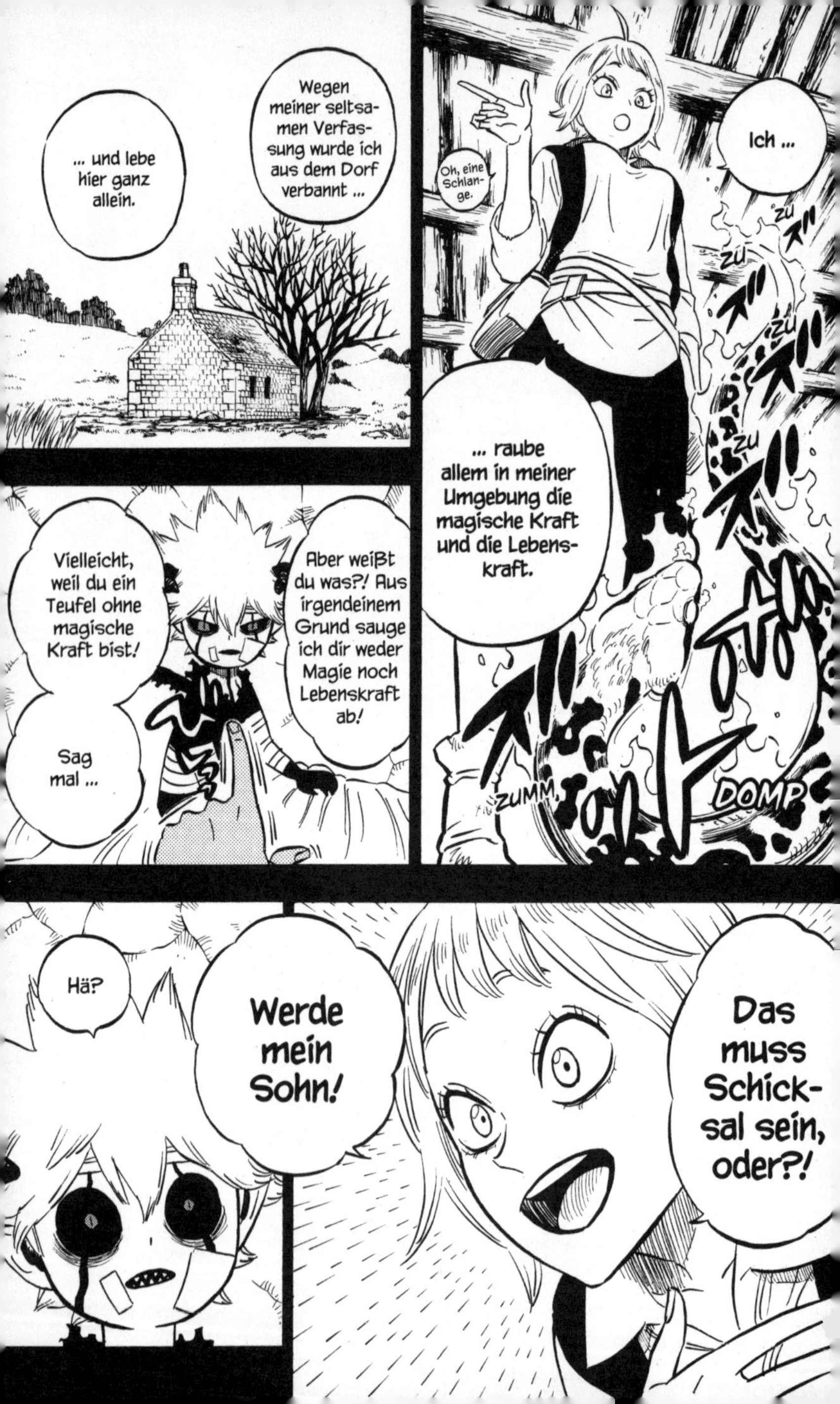
Ich ...
Oh, eine Schlange.
ZU
ZU
ZU
... raube allem in meiner Umgebung die magische Kraft und die Lebenskraft.
ZUMM
DOMP
Wegen meiner seltsamen Verfassung wurde ich aus dem Dorf verbannt ...
... und lebe hier ganz allein.
Aber weißt du was?! Aus irgendeinem Grund sauge ich dir weder Magie noch Lebenskraft ab!
Vielleicht, weil du ein Teufel ohne magische Kraft bist!
Sag mal ...
Das muss Schicksal sein, oder?!
Werde mein Sohn!
Hä?

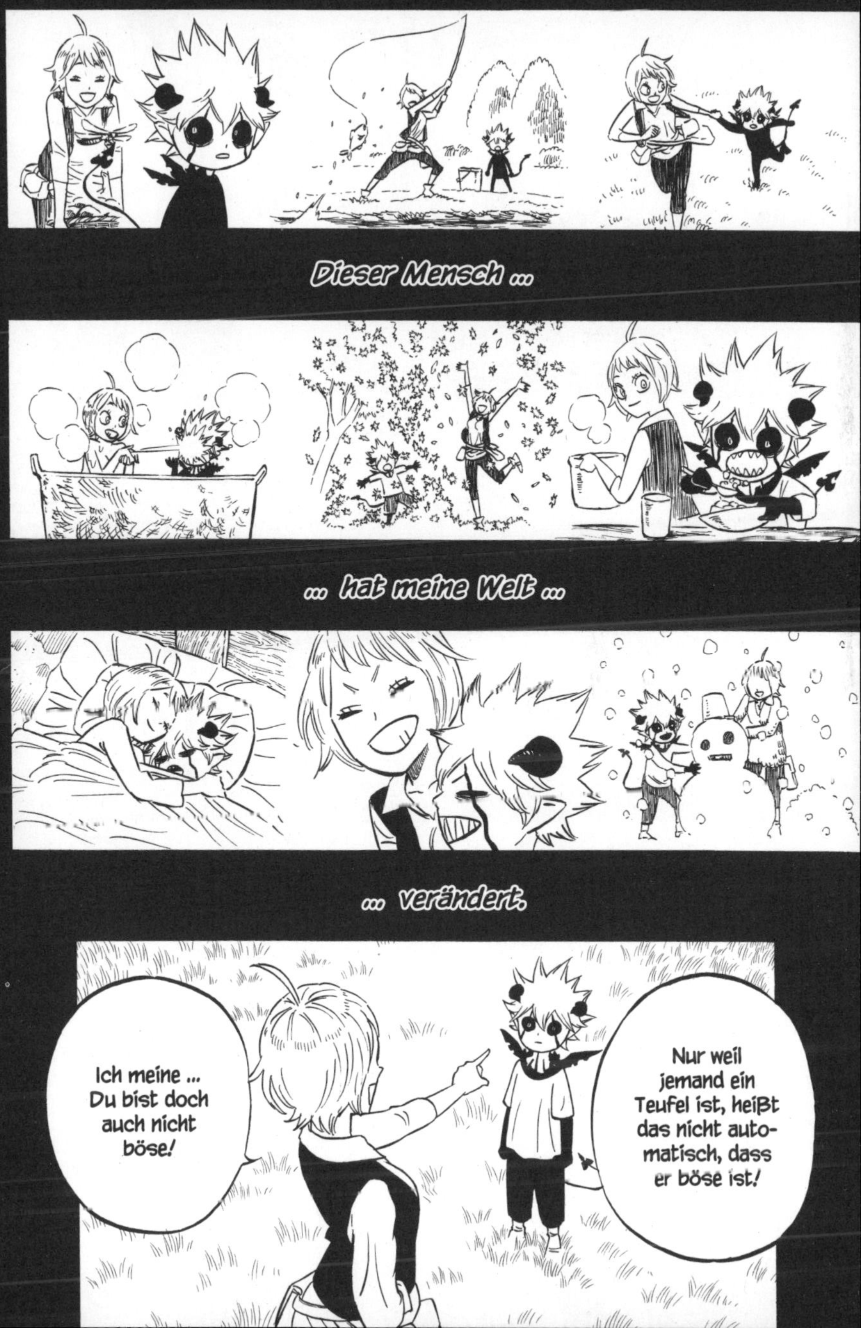
Dieser Mensch ...
... hat meine Welt ...
... verändert.
Nur weil jemand ein Teufel ist, heißt das nicht automatisch, dass er böse ist!
Ich meine ... Du bist doch auch nicht böse!

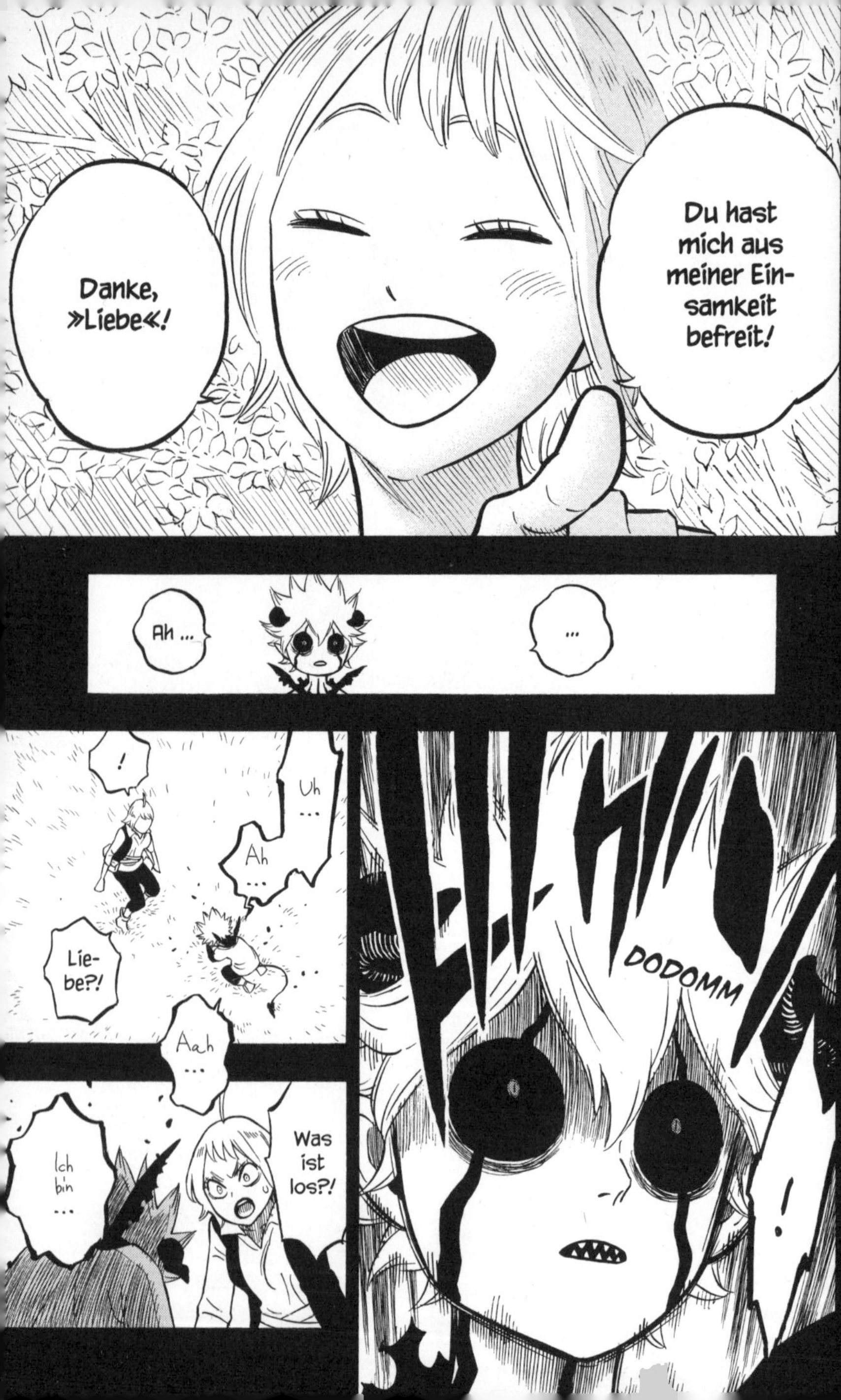
Du hast mich aus meiner Einsamkeit befreit!
Danke, »Liebe«!
...
Ah ...
!
DODOMM
Uh ...
!
Ah ...
Lie-be?!
Aah ...
Was ist los?!
Ich bin ...

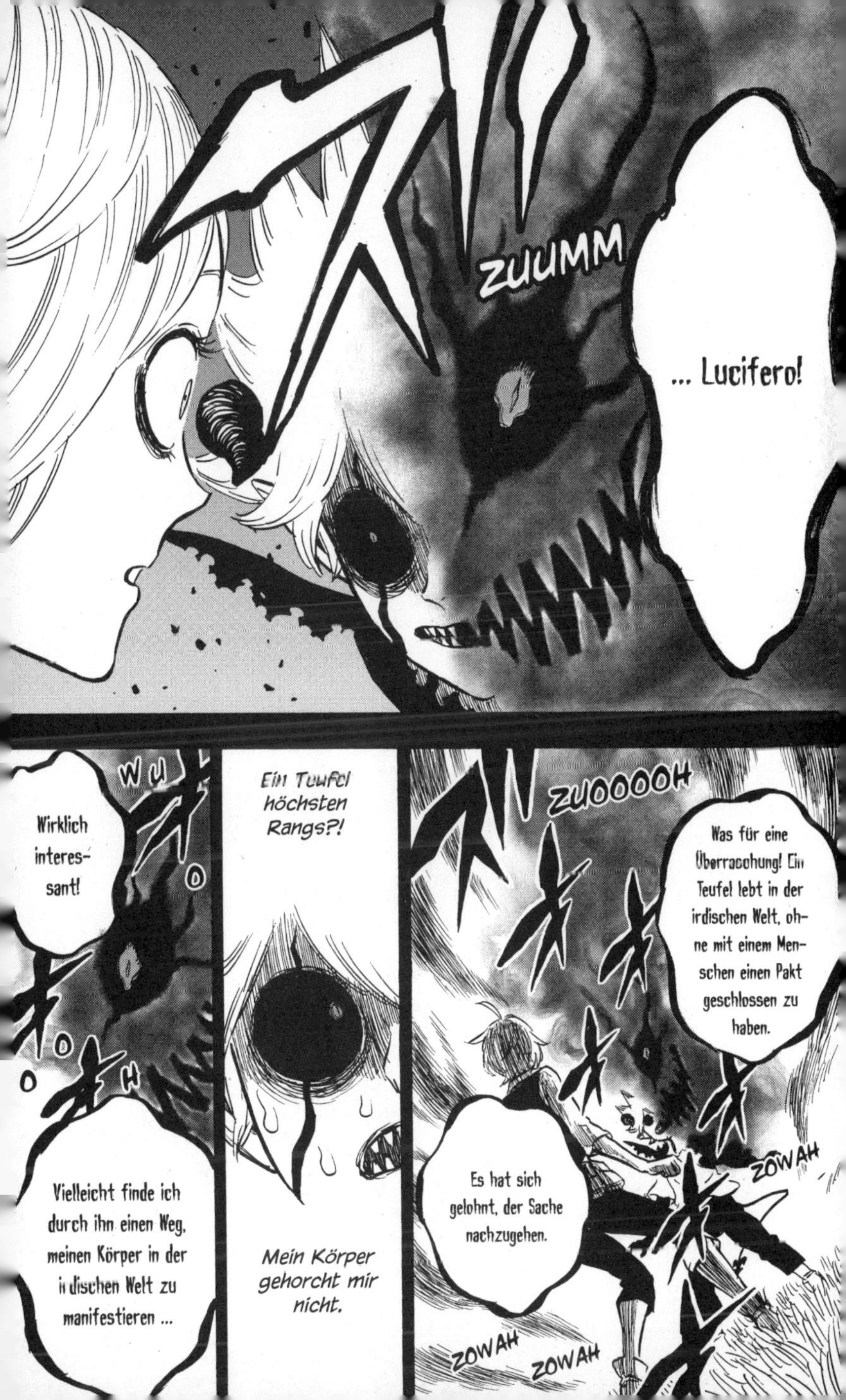
ZUUMM
... Lucifero!
ZUOOOOH
Was für eine Überraschung! Ein Teufel lebt in der irdischen Welt, ohne mit einem Menschen einen Pakt geschlossen zu haben.
Es hat sich gelohnt, der Sache nachzugehen.
ZOWAH
ZOWAH
ZOWAH
Ein Teufel höchsten Rangs?!
Mein Körper gehorcht mir nicht.
WUOOOH
Wirklich interes-sant!
Vielleicht finde ich durch ihn einen Weg, meinen Körper in der irdischen Welt zu manifestieren ...

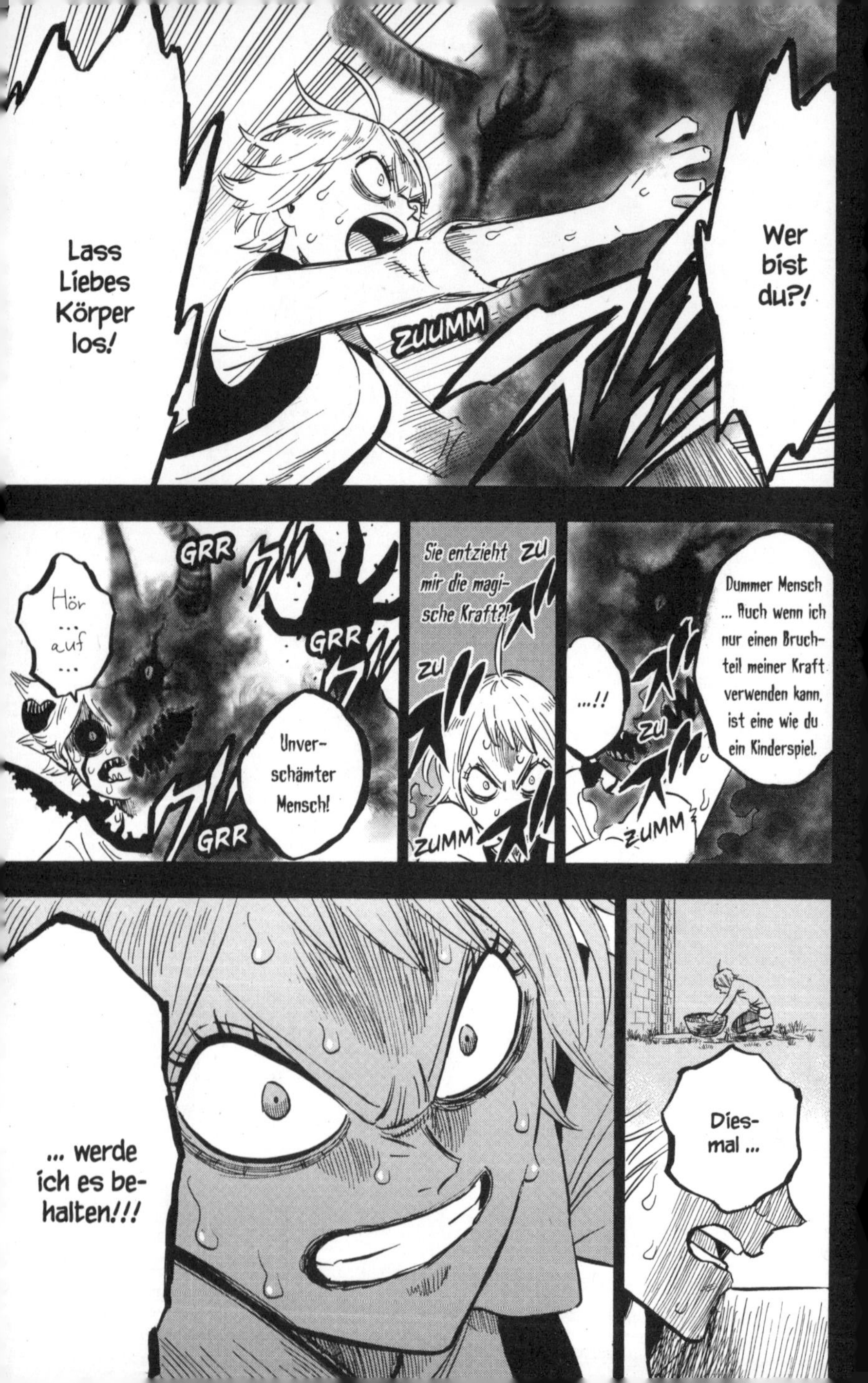
Wer bist du?!
ZUUMM
Lass Liebes Körper los!
Dummer Mensch ... Auch wenn ich nur einen Bruchteil meiner Kraft verwenden kann, ist eine wie du ein Kinderspiel.
ZU
...!!
ZUMM
Sie entzieht mir die magische Kraft?!
ZU
ZU
ZUMM
GRR
GRR
Unverschämter Mensch!
Hör ... auf ...
GRR
Diesmal ...
... werde ich es behalten!!!

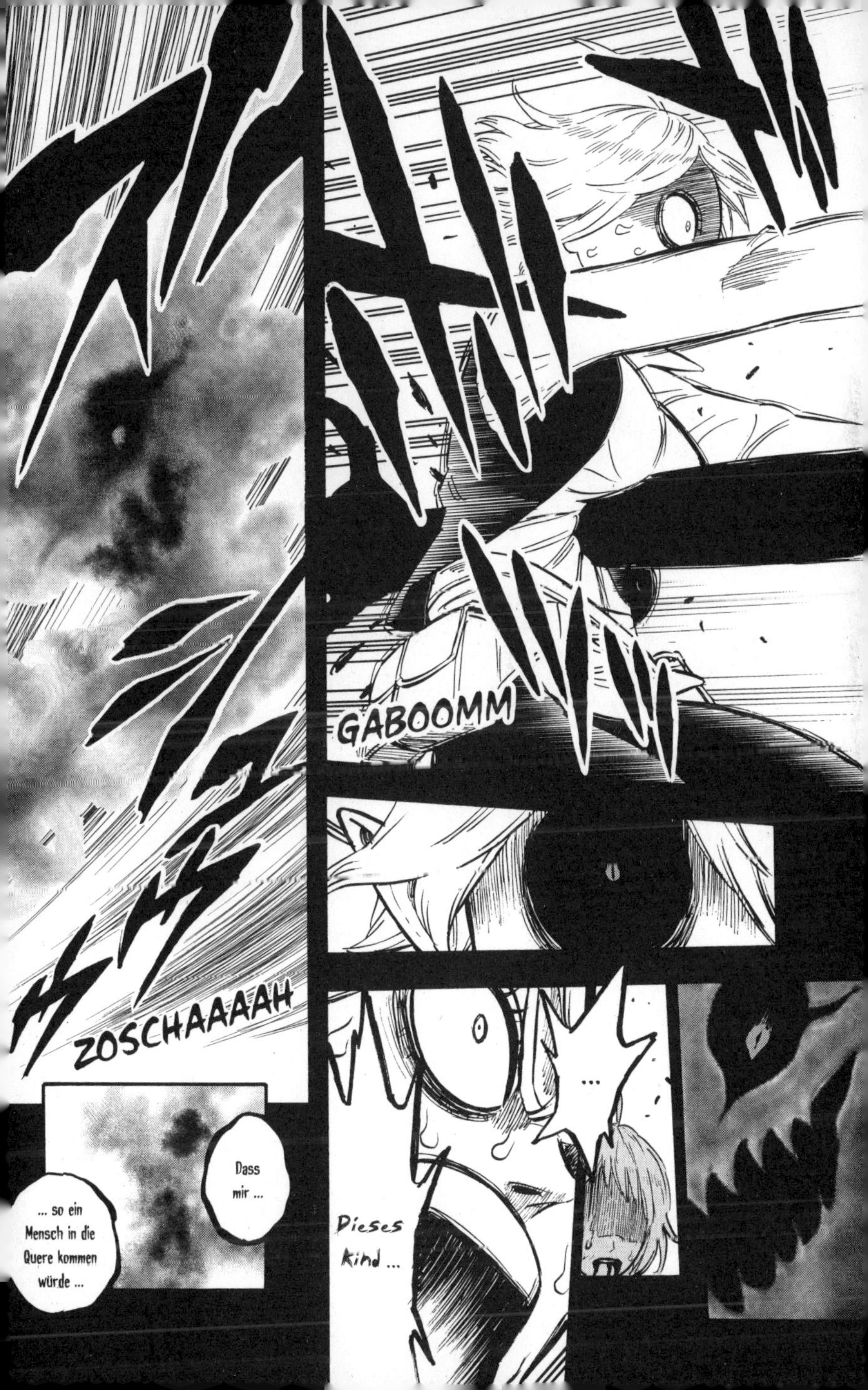
GABOOMM
ZOSCHAAAAH
...
Dieses Kind ...
Dass mir ...
... so ein Mensch in die Quere kommen würde ...

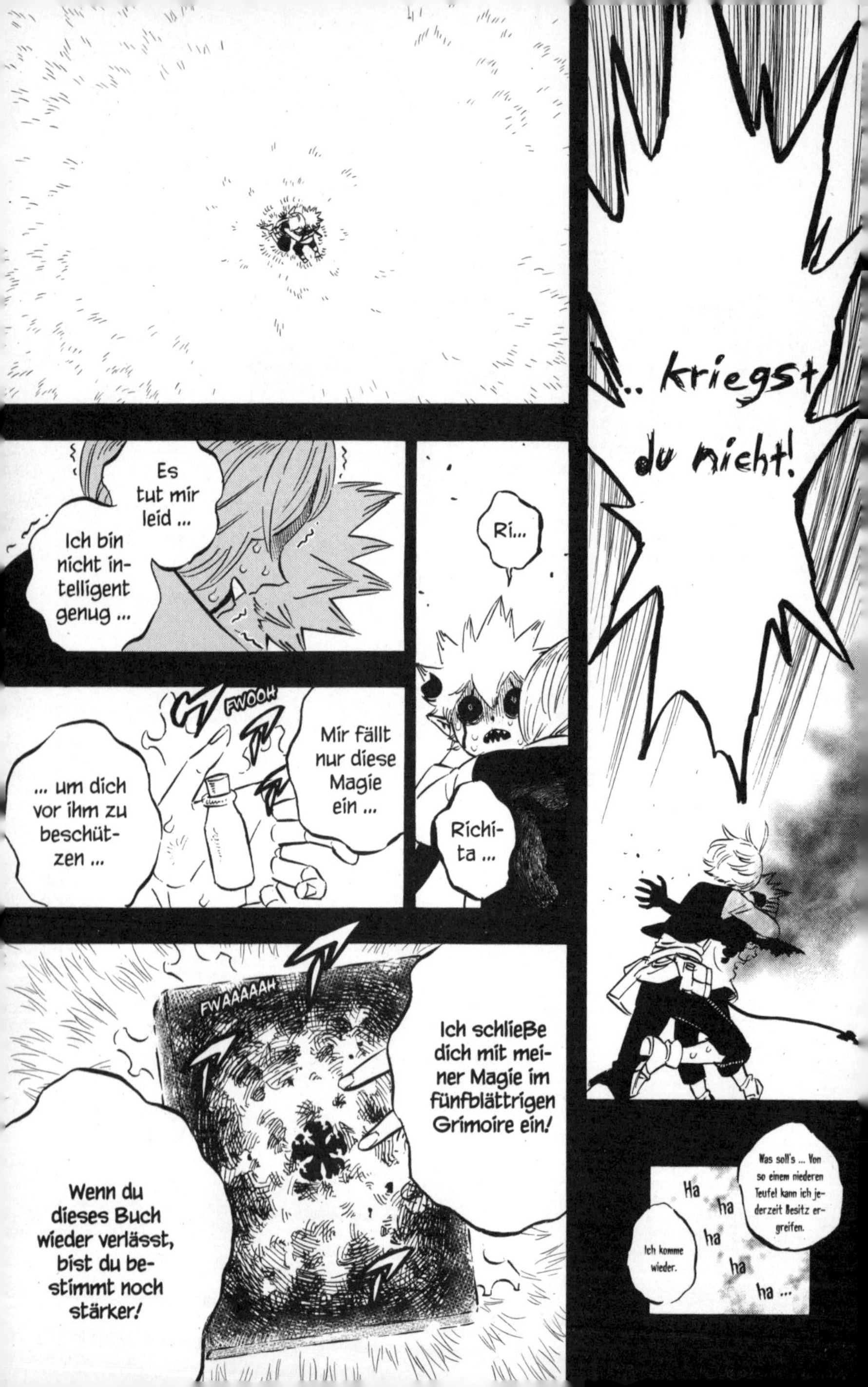
... kriegst du nicht!
Ri...
Es tut mir leid ...
Ich bin nicht intelligent genug ...
Richita ...
FWOOH
Mir fällt nur diese Magie ein ...
... um dich vor ihm zu beschützen ...
FWAAAAAH
Ich schließe dich mit meiner Magie im fünfblättrigen Grimoire ein!
Wenn du dieses Buch wieder verlässt, bist du bestimmt noch stärker!
Was soll's ... Von so einem niederen Teufel kann ich jederzeit Besitz ergreifen.
Ha ha ha ha ha ...
Ich komme wieder.

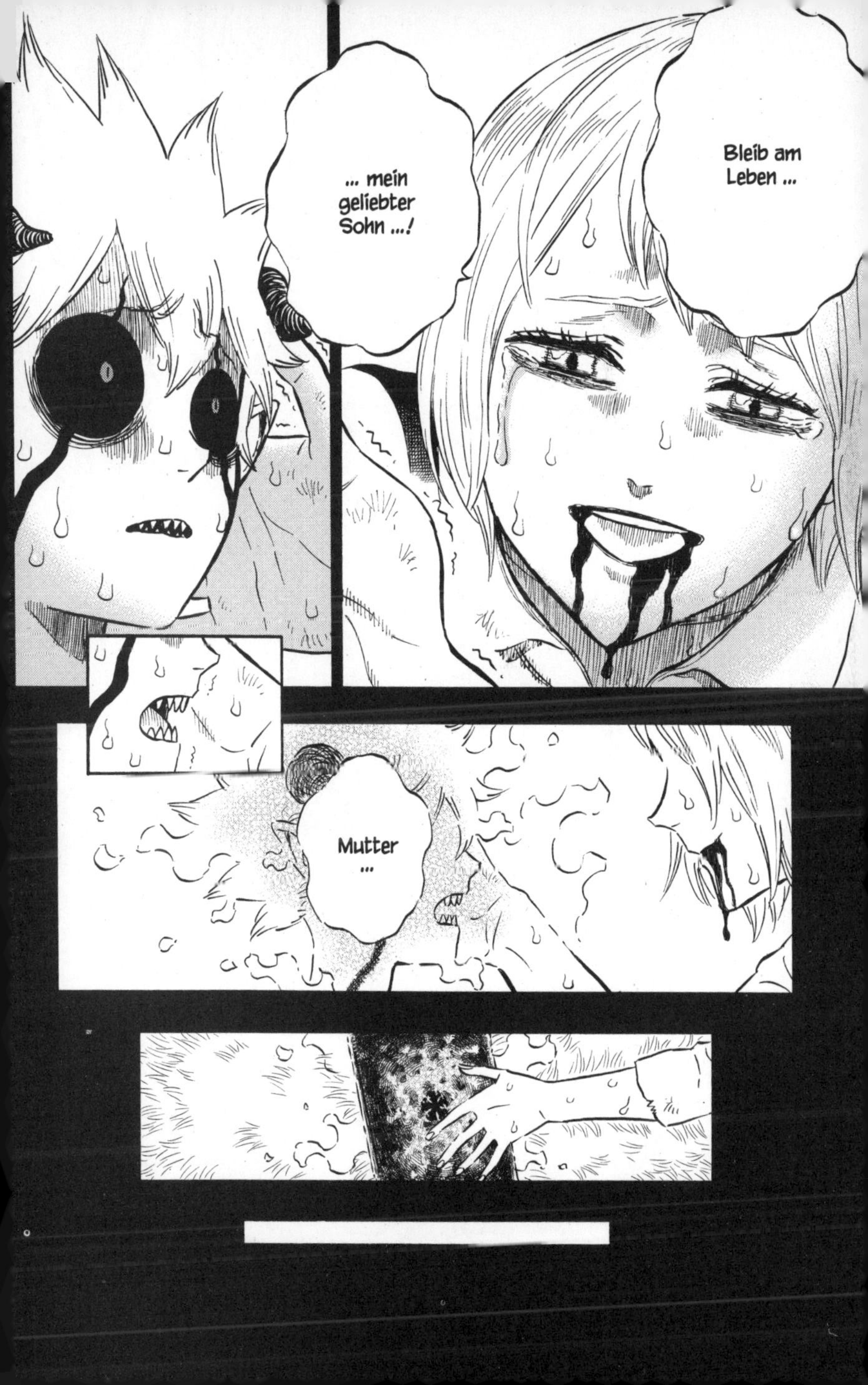
Bleib am Leben ...
... mein geliebter Sohn ...!
Mutter ...

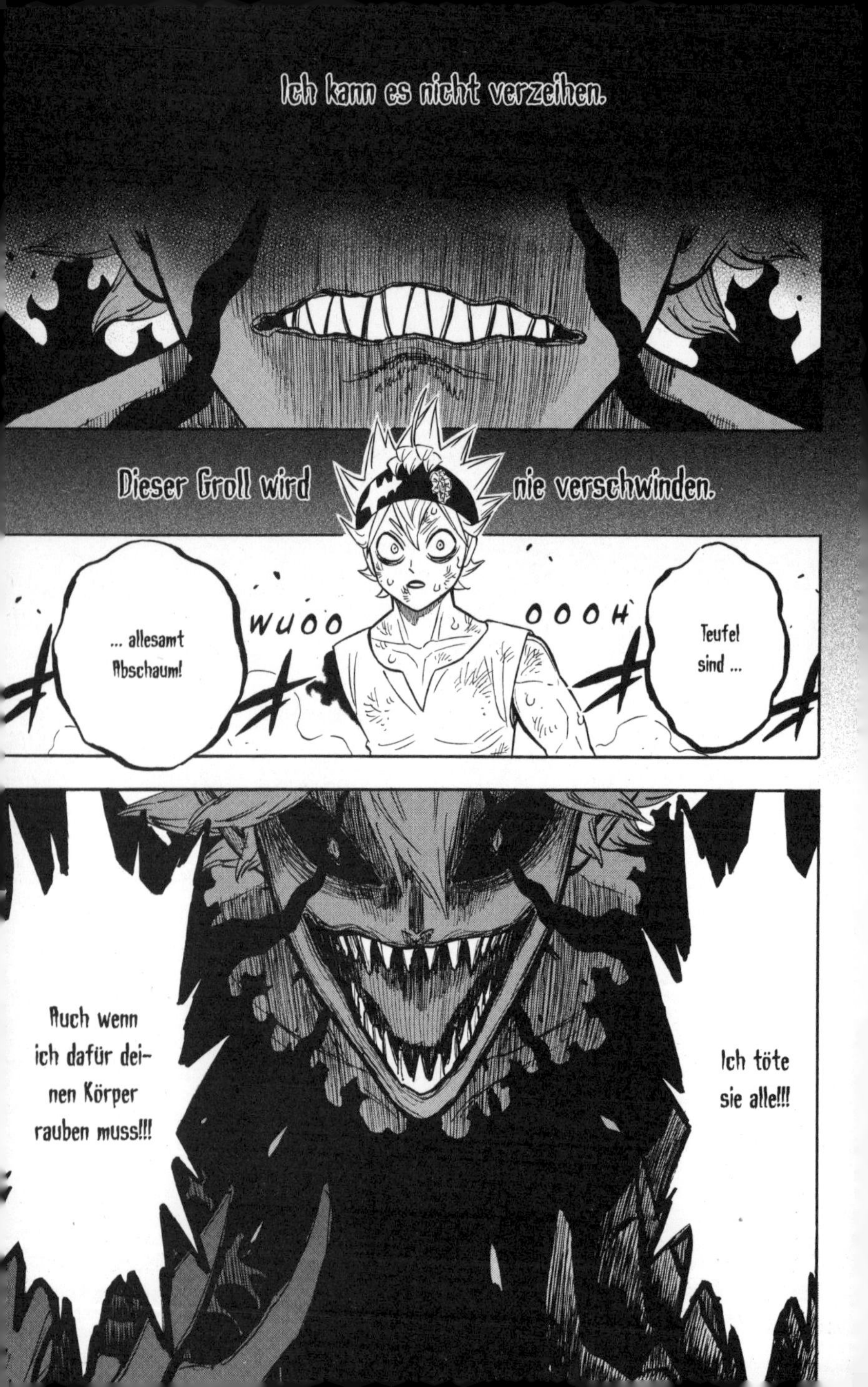
Ich kann es nicht verzeihen.
Dieser Groll wird
nie verschwinden.
Teufel sind ...
... allesamt Abschaum!
WUOO
OOOH
Ich töte sie alle!!!
Auch wenn ich dafür deinen Körper rauben muss!!!

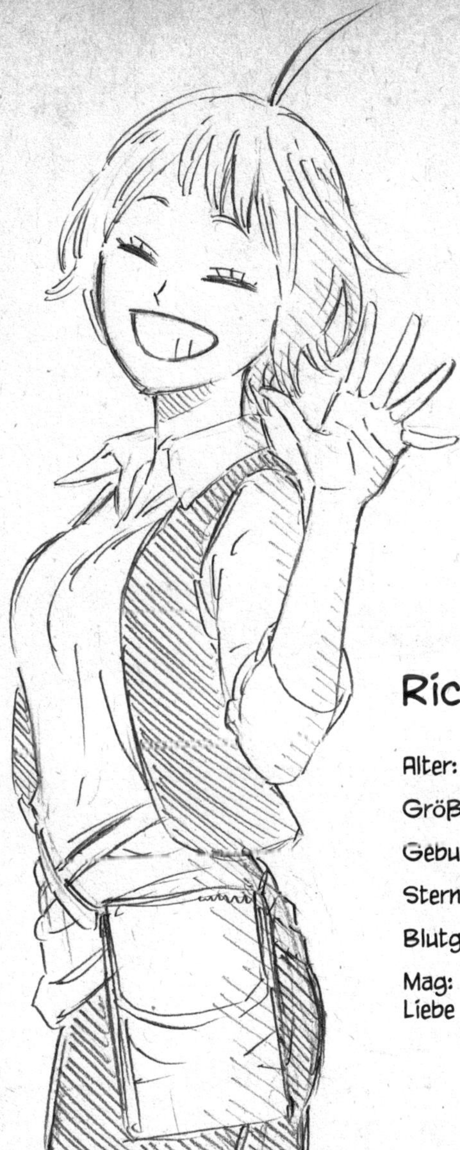

Richita

Alter: 26 Jahre

Größe: 158 cm

Geburtstag: 16. Februar

Sternzeichen: Wassermann

Blutgruppe: A

Mag: Ihren Alltag, Asta, Liebe

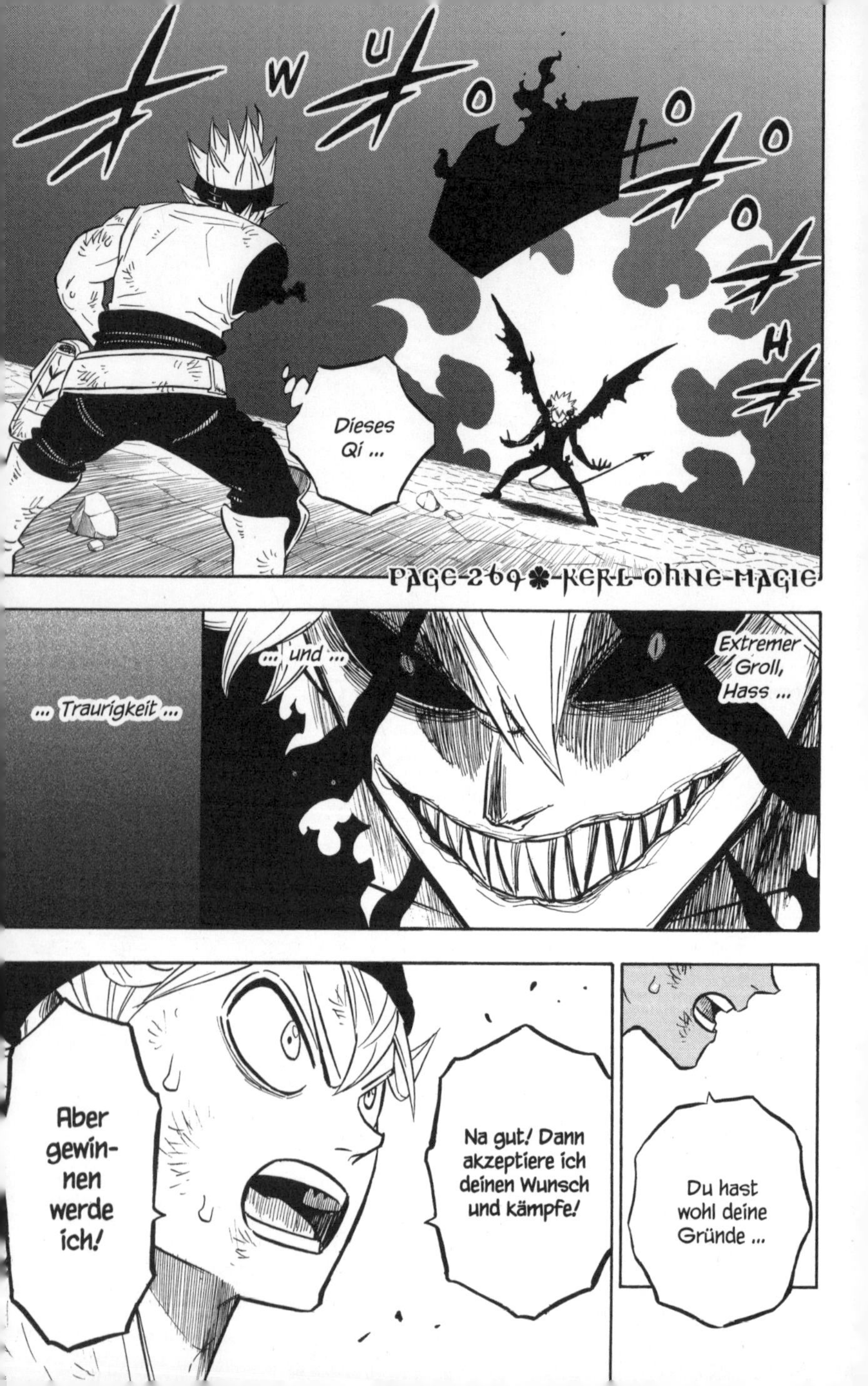
Dieses Qi ...
PAGE 269 ❀ KERL OHNE MAGIE
Extremer Groll, Hass ...
... und ...
... Traurigkeit ...
Du hast wohl deine Gründe ...
Na gut! Dann akzeptiere ich deinen Wunsch und kämpfe!
Aber gewin-nen werde ich!

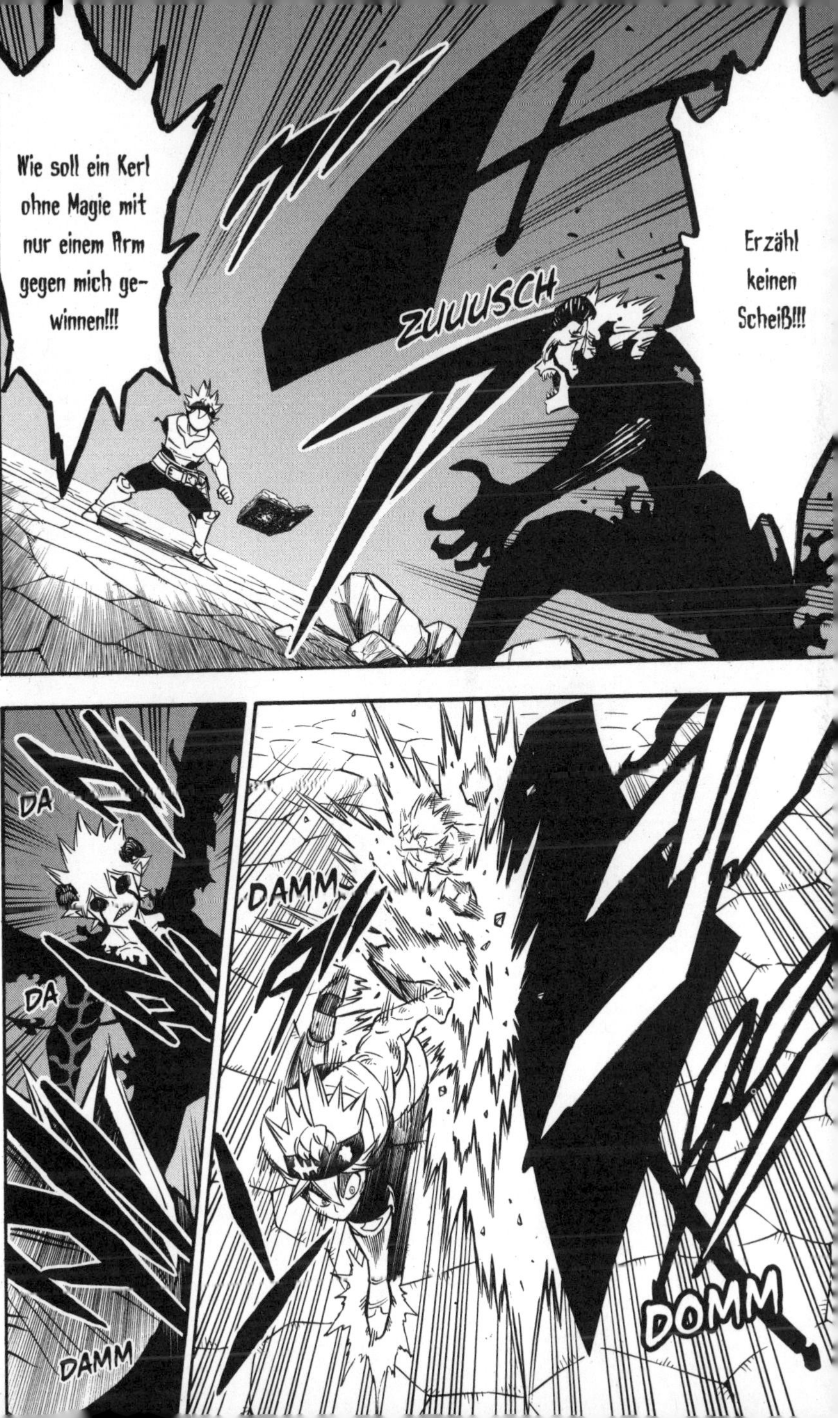
Erzähl keinen Scheiß!!!
ZUUUSCH
Wie soll ein Kerl ohne Magie mit nur einem Arm gegen mich ge- winnen!!!
DOMM
DAMM
DA
DA
DAMM

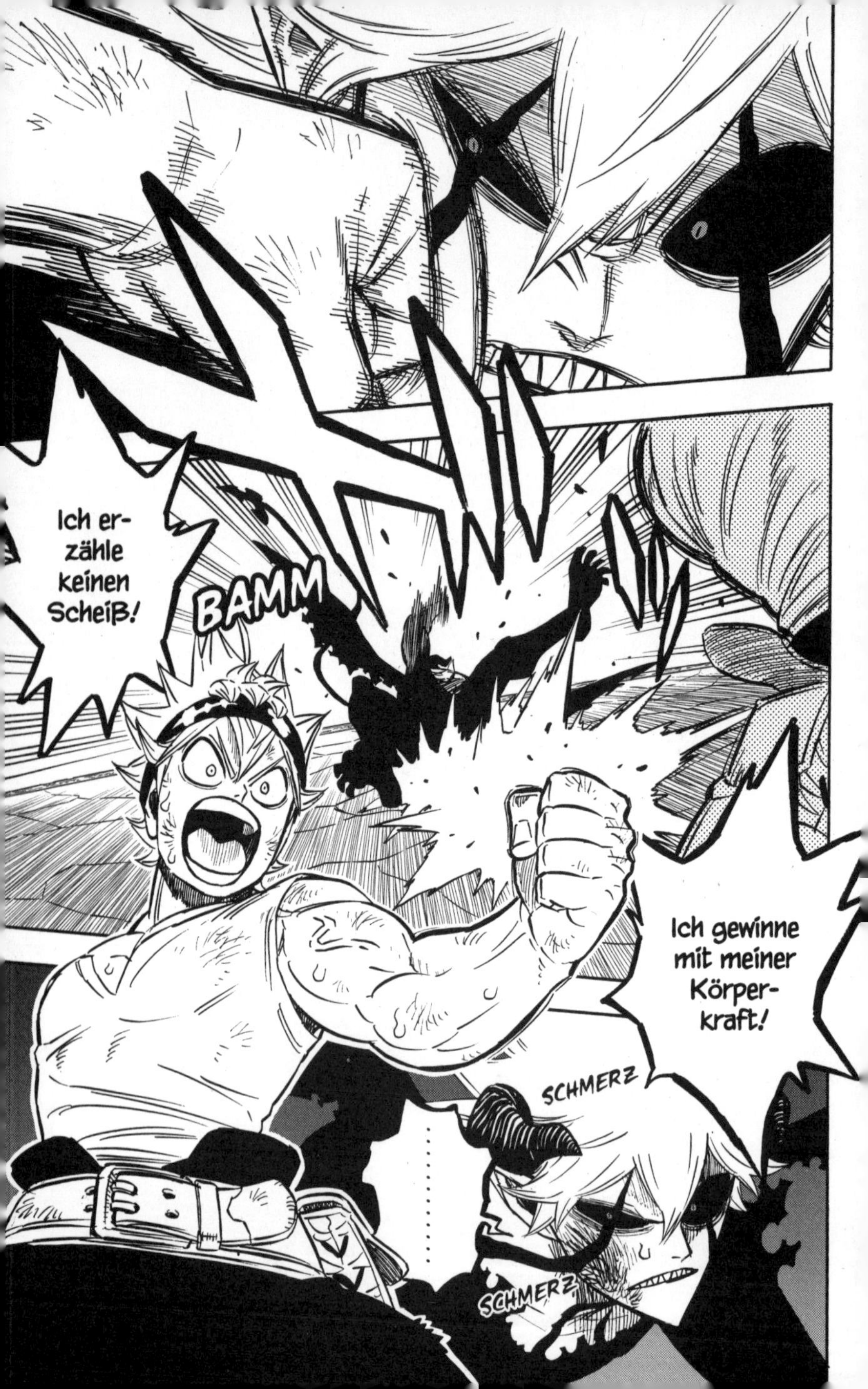
Ich erzähle keinen Scheiß!
BAMM
Ich gewinne mit meiner Körperkraft!
SCHMERZ
SCHMERZ

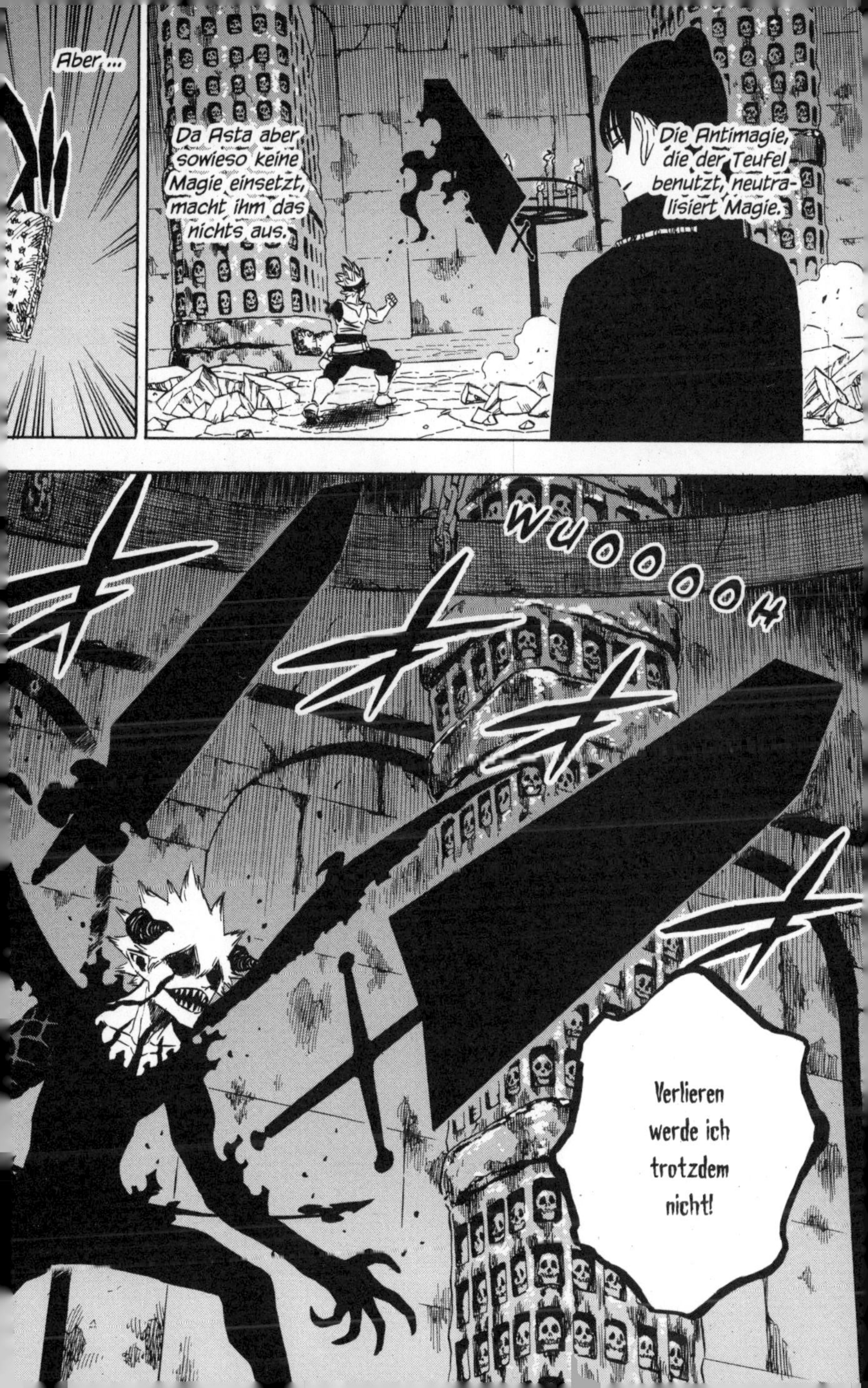
Die Antimagie, die der Teufel benutzt, neutralisiert Magie.
Da Asta aber sowieso keine Magie einsetzt, macht ihm das nichts aus.
Aber ...
WUOOOOOH
Verlieren werde ich trotzdem nicht!

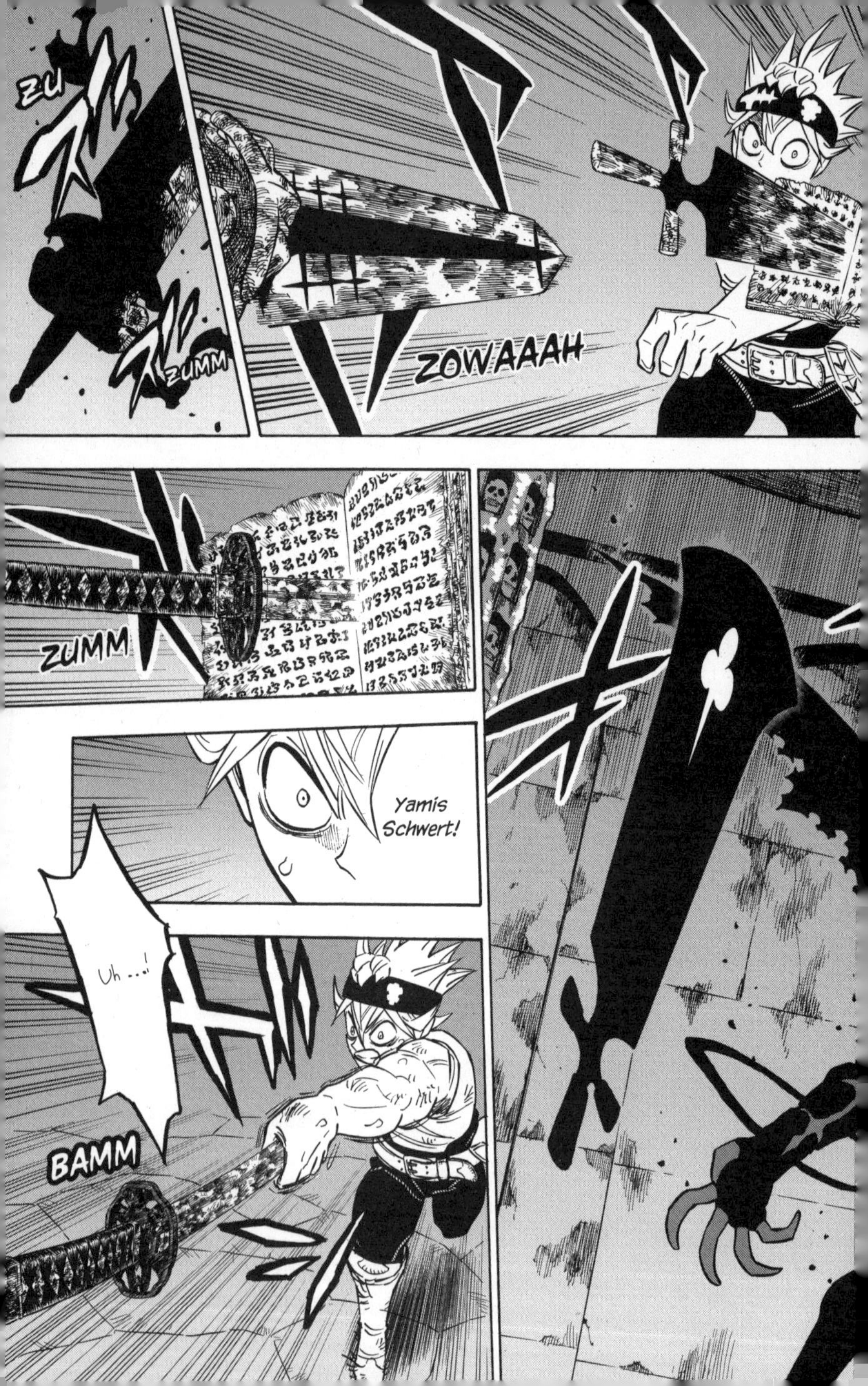
ZU
ZUMM
ZOWAAAH
ZUMM
Yamis Schwert!
Uh ...!
BAMM

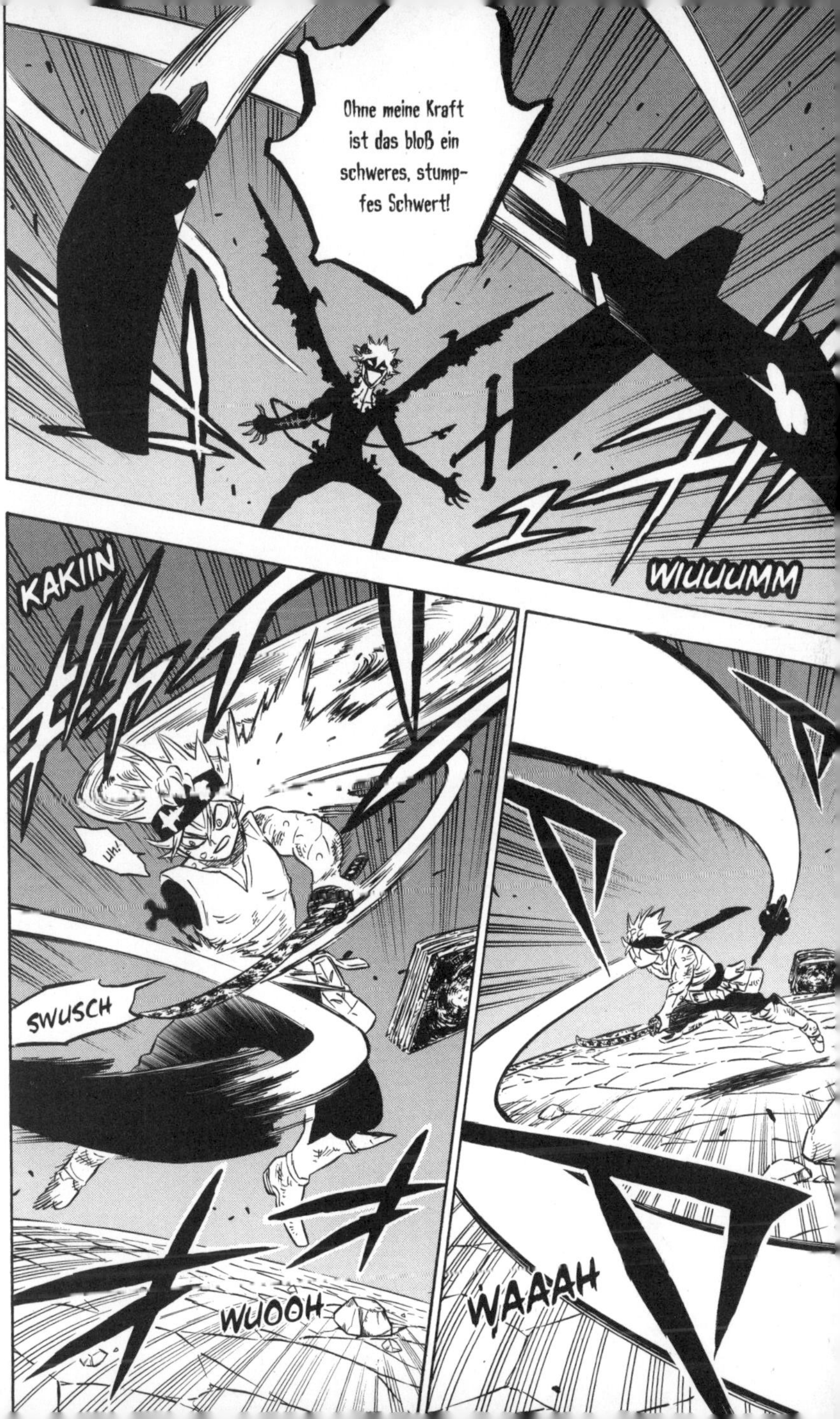
Ohne meine Kraft ist das bloß ein schweres, stumpfes Schwert!
WIUUUMM
KAKIIN
UH!
SWUSCH
WUOOH
WAAAH

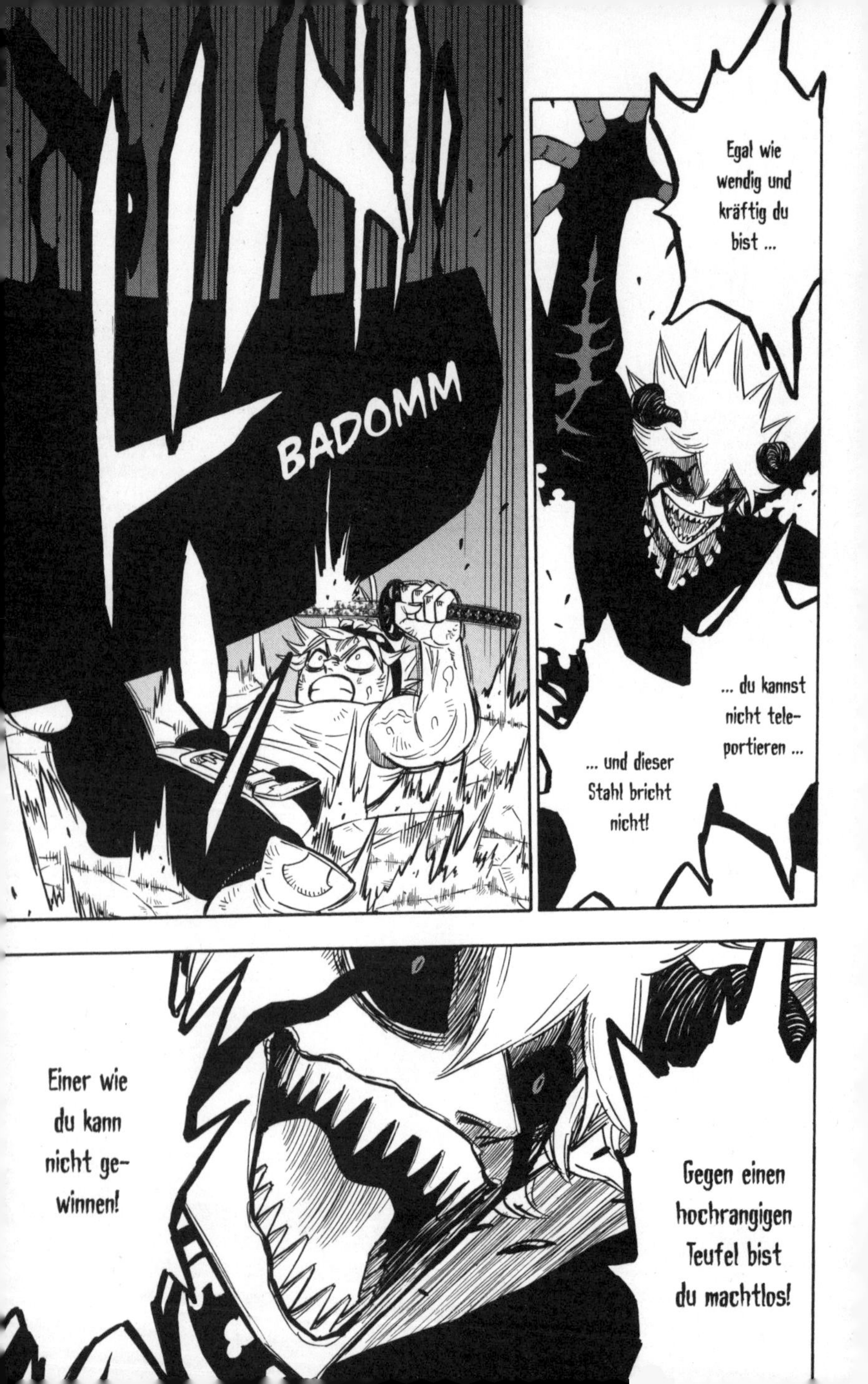
Egal wie wendig und kräftig du bist ...
BADOMM
... du kannst nicht teleportieren ...
... und dieser Stahl bricht nicht!
Gegen einen hochrangigen Teufel bist du machtlos!
Einer wie du kann nicht gewinnen!

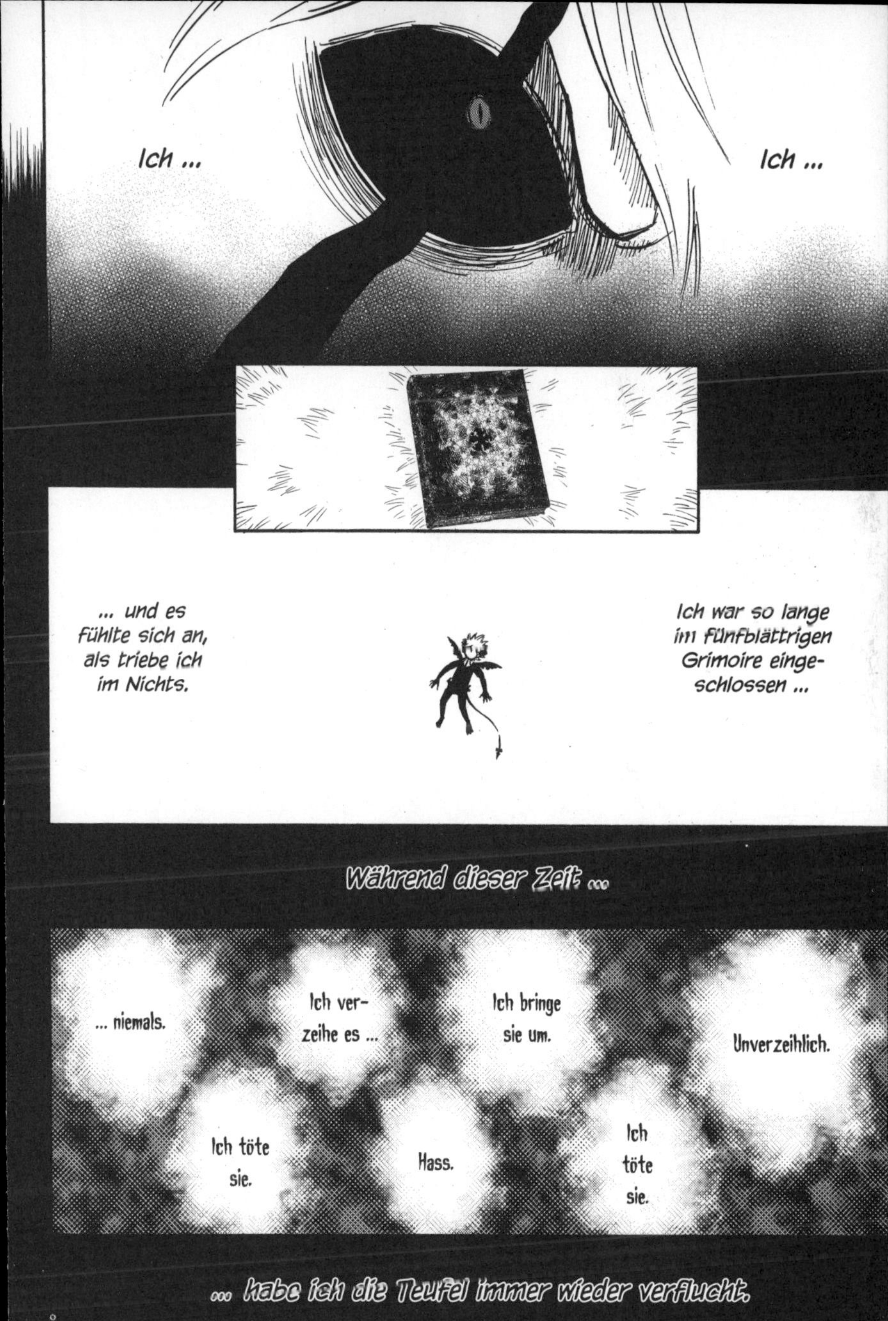
Ich ...
Ich ...
Ich war so lange im fünfblättrigen Grimoire eingeschlossen ...
... und es fühlte sich an, als triebe ich im Nichts.
Während dieser Zeit ...
Unverzeihlich.
Ich bringe sie um.
Ich verzeihe es ...
... niemals.
Ich töte sie.
Hass.
Ich töte sie.
... habe ich die Teufel immer wieder verflucht.

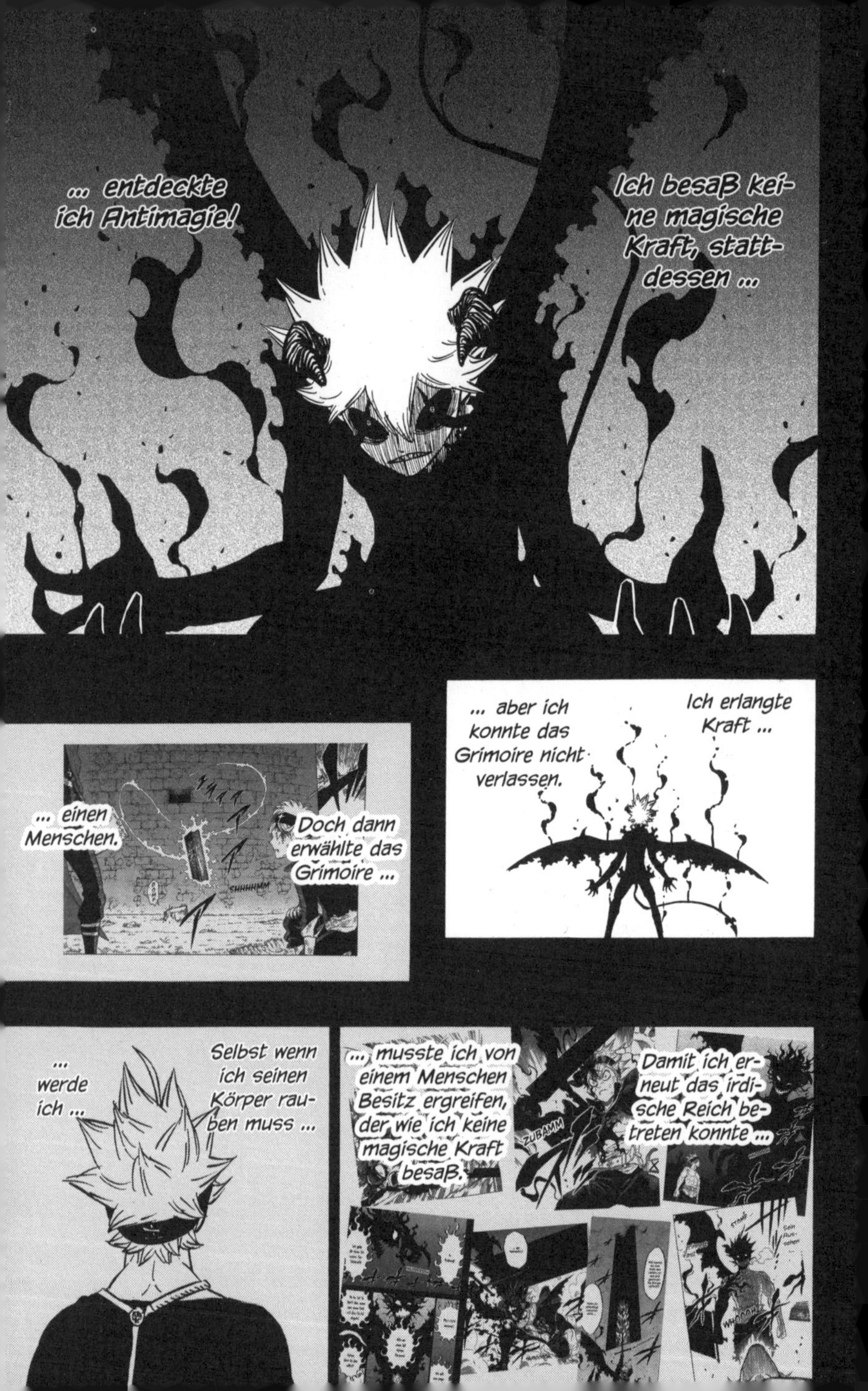
Ich besaß keine magische Kraft, stattdessen ...
... entdeckte ich Antimagie!
Ich erlangte Kraft ...
... aber ich konnte das Grimoire nicht verlassen.
Doch dann erwählte das Grimoire ...
... einen Menschen.
SHHHHMM
Damit ich erneut das irdische Reich betreten konnte ...
... musste ich von einem Menschen Besitz ergreifen, der wie ich keine magische Kraft besaß.
ZUBAMM
Selbst wenn ich seinen Körper rauben muss ...
... werde ich ...

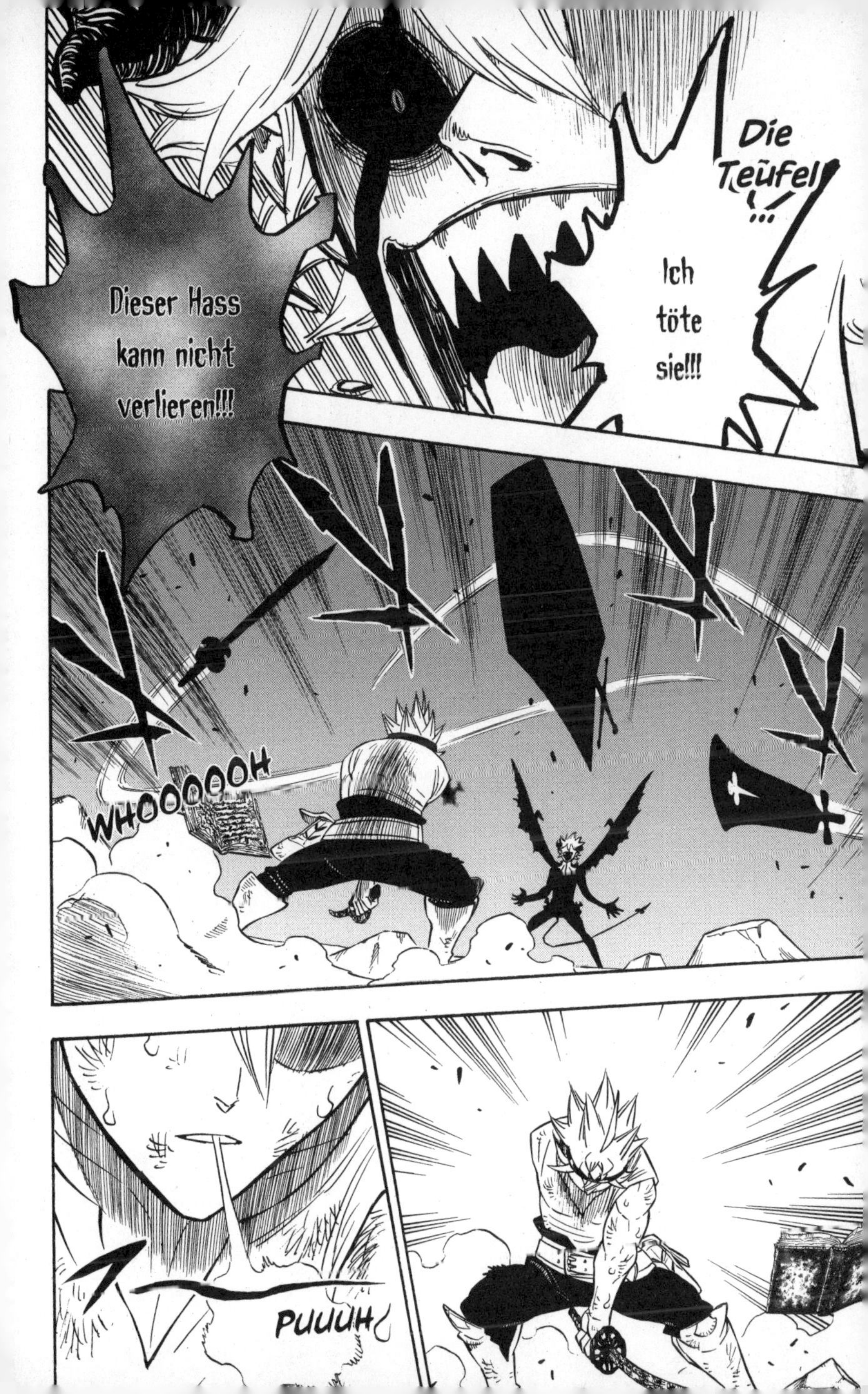
Die Teufel...!!
Ich töte sie!!!
Dieser Hass kann nicht verlieren!!!
WHOOOOOOH
PUUUH

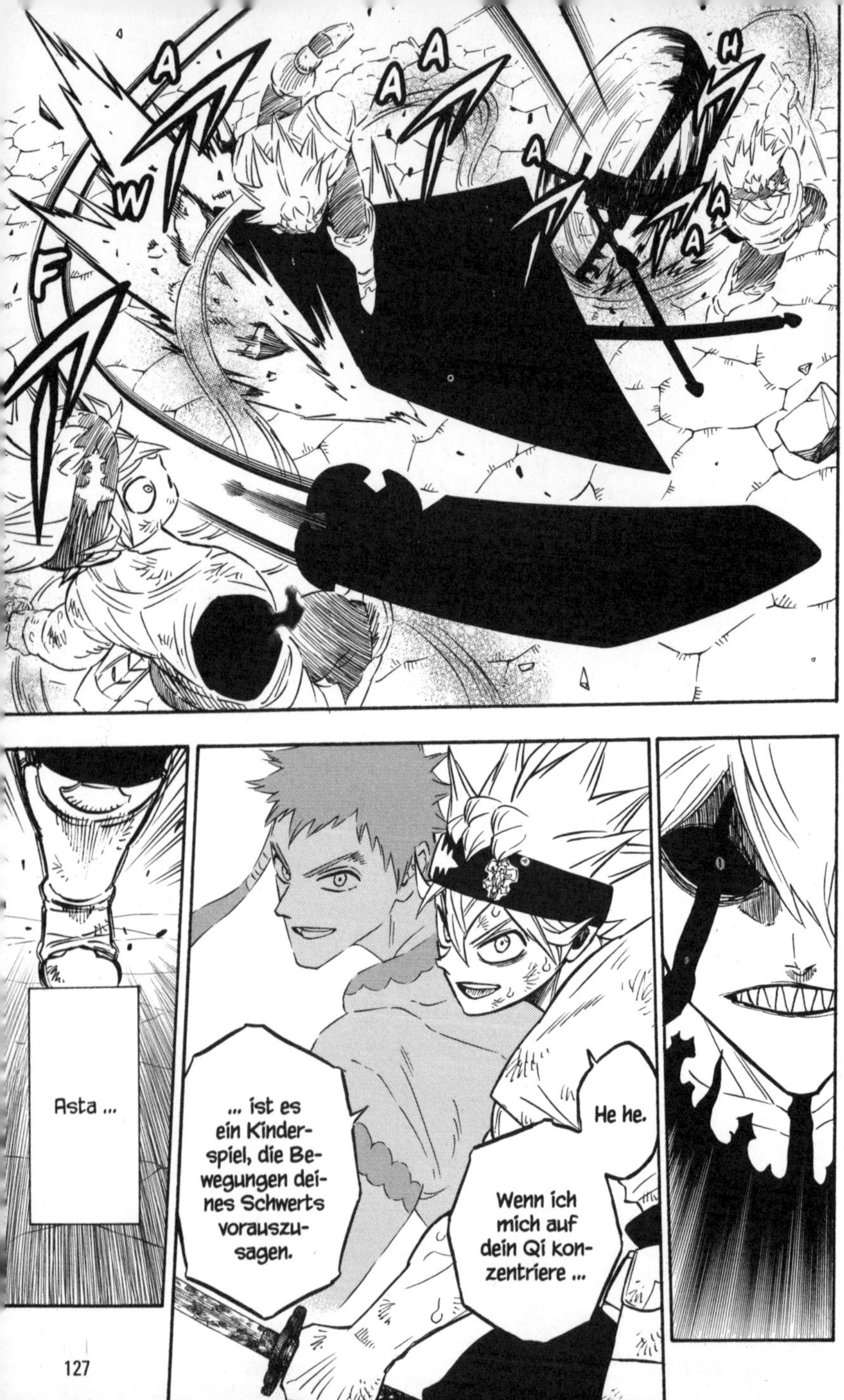
He he.
Wenn ich mich auf dein Qi konzentriere ...
... ist es ein Kinderspiel, die Bewegungen deines Schwerts vorauszusagen.
Asta ...

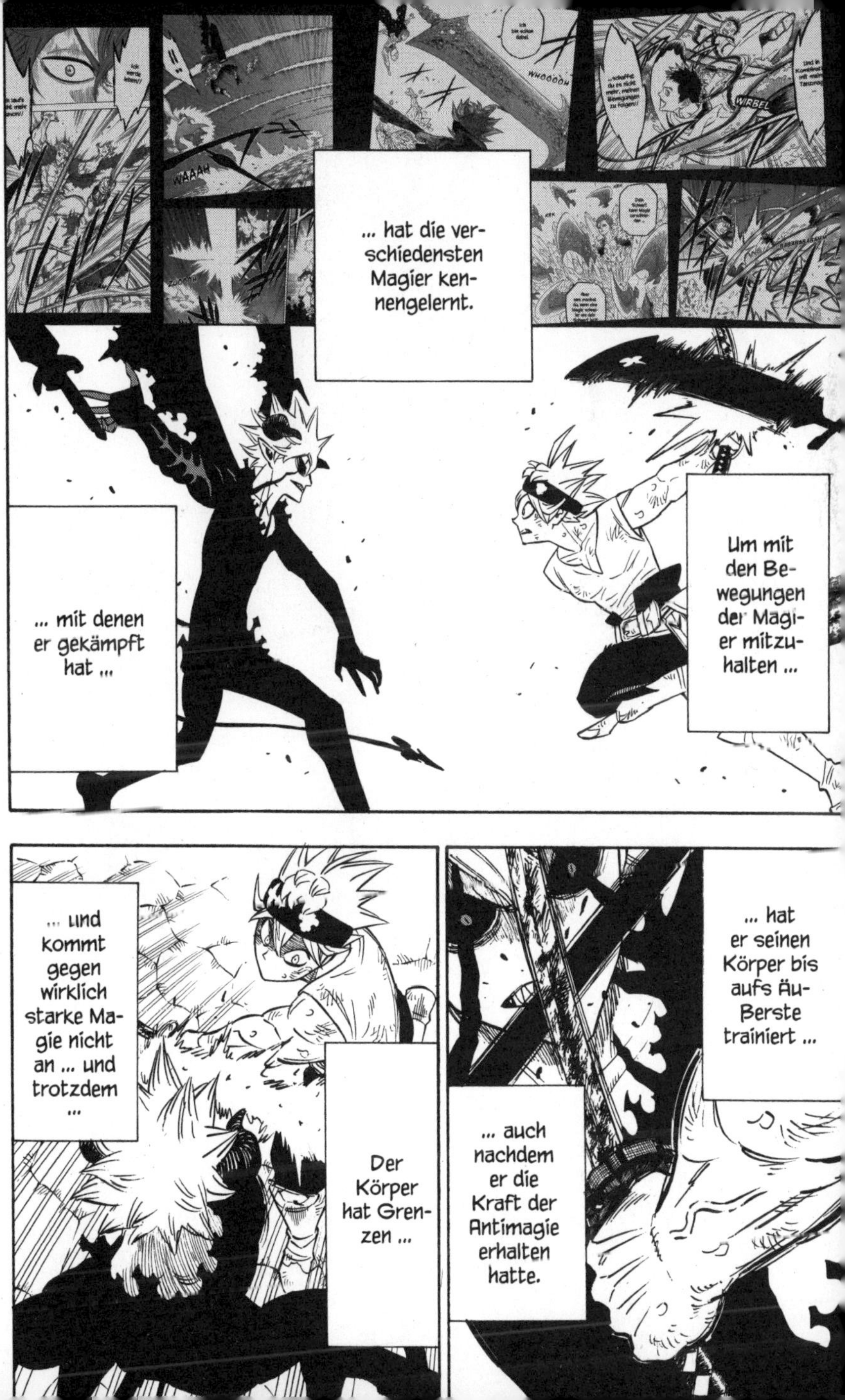

WAAAH
WHOOOOH
WIRBEL
... hat die verschiedensten Magier kennengelernt.
... mit denen er gekämpft hat ...
Um mit den Bewegungen der Magier mitzuhalten ...
... hat er seinen Körper bis aufs Äußerste trainiert ...
... auch nachdem er die Kraft der Antimagie erhalten hatte.
Der Körper hat Grenzen ...
... und kommt gegen wirklich starke Magie nicht an ... und trotzdem ...

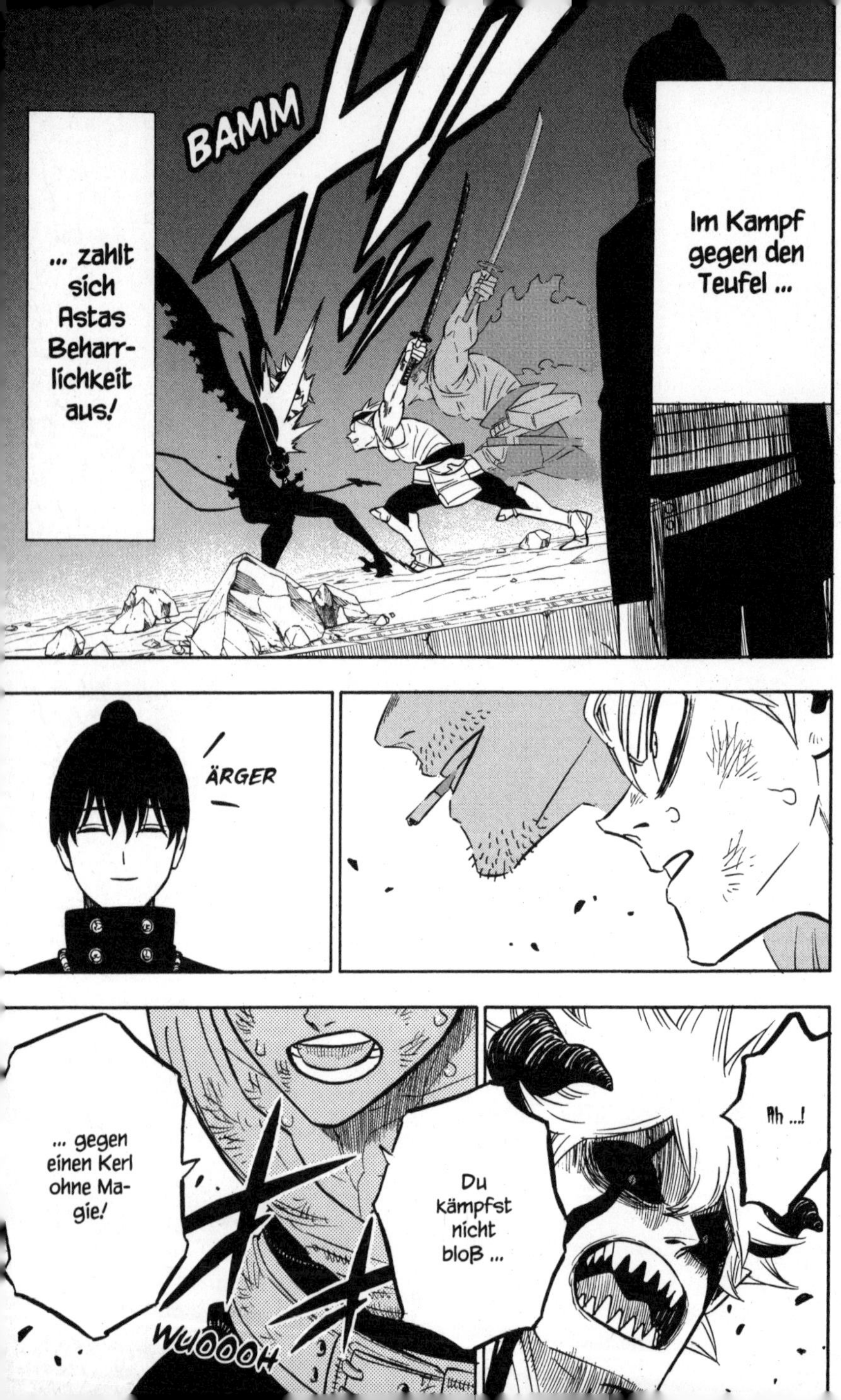
Im Kampf gegen den Teufel ...
BAMM
... zahlt sich Astas Beharr-lichkeit aus!
ÄRGER
Ah ...!
Du kämpfst nicht bloß ...
... gegen einen Kerl ohne Ma-gie!
WUOOOH

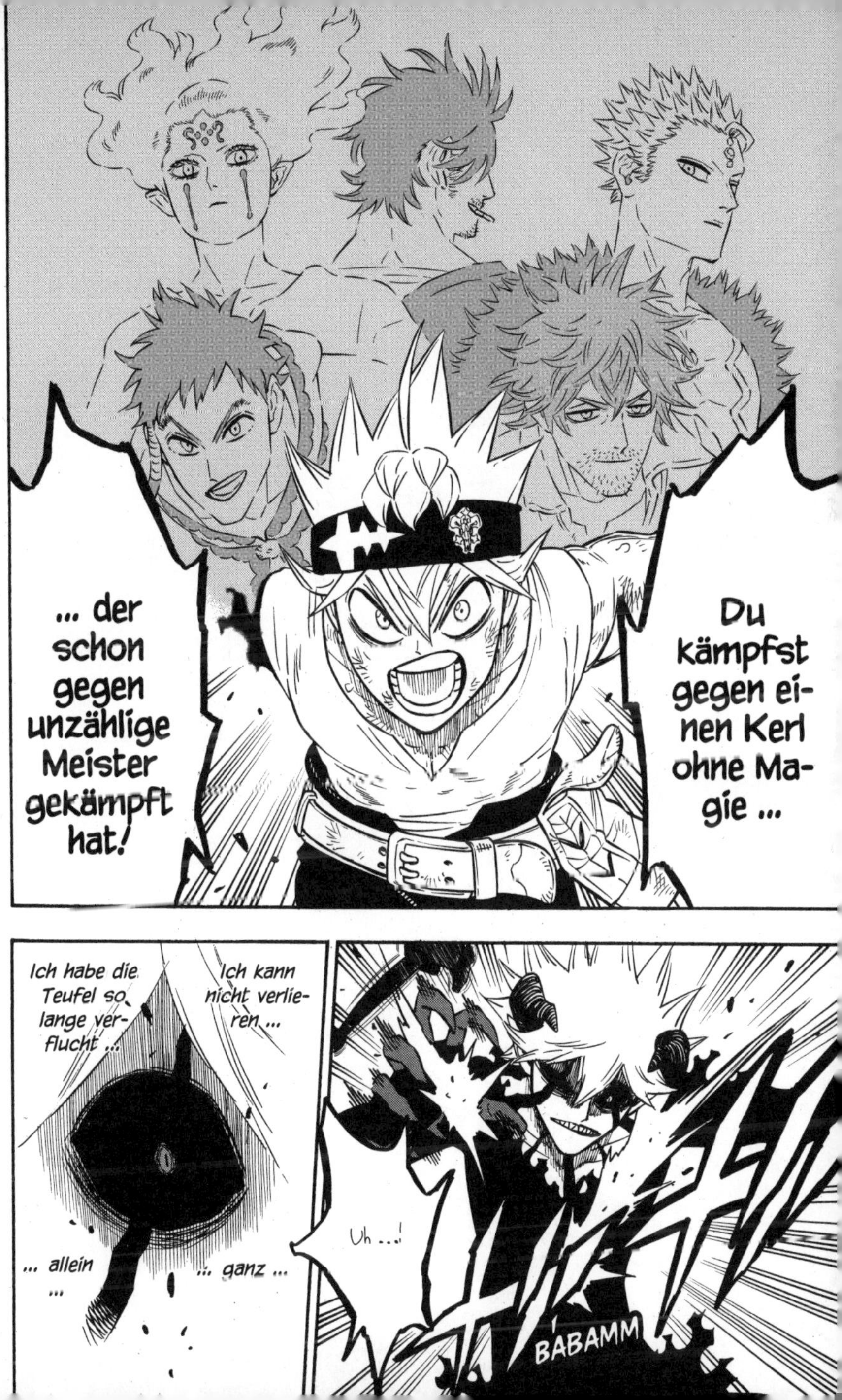
Du kämpfst gegen einen Kerl ohne Magie ...
... der schon gegen unzählige Meister gekämpft hat!
Uh ...!
BABAMM
Ich kann nicht verlieren ...
Ich habe die Teufel so lange verflucht ...
... ganz ...
... allein ...

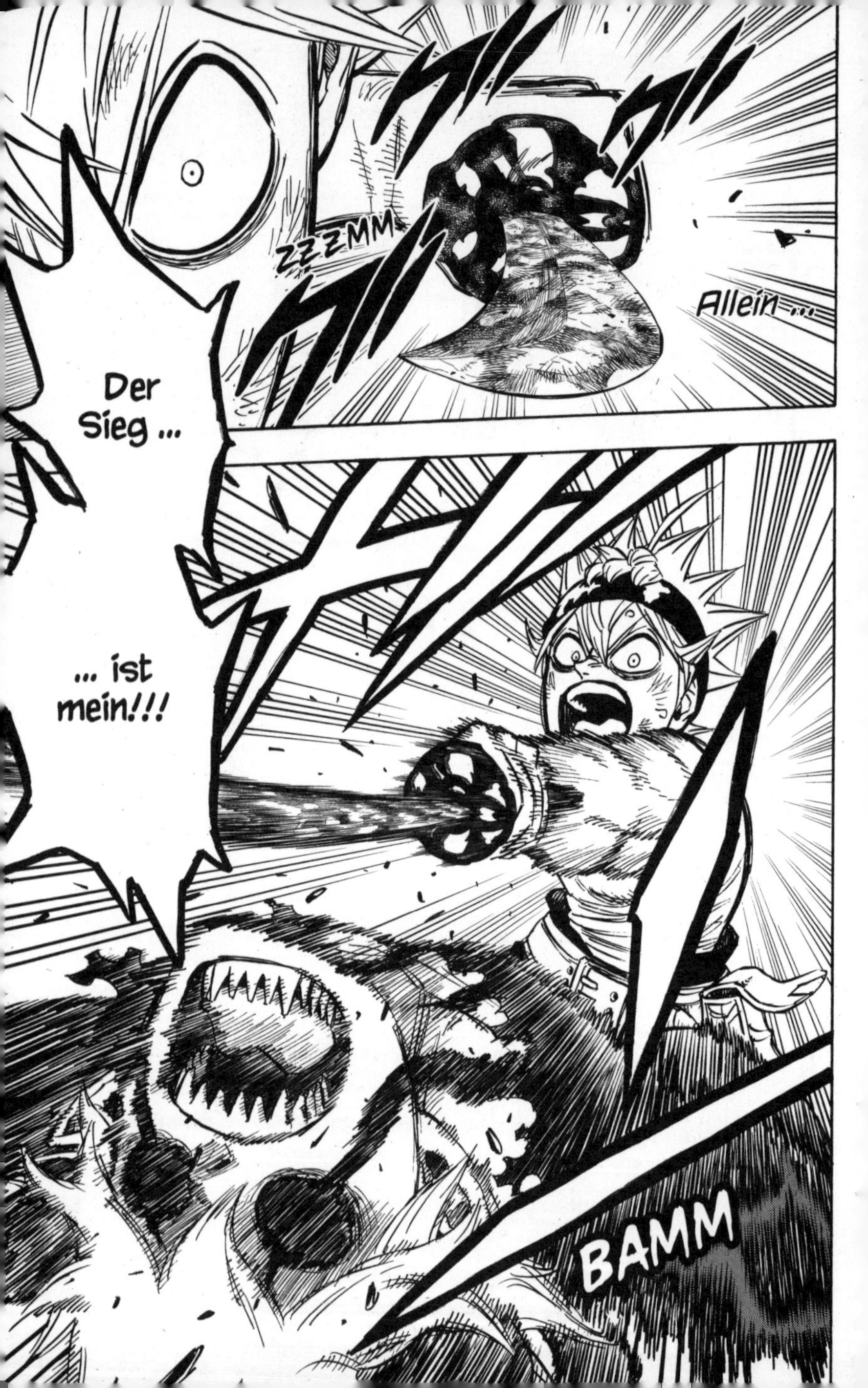

ZZZMM
Allein ...
Der Sieg ...
... ist mein!!!
BAMM

Der Schwarz-weiße Bilderorden Nr. 3

Hogetanier aus Osaka

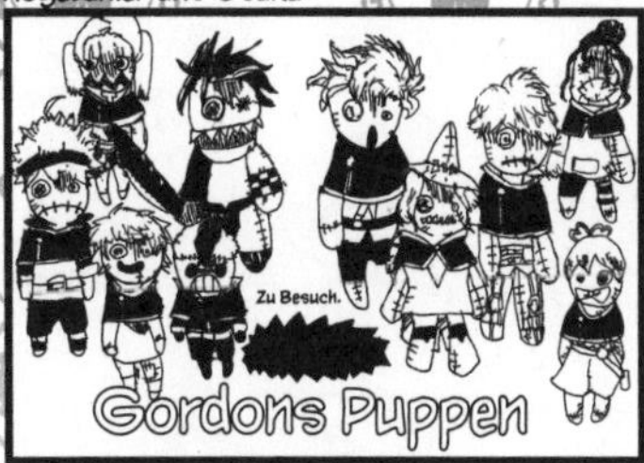

Er hat seine Freunde gebastelt.

Möchtegern Buchautor aus Tokushima

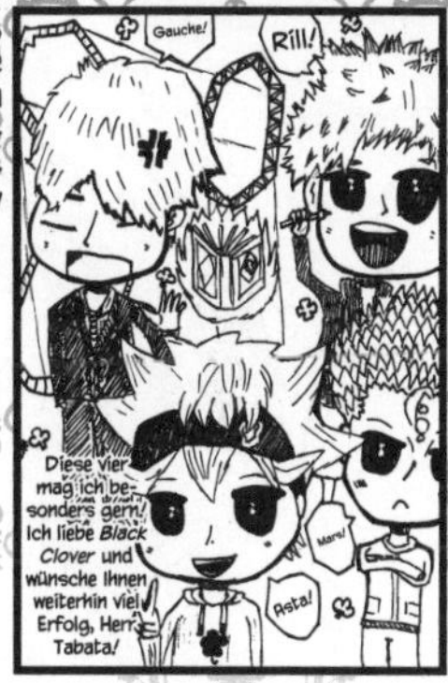

Männer, auf die man sich im Ernstfall verlassen kann!

Chanyumi aus Osaka

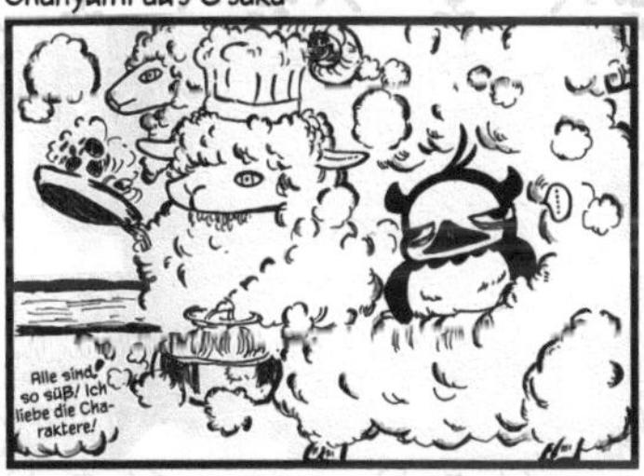

Flausch, flausch. Soll Nero gegessen werden?

Tsubasa Doi aus Hiroshima

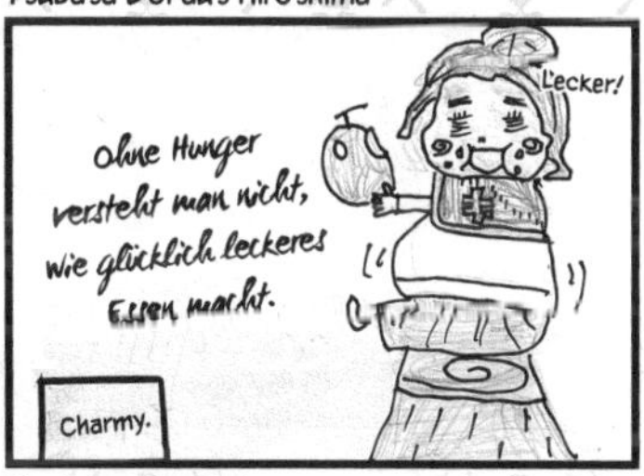

Ein super Spruch!

AUFGEPASST!

Liebe Leser, auch im nächsten Band wird es einen Bereich mit Fragen und Illustrationen geben. Ich präsentiere wieder Fanarts zu Black Clover und beantworte eure Fragen!

Danke für eure Unterstützung!

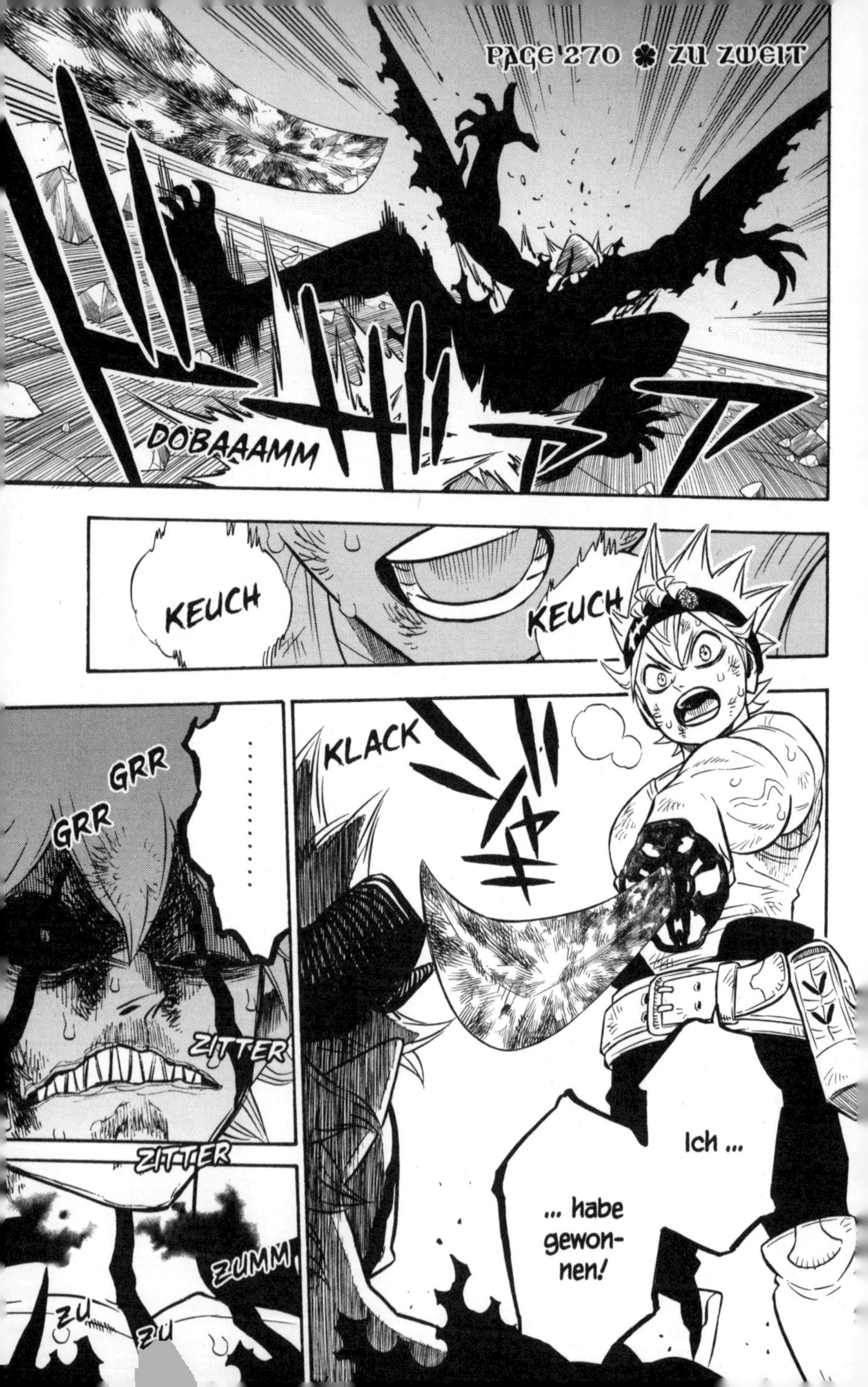
PAGE 270 ✿ ZU ZWEIT
DOBAAAMM
KEUCH
KEUCH
KLACK
Ich ...
... habe gewonnen!
GRR
GRR
......
ZITTER
ZITTER
ZUMM
ZU
ZU

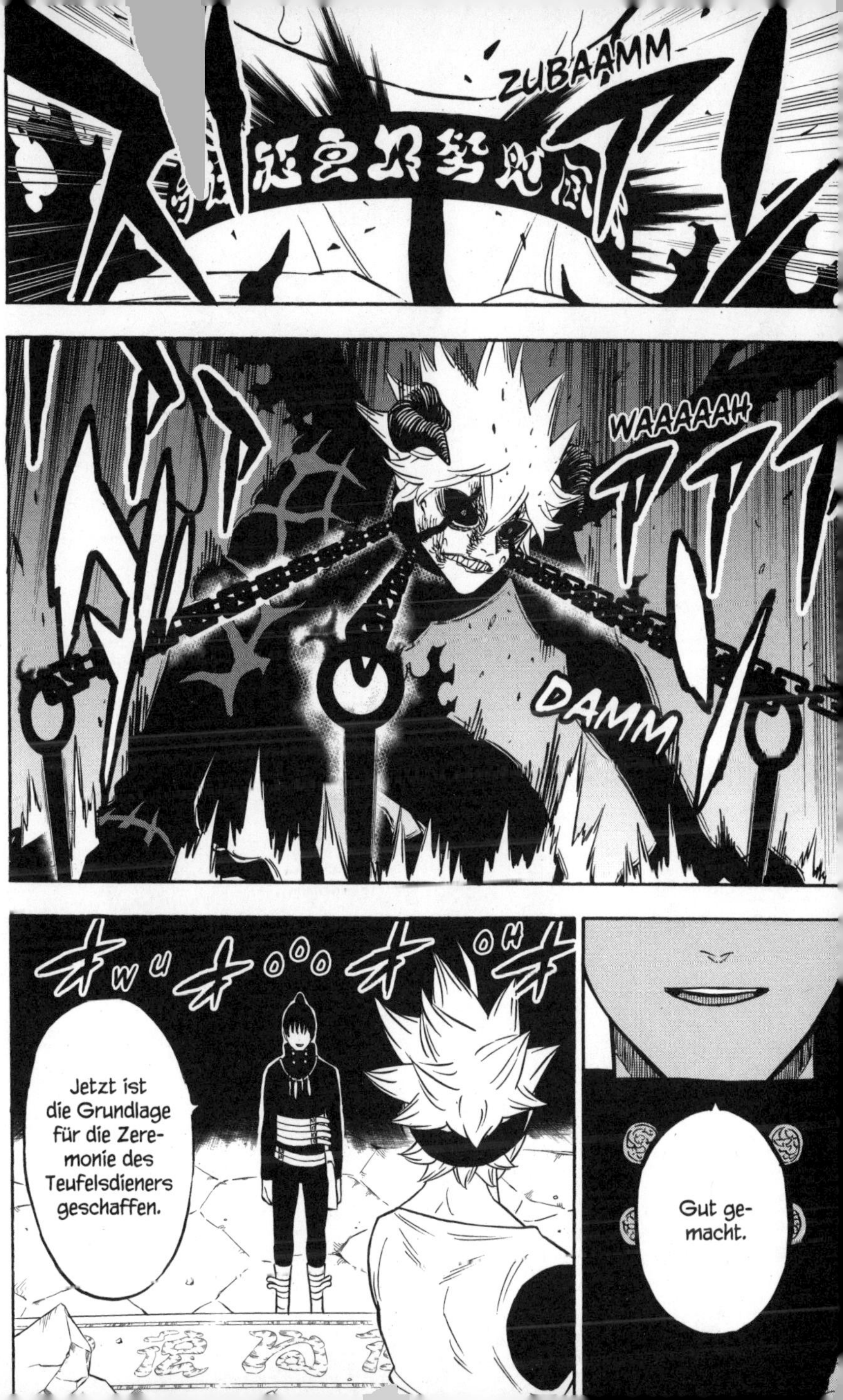
ZUBAAMM
WAAAAAH
DAMM
WUOOOOH
Gut gemacht.
Jetzt ist die Grundlage für die Zeremonie des Teufelsdieners geschaffen.

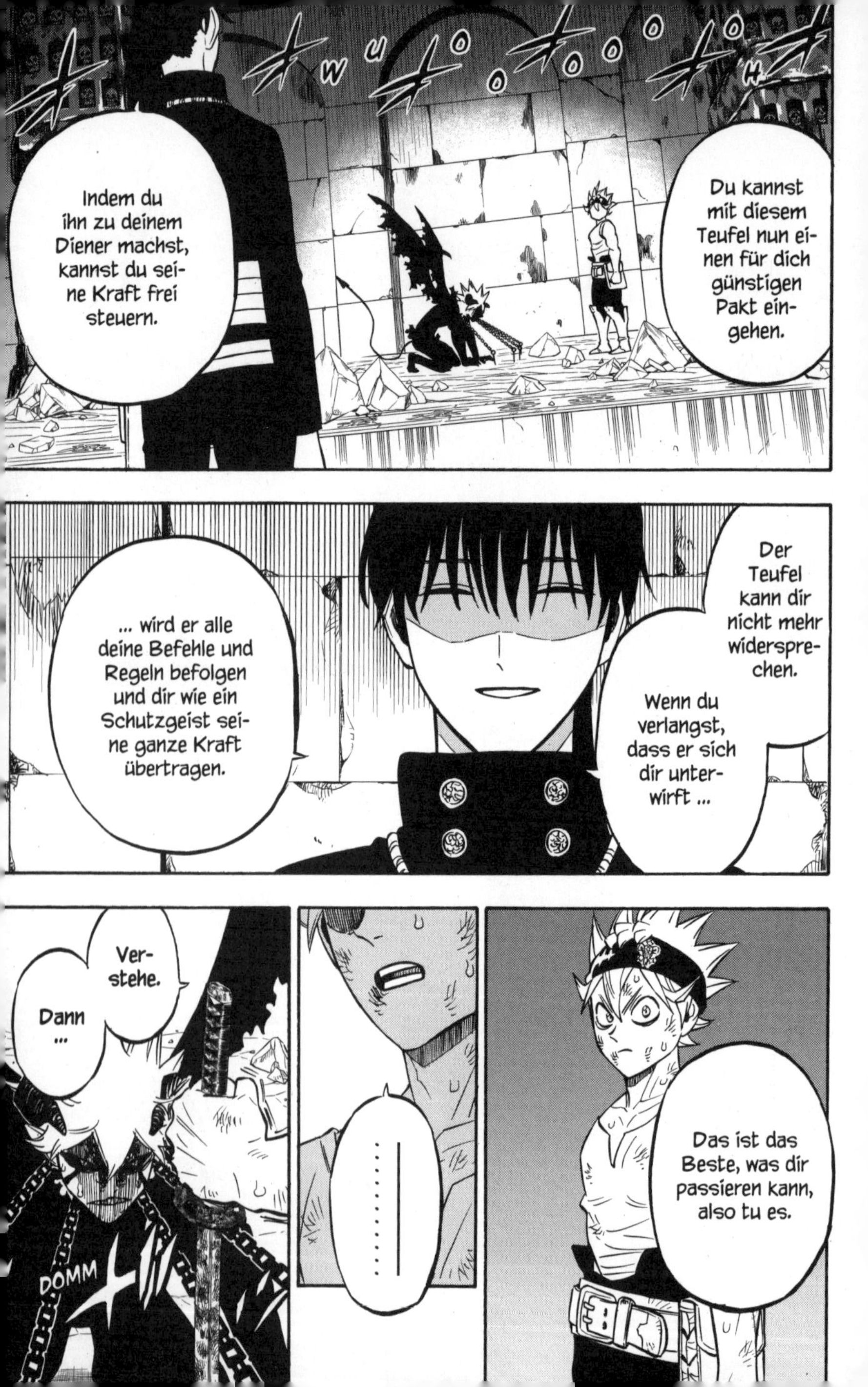
Du kannst mit diesem Teufel nun einen für dich günstigen Pakt eingehen.
Indem du ihn zu deinem Diener machst, kannst du seine Kraft frei steuern.
Der Teufel kann dir nicht mehr widersprechen.
Wenn du verlangst, dass er sich dir unterwirft ...
... wird er alle deine Befehle und Regeln befolgen und dir wie ein Schutzgeist seine ganze Kraft übertragen.
Das ist das Beste, was dir passieren kann, also tu es.
......
Verstehe.
Dann ...
DOMM

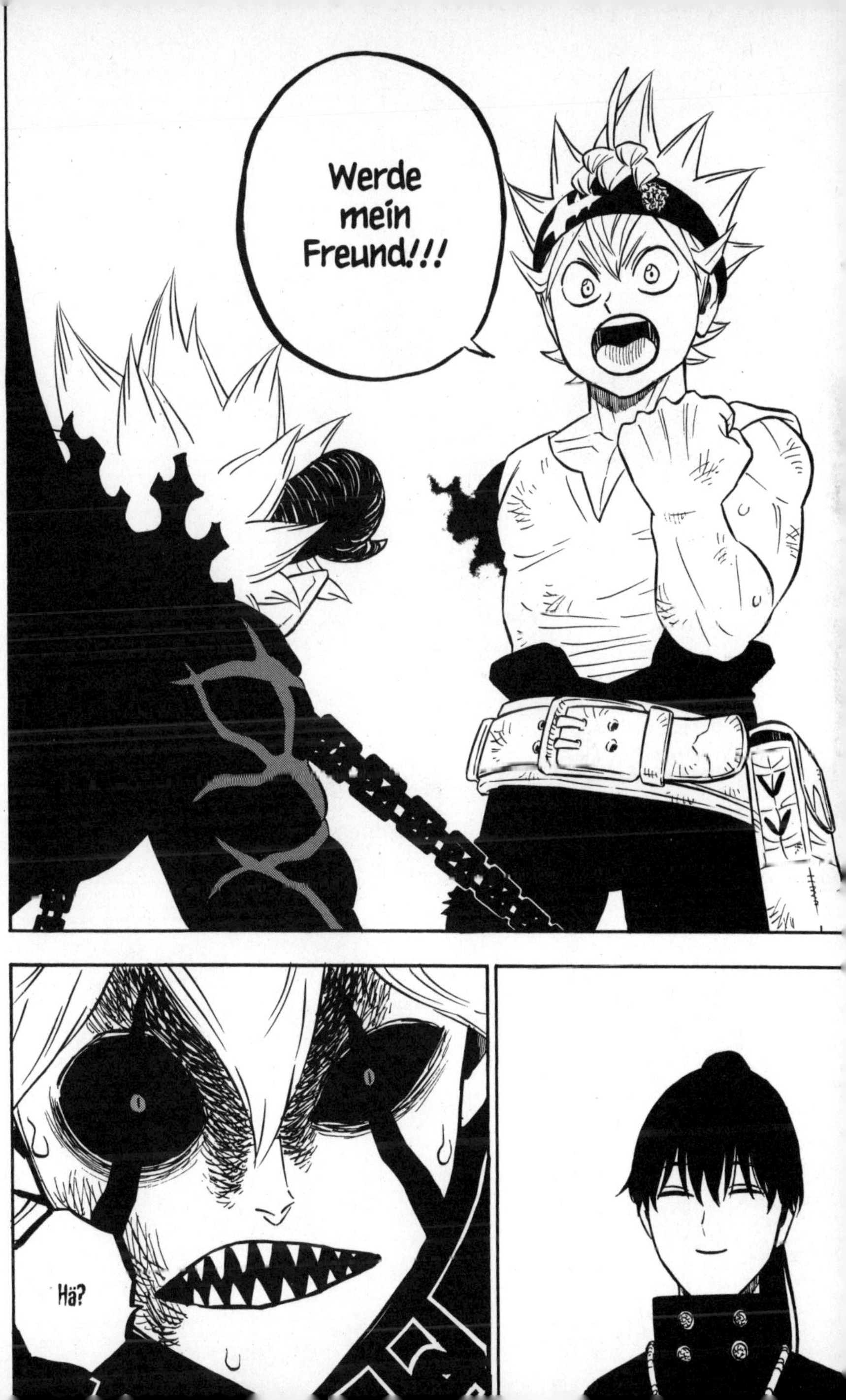
Werde mein Freund!!!
Hä?

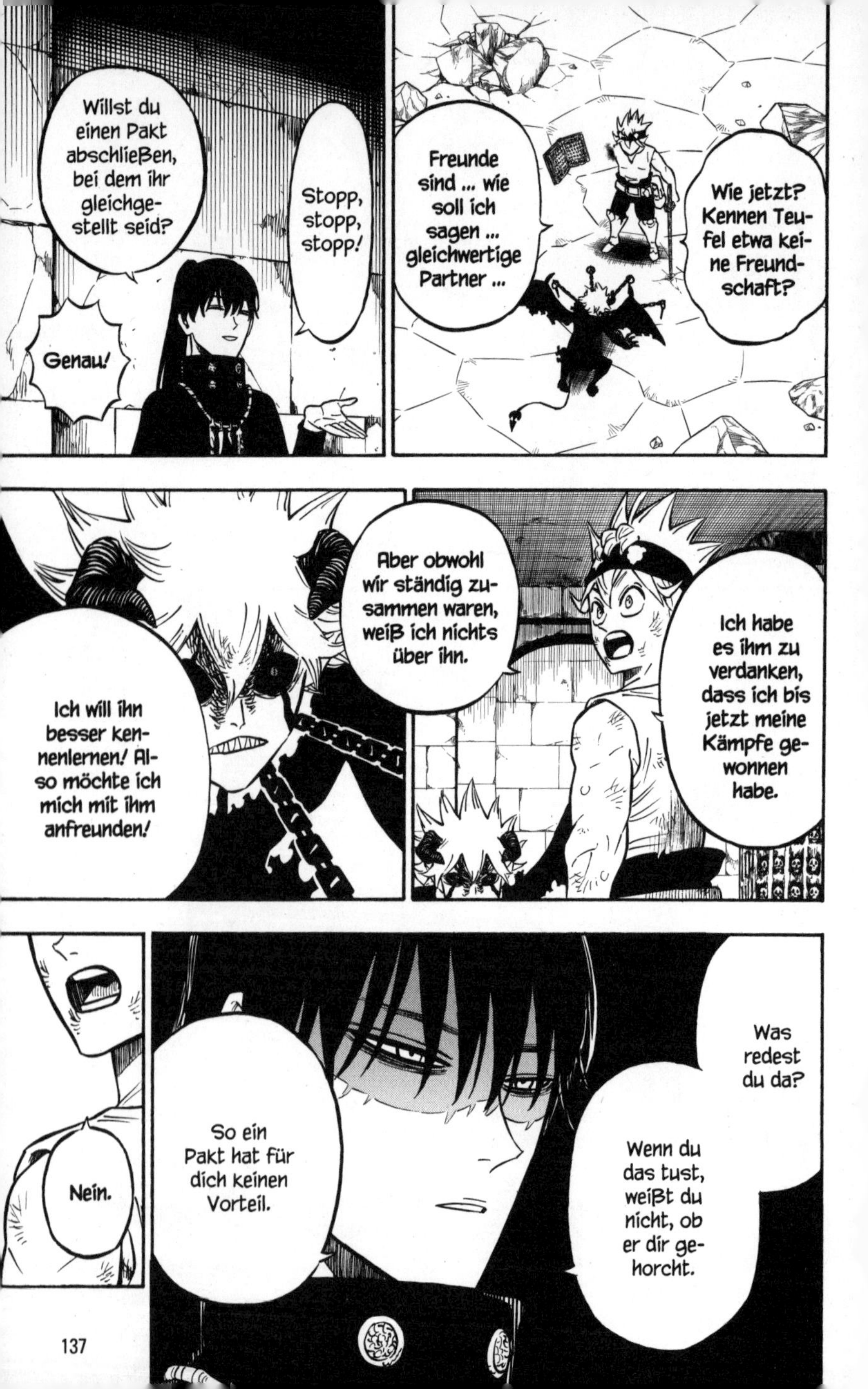
Wie jetzt? Kennen Teufel etwa keine Freundschaft?
Freunde sind ... wie soll ich sagen ... gleichwertige Partner ...
Stopp, stopp, stopp!
Willst du einen Pakt abschließen, bei dem ihr gleichgestellt seid?
Genau!
Ich habe es ihm zu verdanken, dass ich bis jetzt meine Kämpfe gewonnen habe.
Aber obwohl wir ständig zusammen waren, weiß ich nichts über ihn.
Ich will ihn besser kennenlernen! Also möchte ich mich mit ihm anfreunden!
Was redest du da?
Wenn du das tust, weißt du nicht, ob er dir gehorcht.
So ein Pakt hat für dich keinen Vorteil.
Nein.

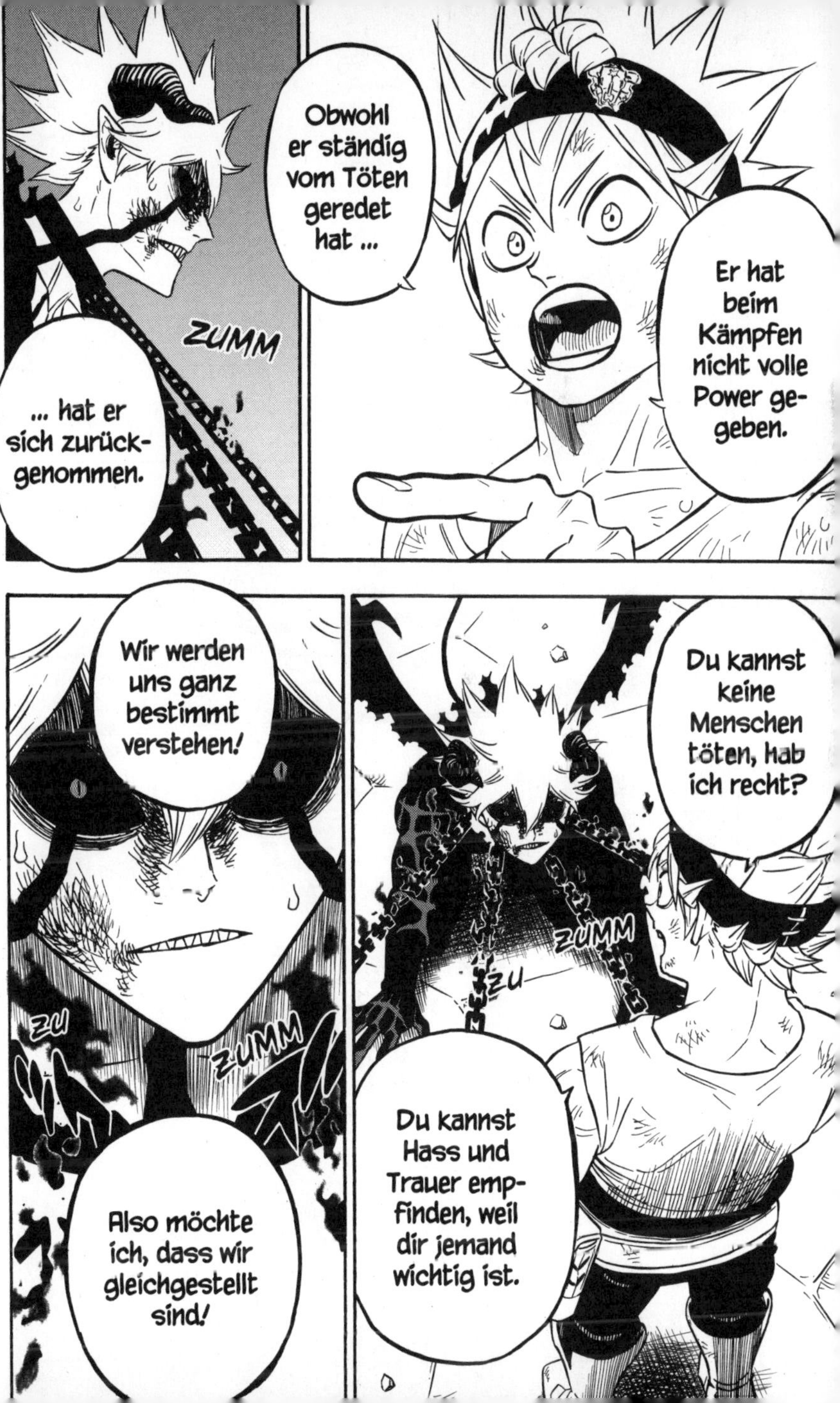
Er hat beim Kämpfen nicht volle Power gegeben.
Obwohl er ständig vom Töten geredet hat ...
ZUMM
... hat er sich zurückgenommen.
Du kannst keine Menschen töten, hab ich recht?
ZUMM
ZU
Du kannst Hass und Trauer empfinden, weil dir jemand wichtig ist.
Wir werden uns ganz bestimmt verstehen!
ZU
ZUMM
Also möchte ich, dass wir gleichgestellt sind!

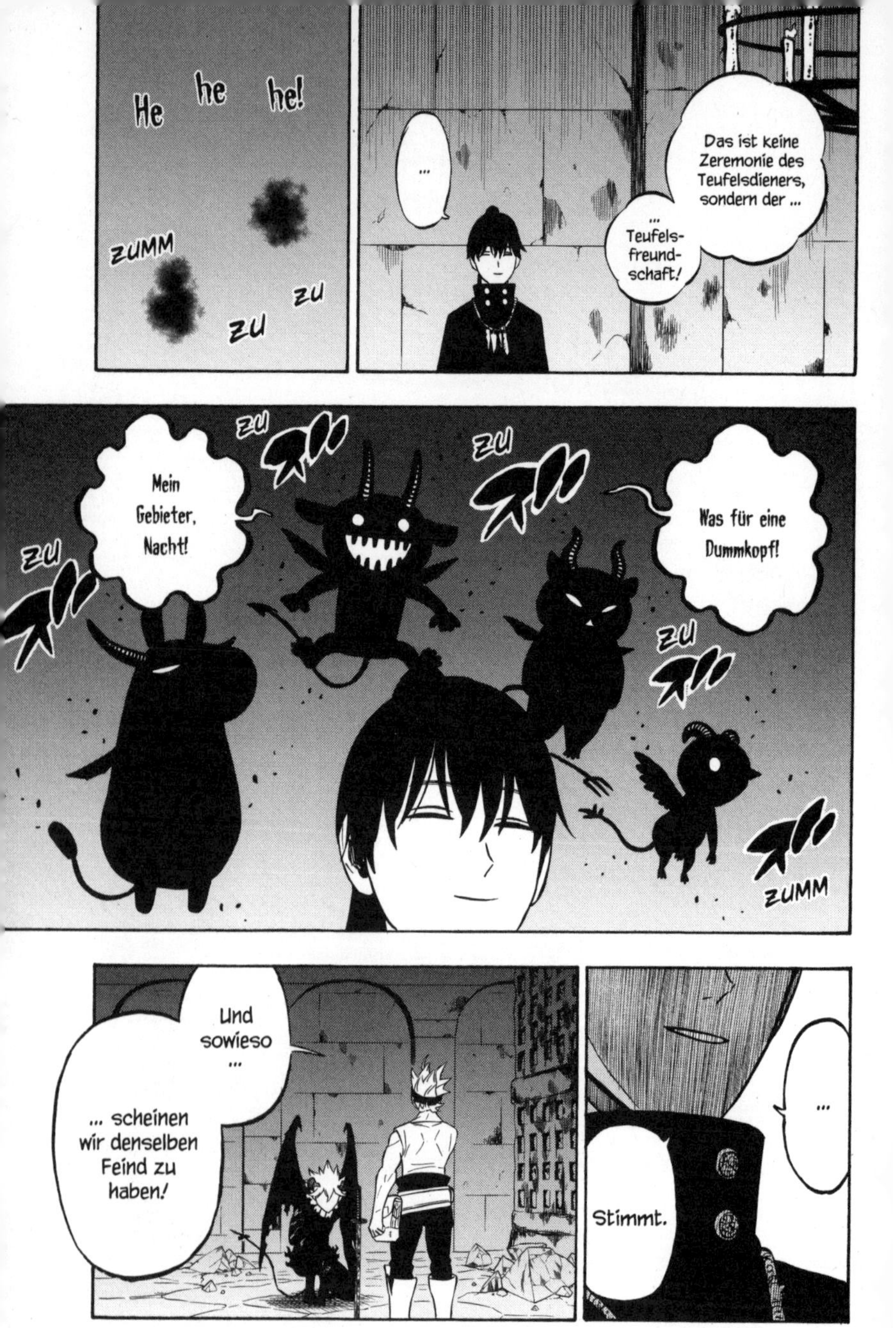

Das ist keine Zeremonie des Teufelsdieners, sondern der ...
... Teufels-freund-schaft!
...
He he he!
ZUMM
ZU
ZU
Was für eine Dummkopf!
ZU
ZU
Mein Gebieter, Nacht!
ZU
ZU
ZUMM
...
Stimmt.
Und sowieso ...
... scheinen wir denselben Feind zu haben!

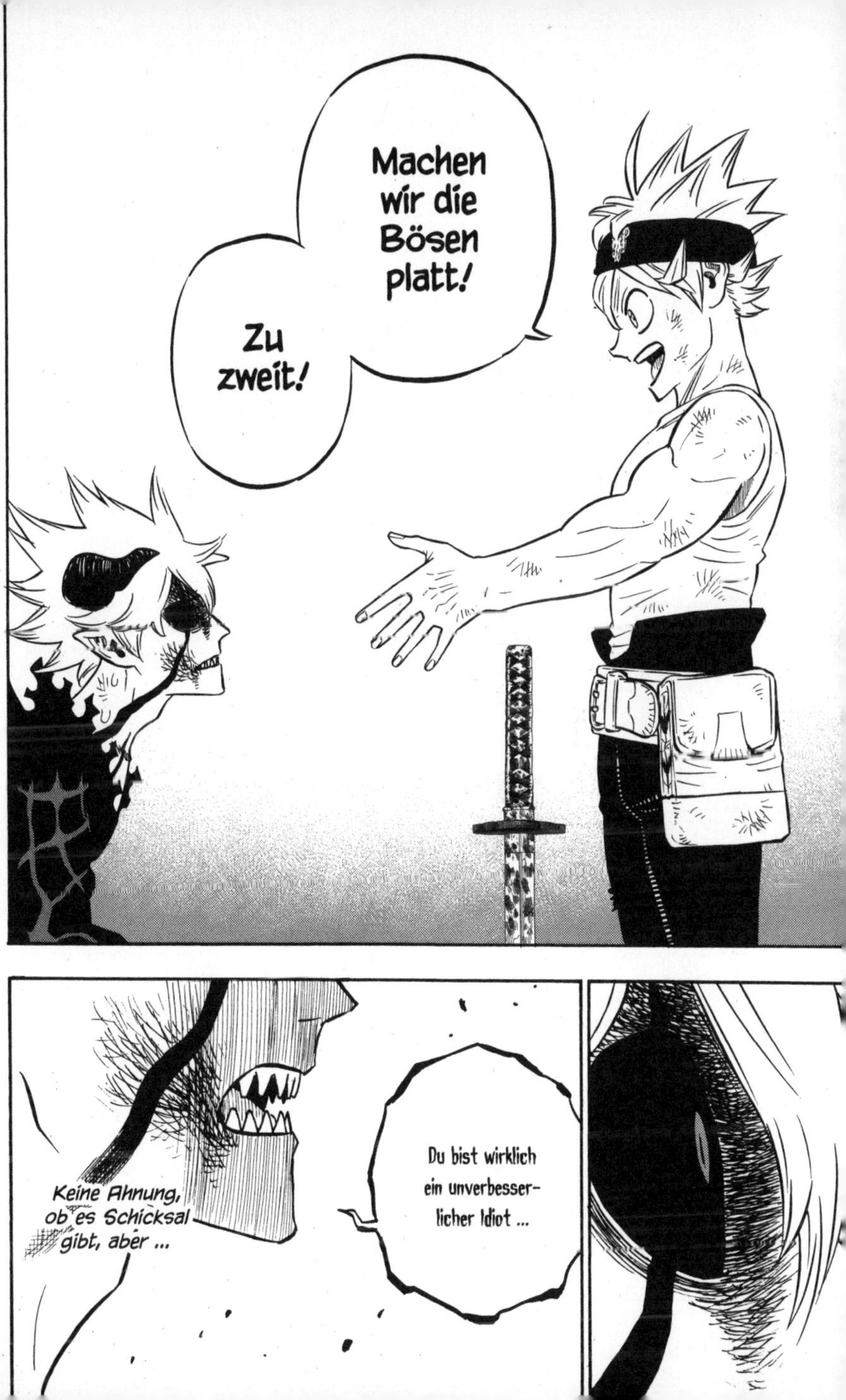
Machen wir die Bösen platt!
Zu zweit!
Du bist wirklich ein unverbesser-licher Idiot ...
Keine Ahnung, ob es Schicksal gibt, aber ...

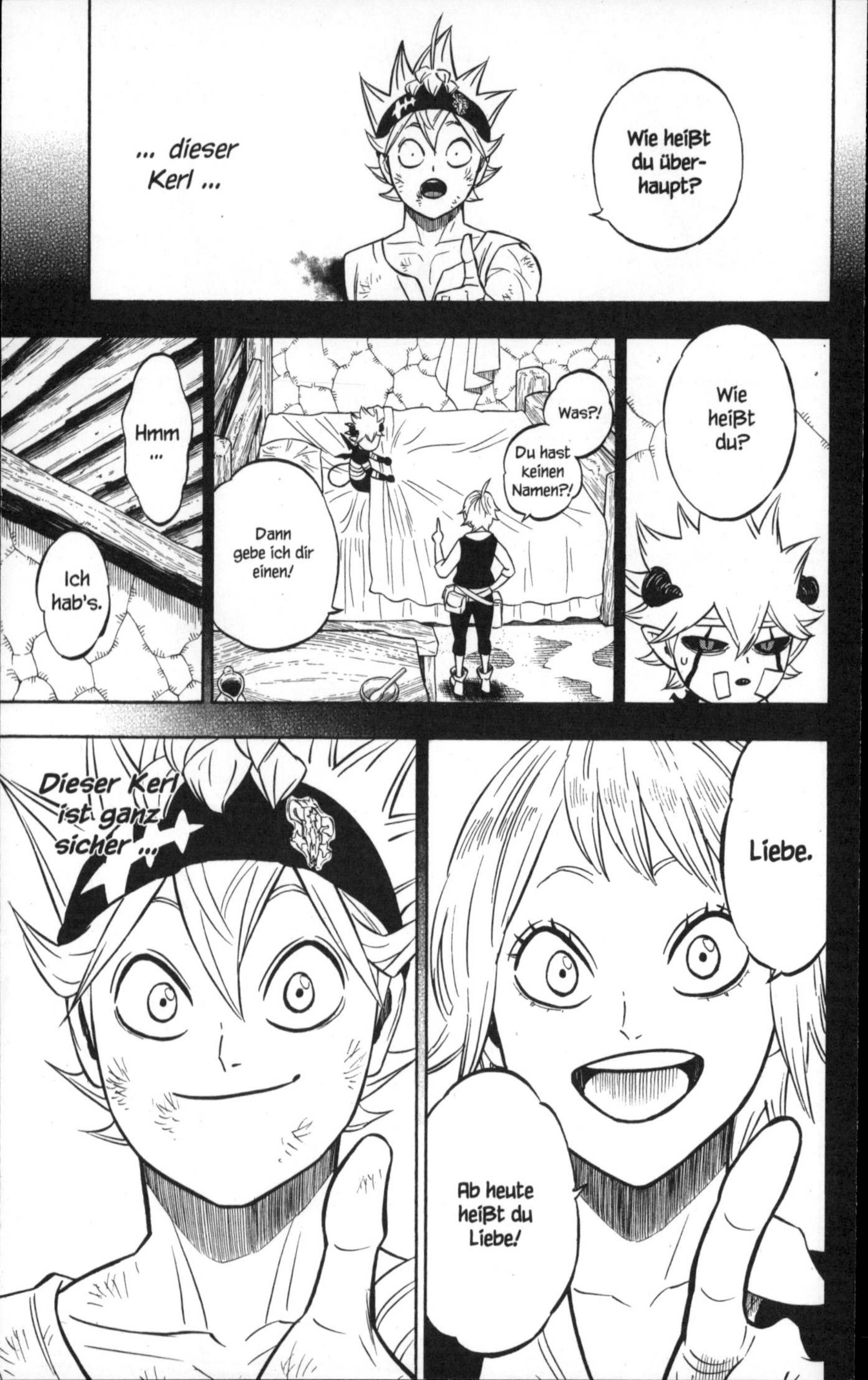
Wie heißt du überhaupt?
... dieser Kerl ...
Wie heißt du?
Was?!
Du hast keinen Namen?!
Dann gebe ich dir einen!
Hmm ...
Ich hab's.
Liebe.
Ab heute heißt du Liebe!
Dieser Kerl ist ganz sicher ...

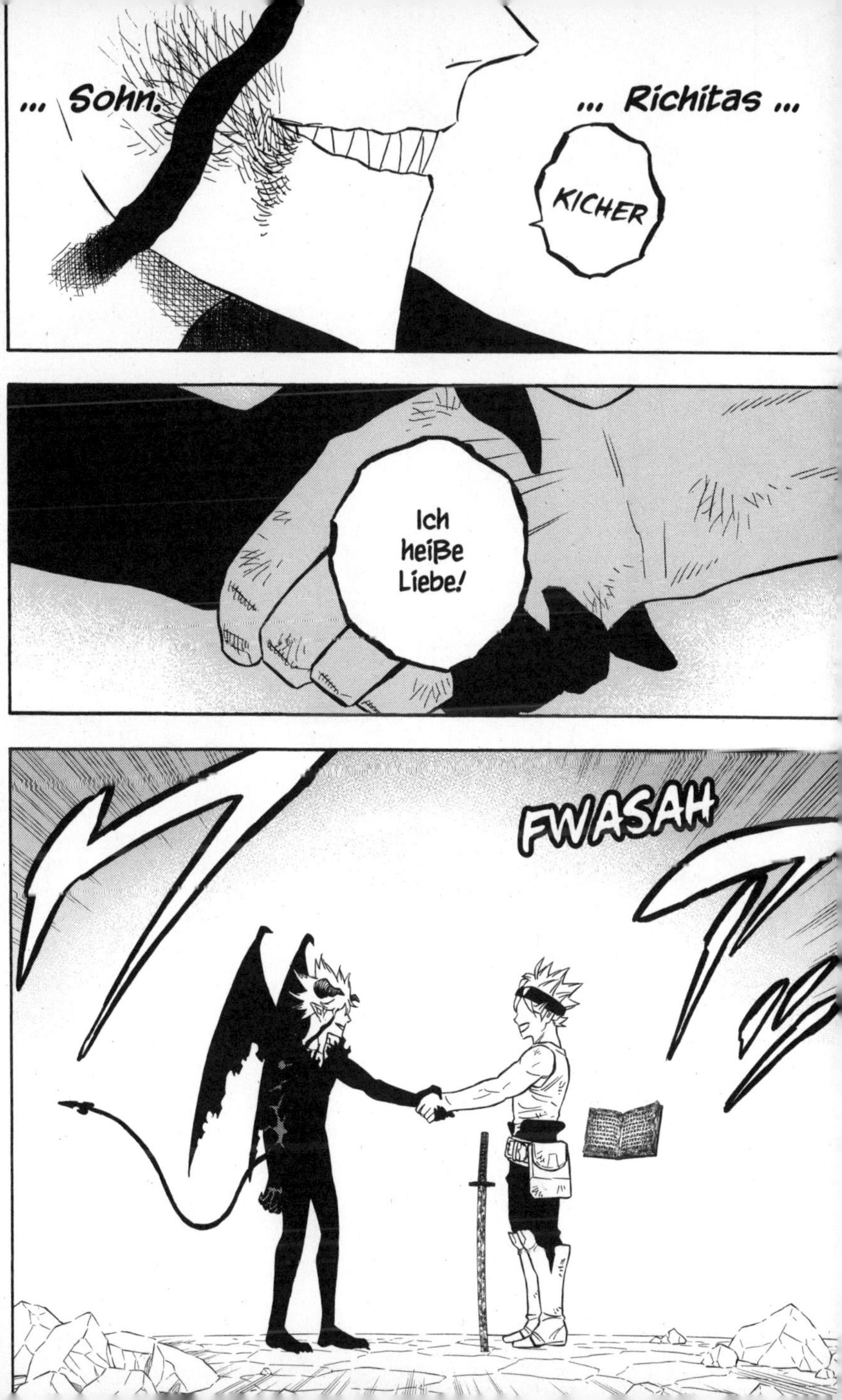
... Richitas ...
KICHER
... Sohn.
Ich heiße Liebe!
FWASAH

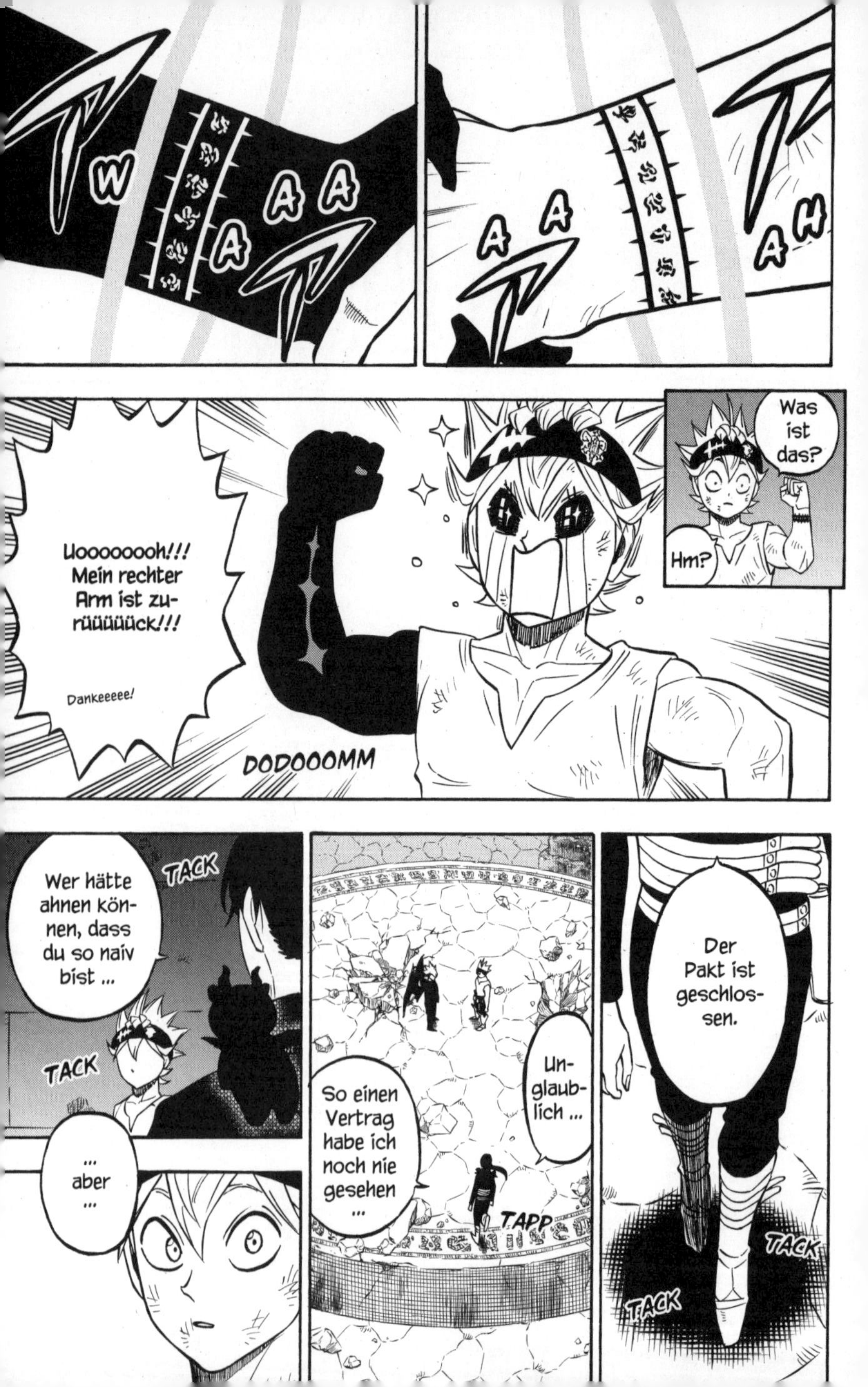
WAAAAAAAH
Was ist das?
Hm?
Uoooooooh!!! Mein rechter Arm ist zurüüüüück!!!
Dankeeeee!
DODOOOMM
Der Pakt ist geschlossen.
TACK
TACK
Unglaublich ...
So einen Vertrag habe ich noch nie gesehen ...
TAPP
Wer hätte ahnen können, dass du so naiv bist ...
TACK
TACK
... aber ...

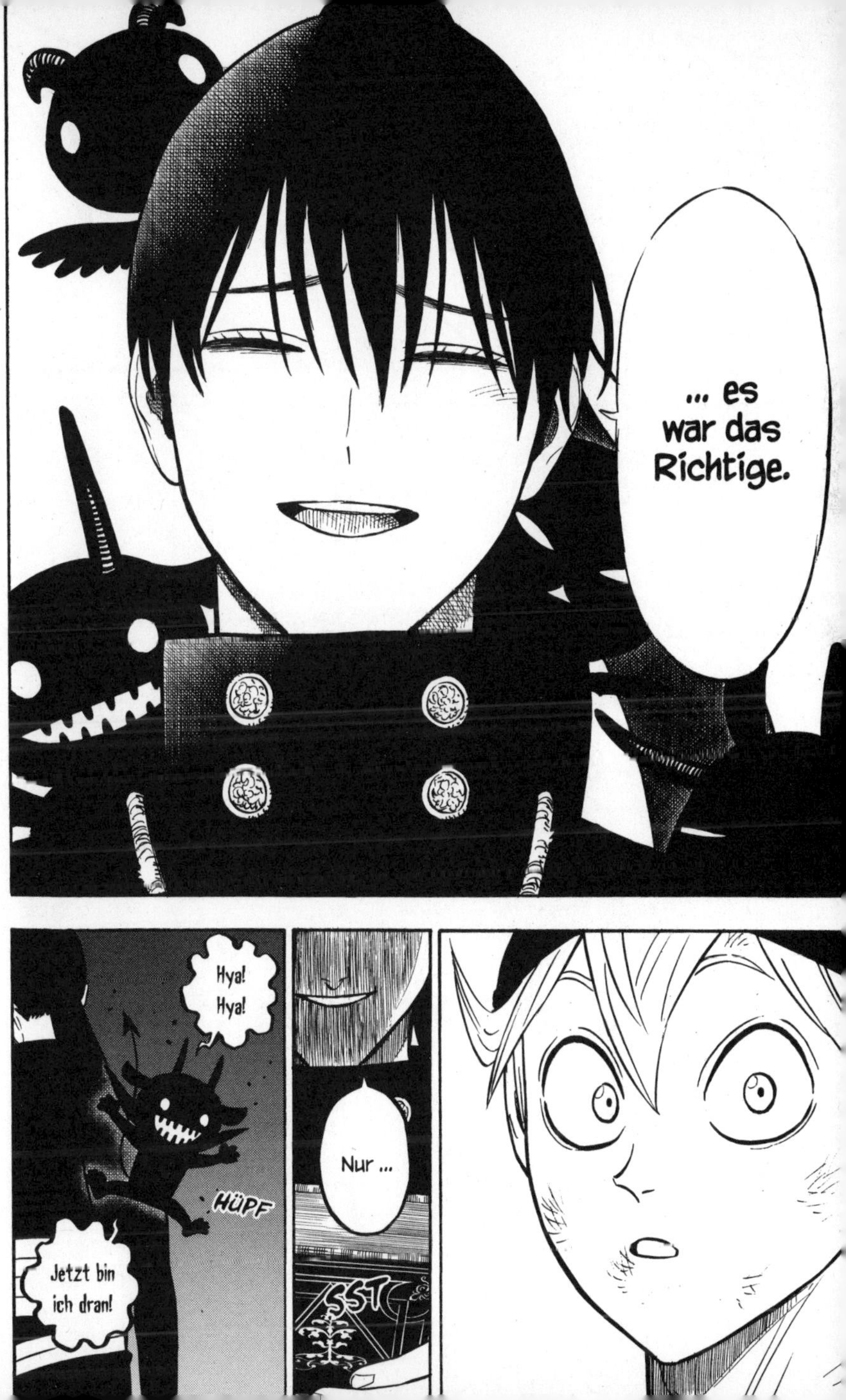
... es war das Richtige.
Nur ...
Hya! Hya!
HÜPF
Jetzt bin ich dran!

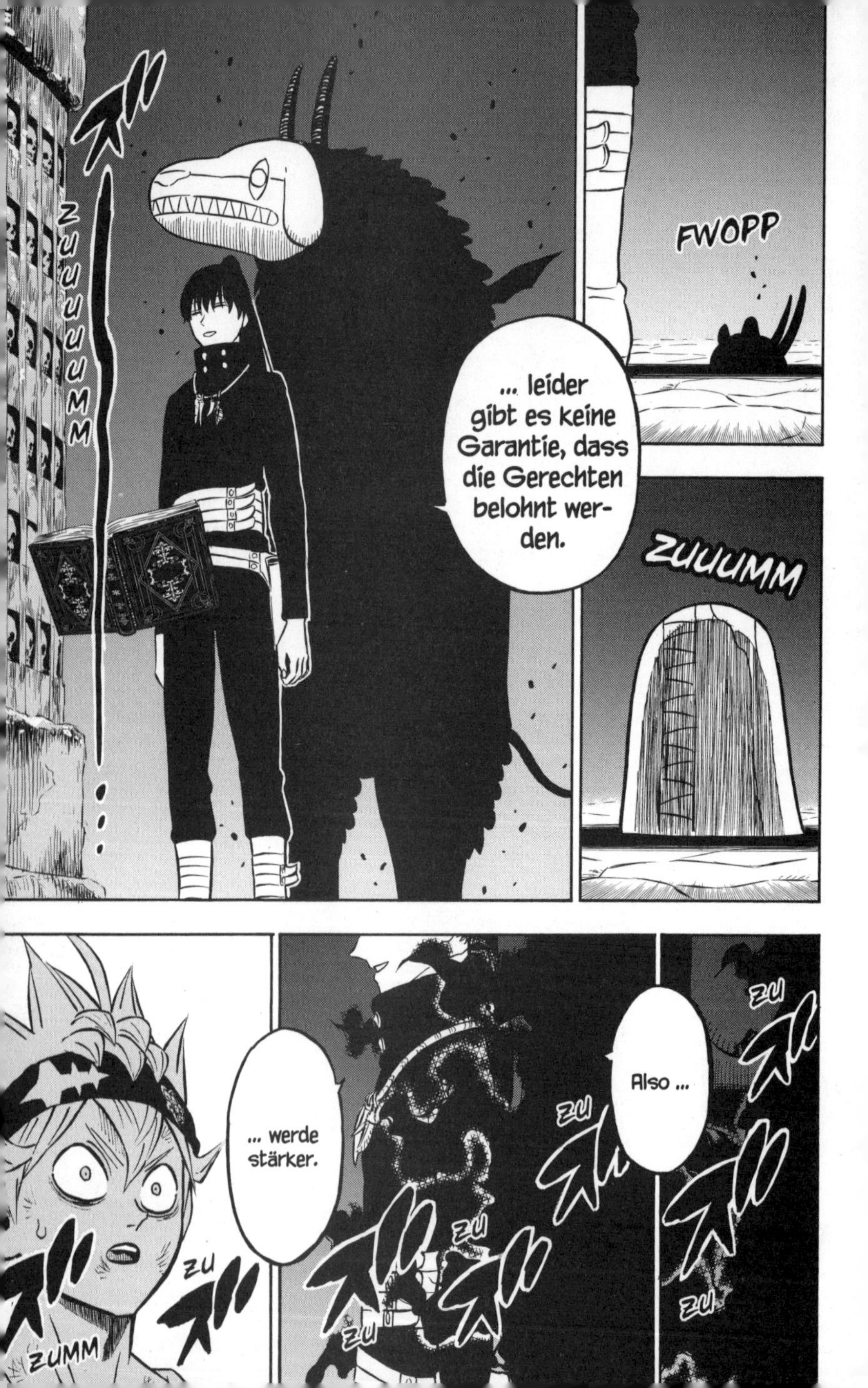

FWOPP
ZUUUMM
... leider gibt es keine Garantie, dass die Gerechten belohnt werden.
ZUUUUUUMM
...
Also ...
ZU
ZU
ZU
ZU
ZU
... werde stärker.
ZU
ZUMM

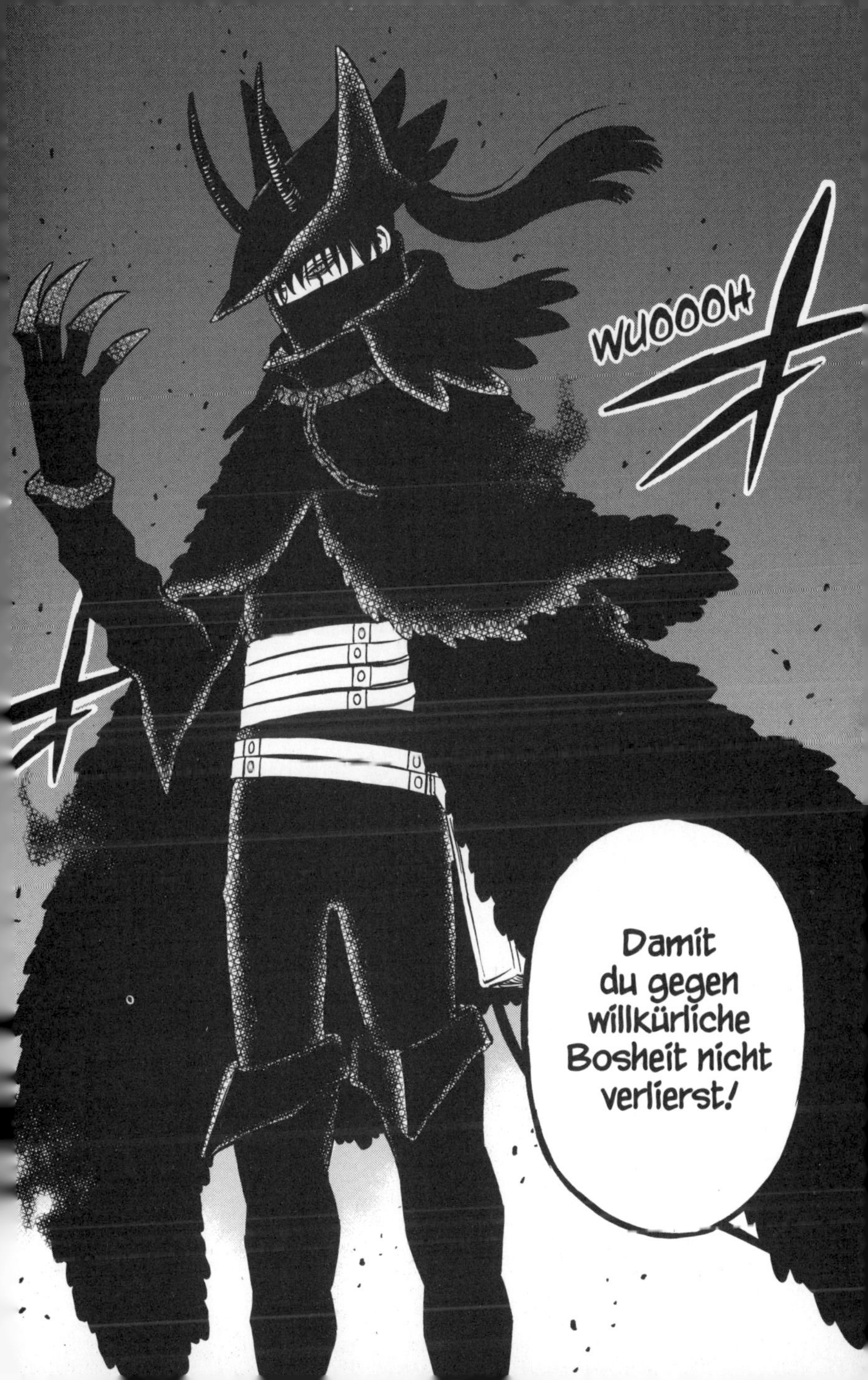
WUOOOH
Damit du gegen willkürliche Bosheit nicht verlierst!

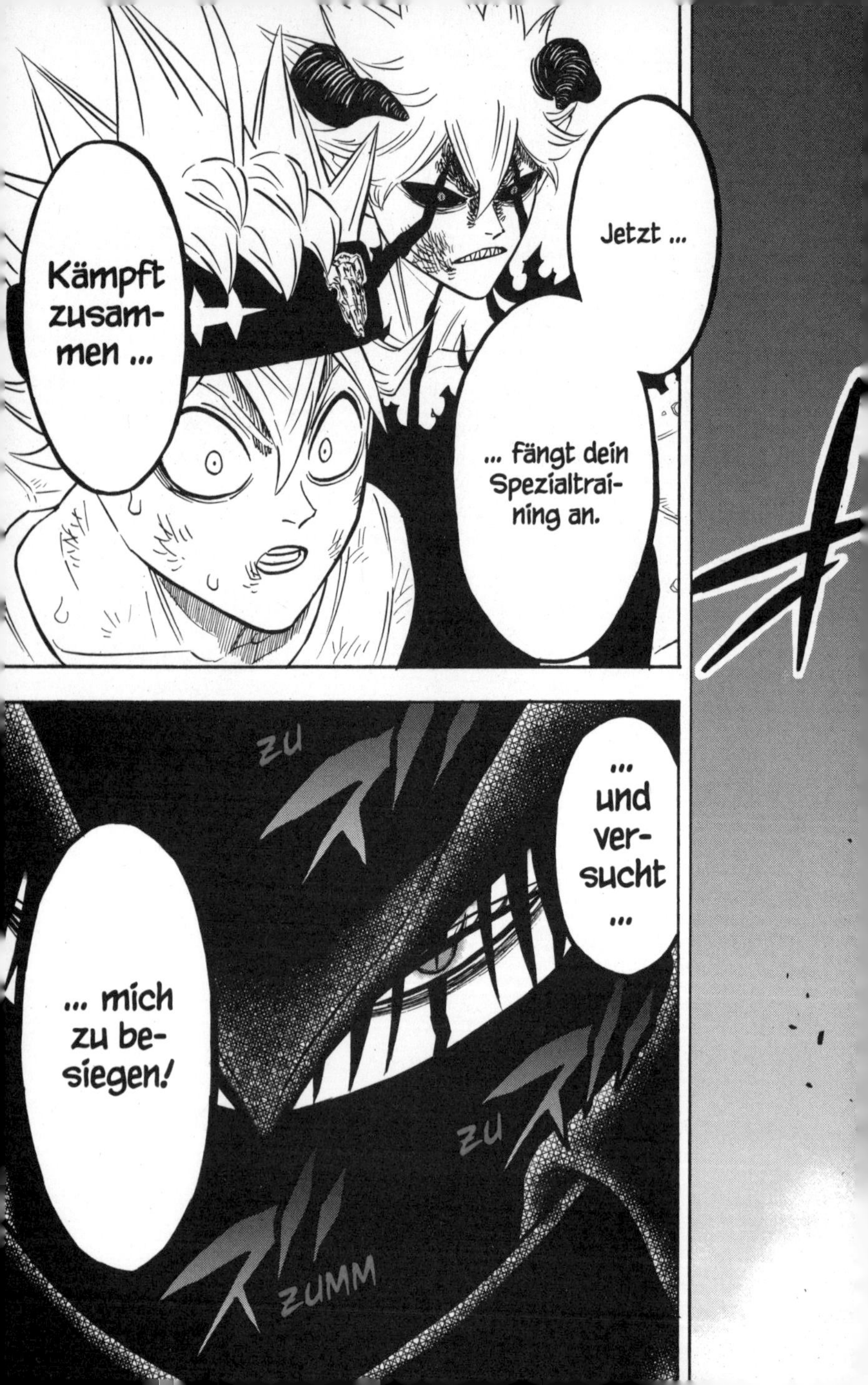
Jetzt ...
... fängt dein Spezialtrai-ning an.
Kämpft zusam-men ...
... und ver-sucht ...
... mich zu be-siegen!
ZU
ZU
ZUMM

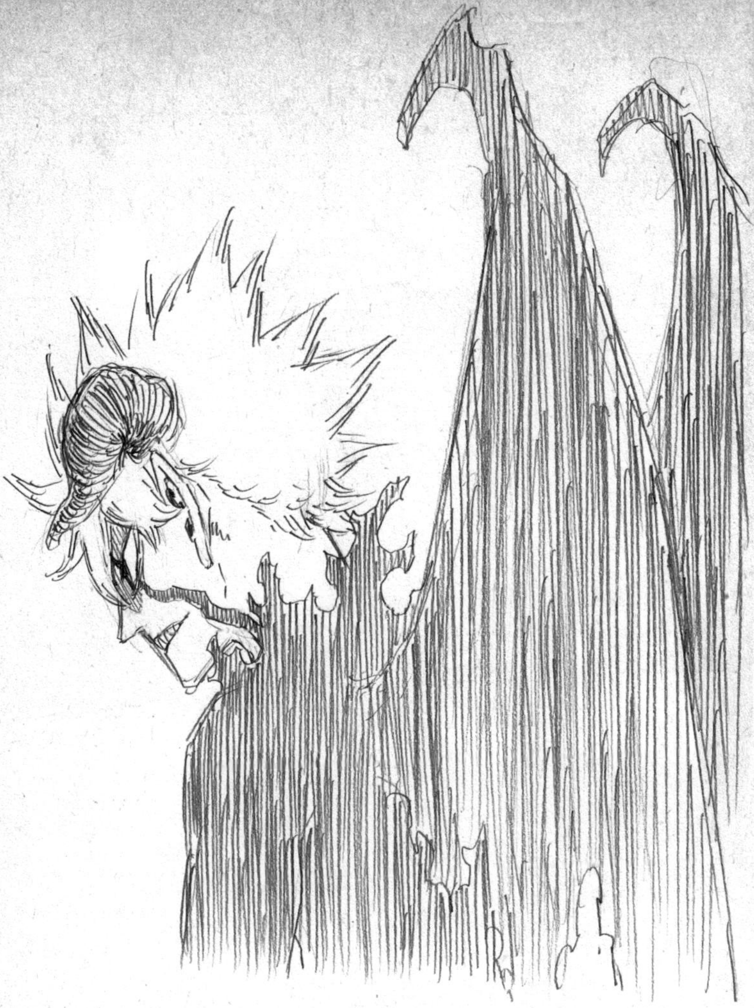

Liebe

Alter: 17 Jahre Größe: 156 cm Geburtstag: 5. Oktober (der Tag, an dem er Richita begegnete) Sternzeichen: Waage

Blutgruppe: - Mag: Richita, Richitas Küche

Charakterprofil

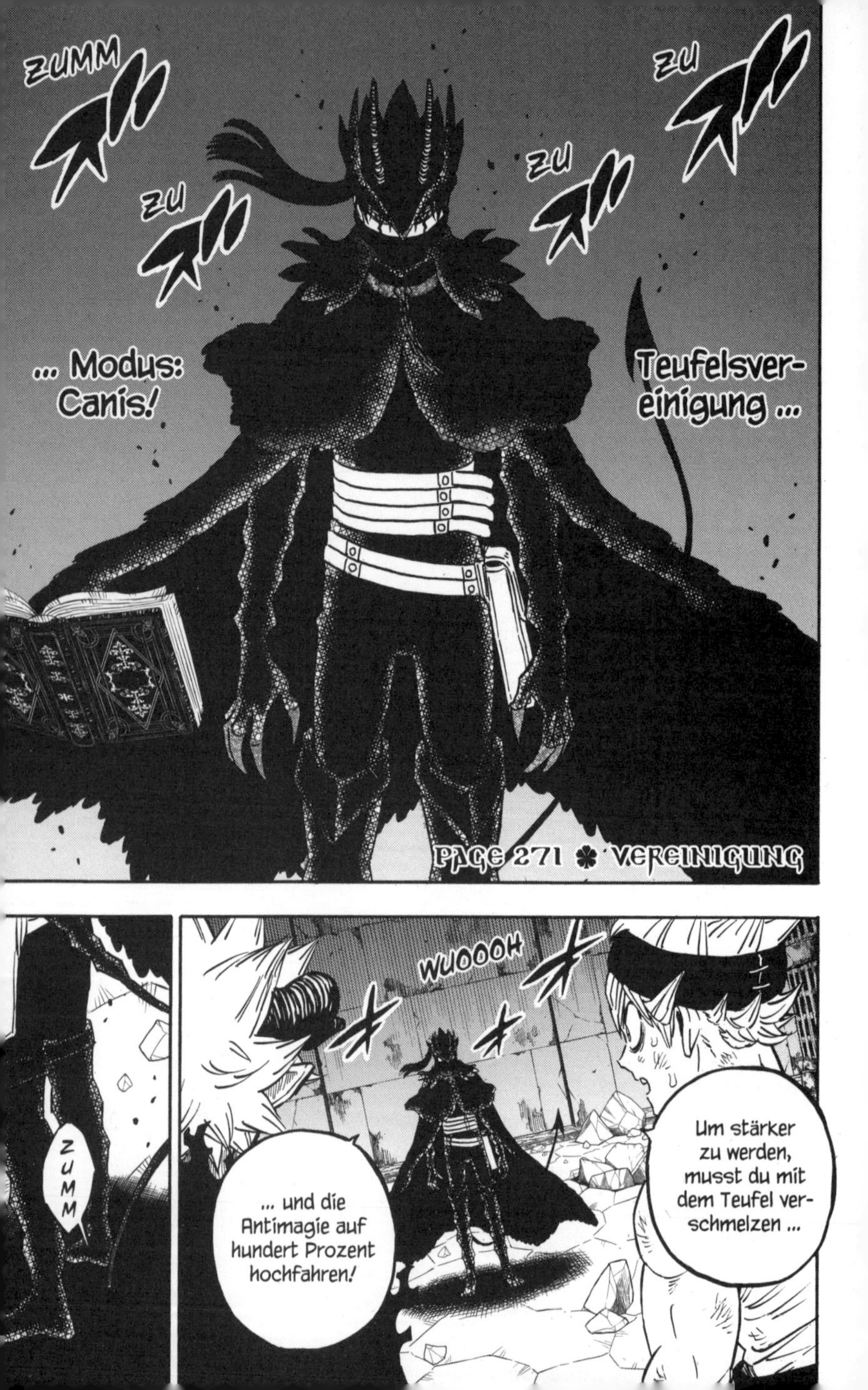
ZU
ZU
ZUMM
ZU
Teufelsvereinigung ...
... Modus: Canis!
PAGE 271 ✤ VEREINIGUNG
WUOOOH
Um stärker zu werden, musst du mit dem Teufel verschmelzen ...
... und die Antimagie auf hundert Prozent hochfahren!
ZUMM

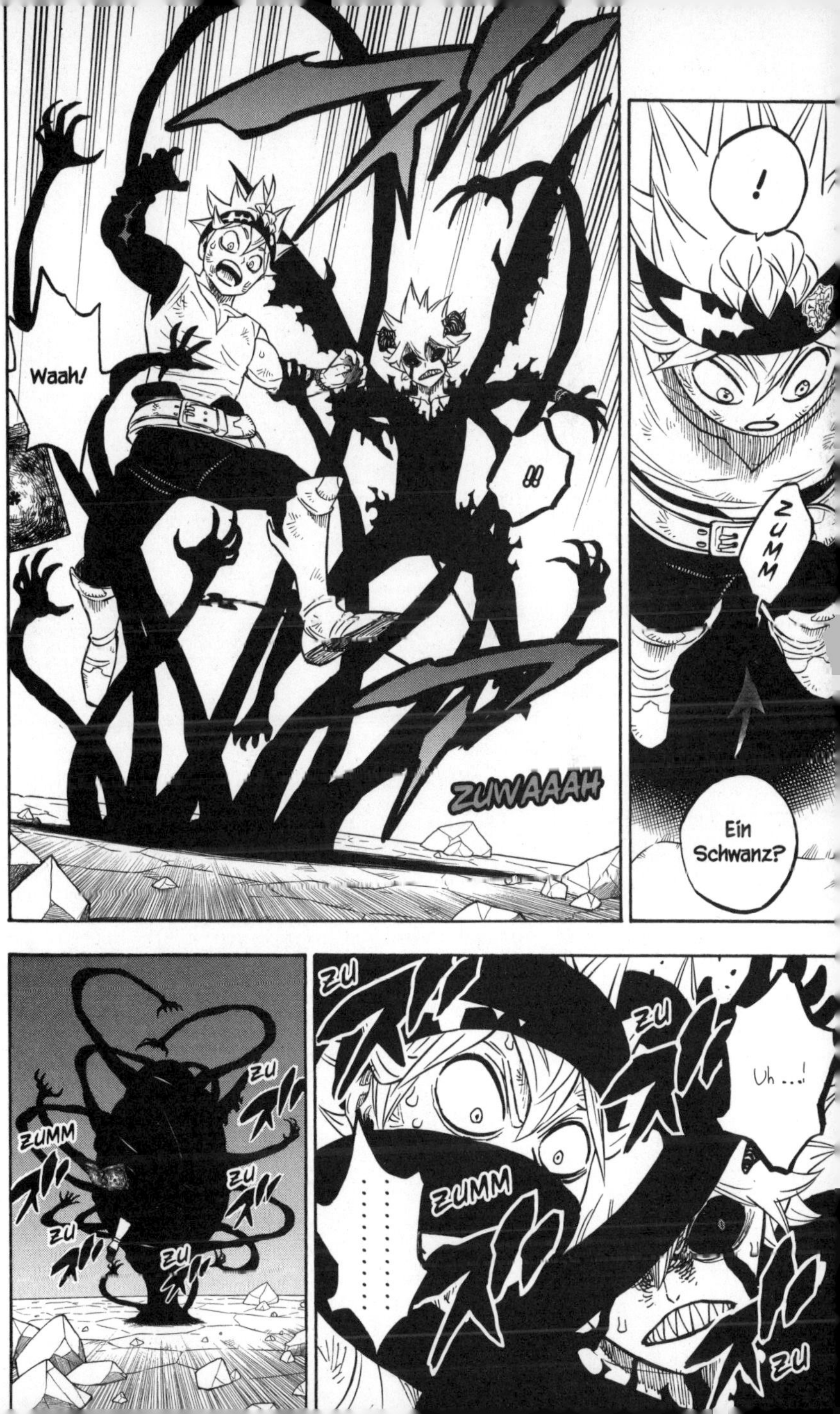
!
ZUMM
Ein Schwanz?
Waah!
!!
ZUWAAAH
ZU
ZU
Uh ...!
ZUMM
ZU
ZU
ZUMM
ZU
ZU
ZU

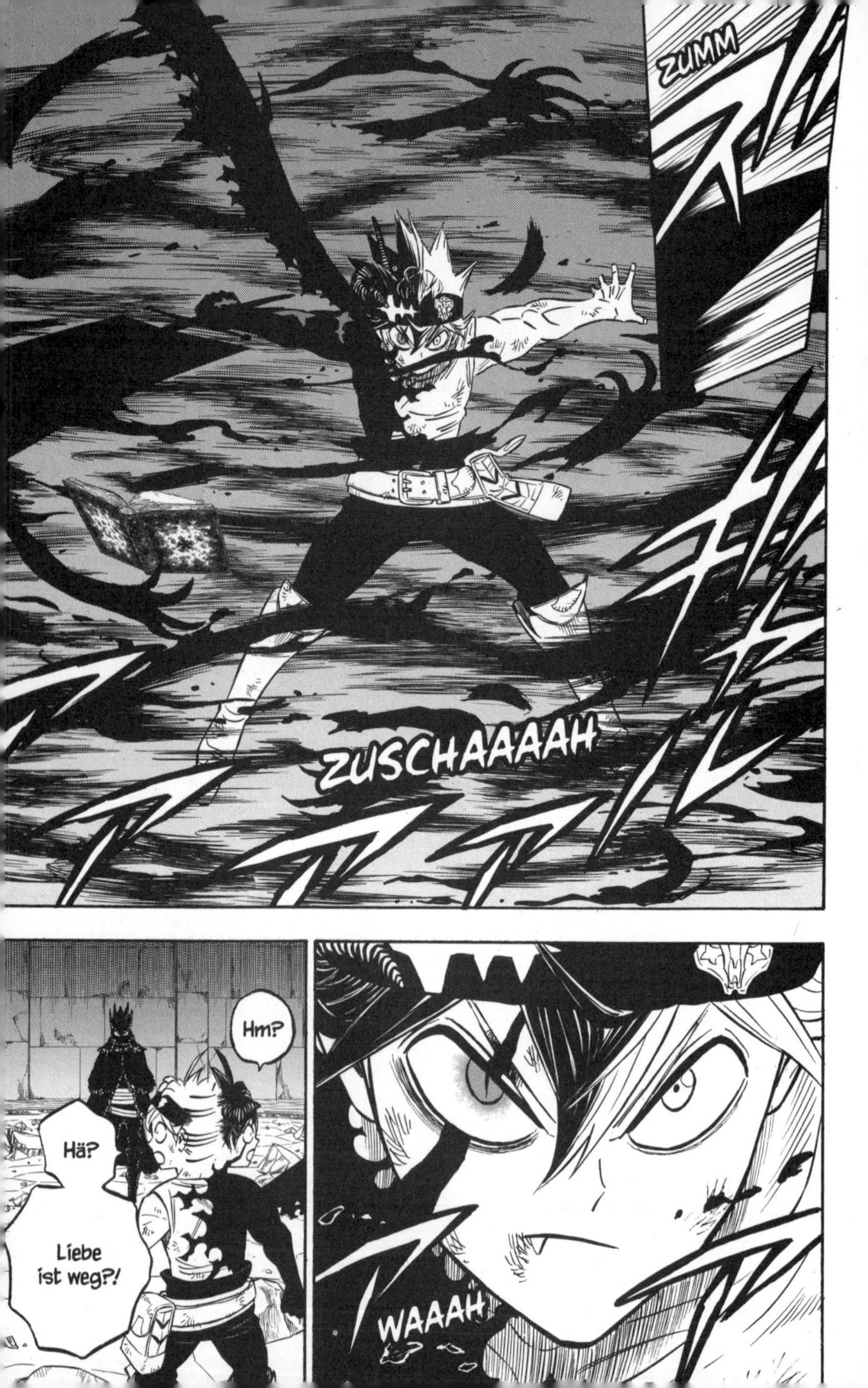
ZUMM
ZUSCHAAAAH
WAAAH
Hm?
Hä?
Liebe ist weg?!

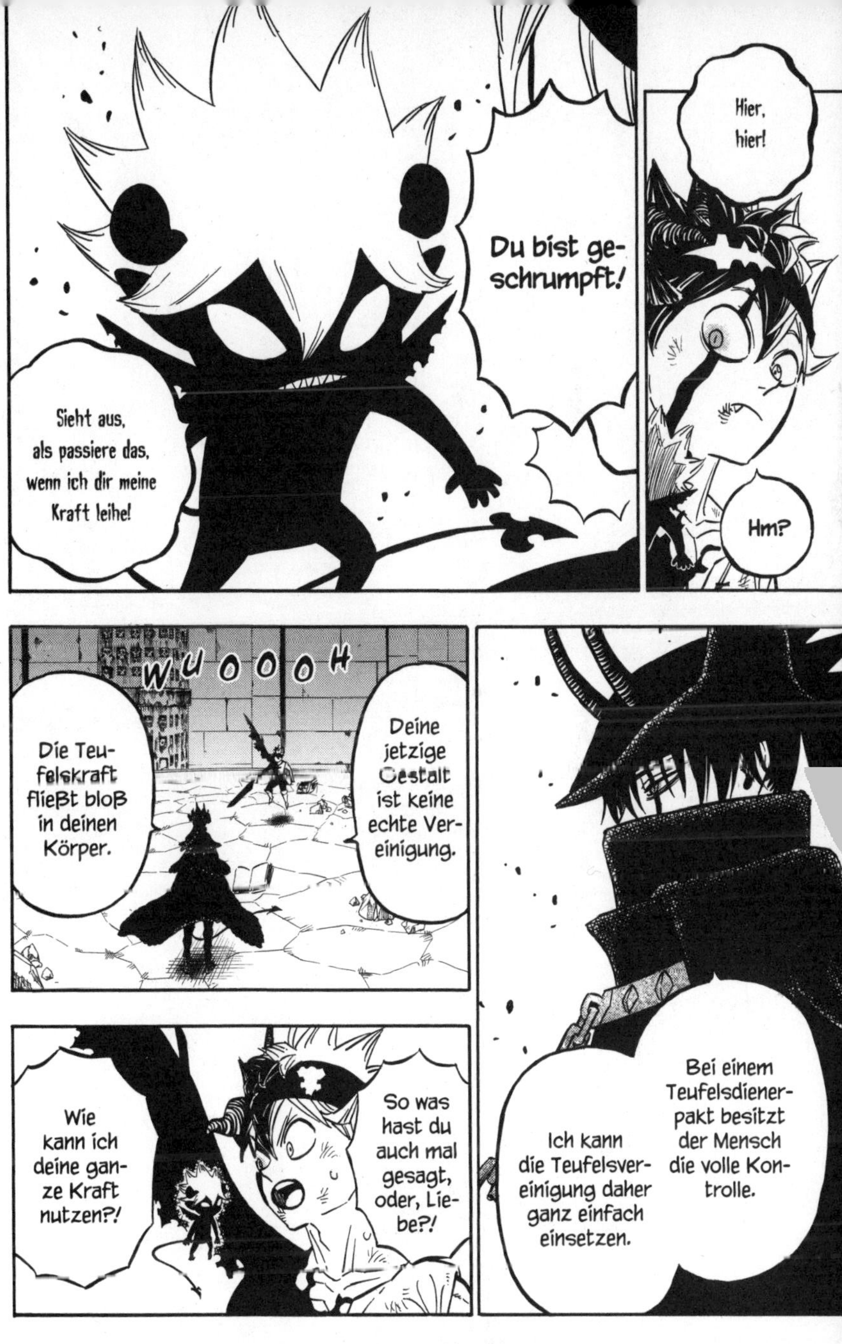

Hier, hier!
Hm?
Du bist geschrumpft!
Sieht aus, als passiere das, wenn ich dir meine Kraft leihe!
Bei einem Teufelsdienerpakt besitzt der Mensch die volle Kontrolle.
Ich kann die Teufelsvereinigung daher ganz einfach einsetzen.
WUOOOH
Deine jetzige Gestalt ist keine echte Vereinigung.
Die Teufelskraft fließt bloß in deinen Körper.
So was hast du auch mal gesagt, oder, Liebe?!
Wie kann ich deine ganze Kraft nutzen?!

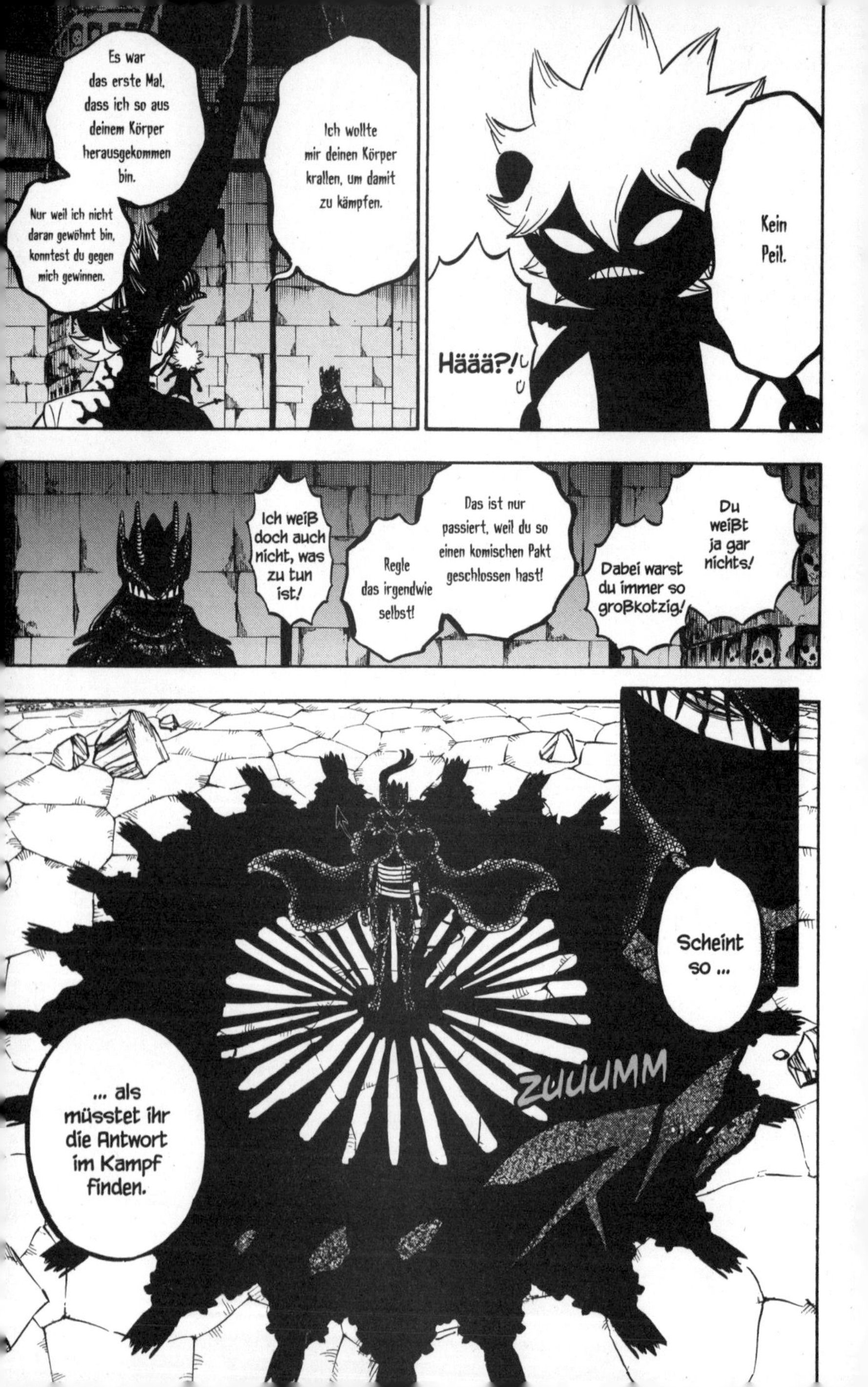

Kein Peil.
Häää?!
Ich wollte mir deinen Körper krallen, um damit zu kämpfen.
Es war das erste Mal, dass ich so aus deinem Körper herausgekommen bin.
Nur weil ich nicht daran gewöhnt bin, konntest du gegen mich gewinnen.
Du weißt ja gar nichts!
Dabei warst du immer so großkotzig!
Das ist nur passiert, weil du so einen komischen Pakt geschlossen hast!
Regle das irgendwie selbst!
Ich weiß doch auch nicht, was zu tun ist!
Scheint so ...
ZUUUMM
... als müsstet ihr die Antwort im Kampf finden.

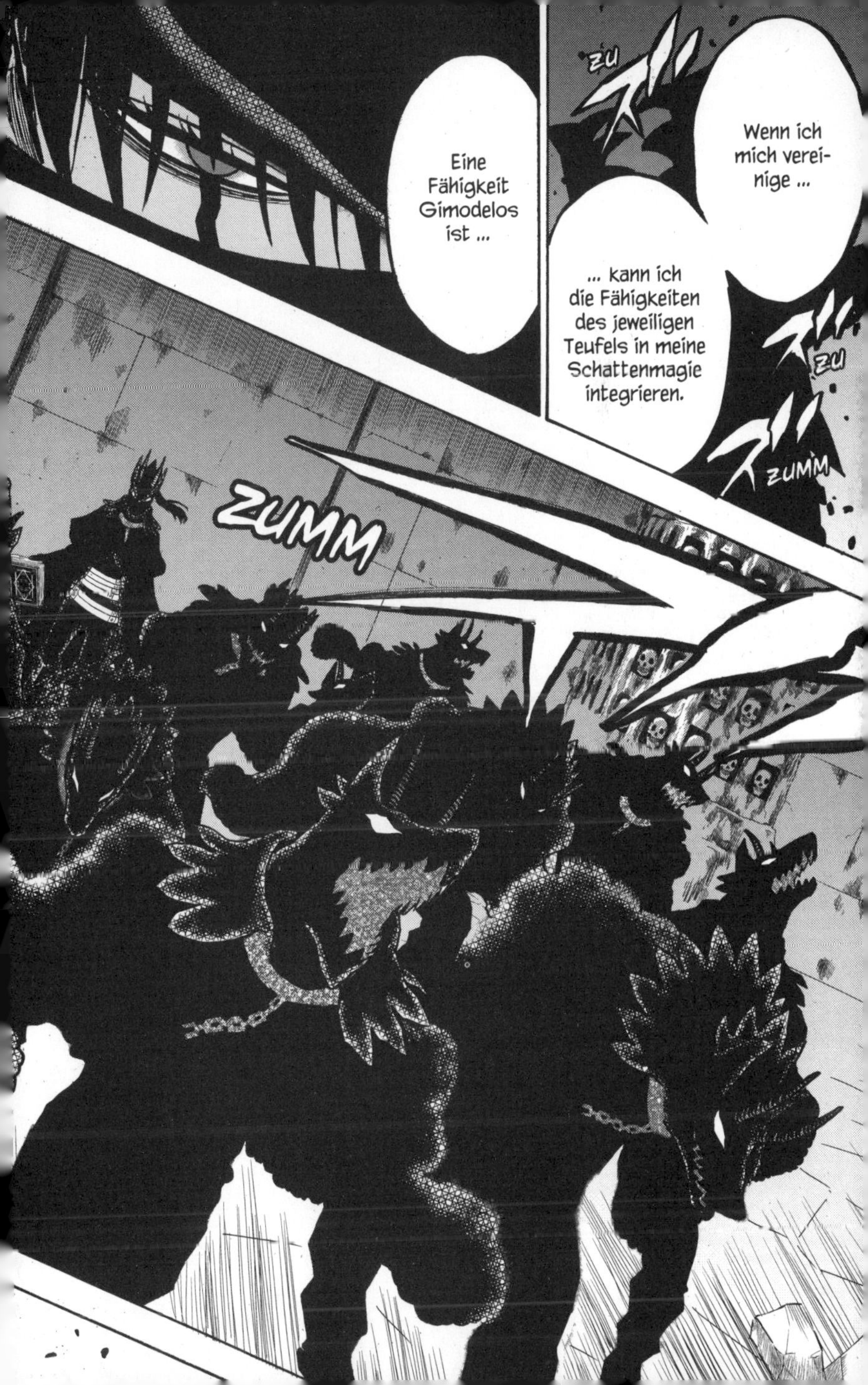
Wenn ich mich vereinige ...
ZU
... kann ich die Fähigkeiten des jeweiligen Teufels in meine Schattenmagie integrieren.
Eine Fähigkeit Gimodelos ist ...
ZU
ZUMM
ZUMM

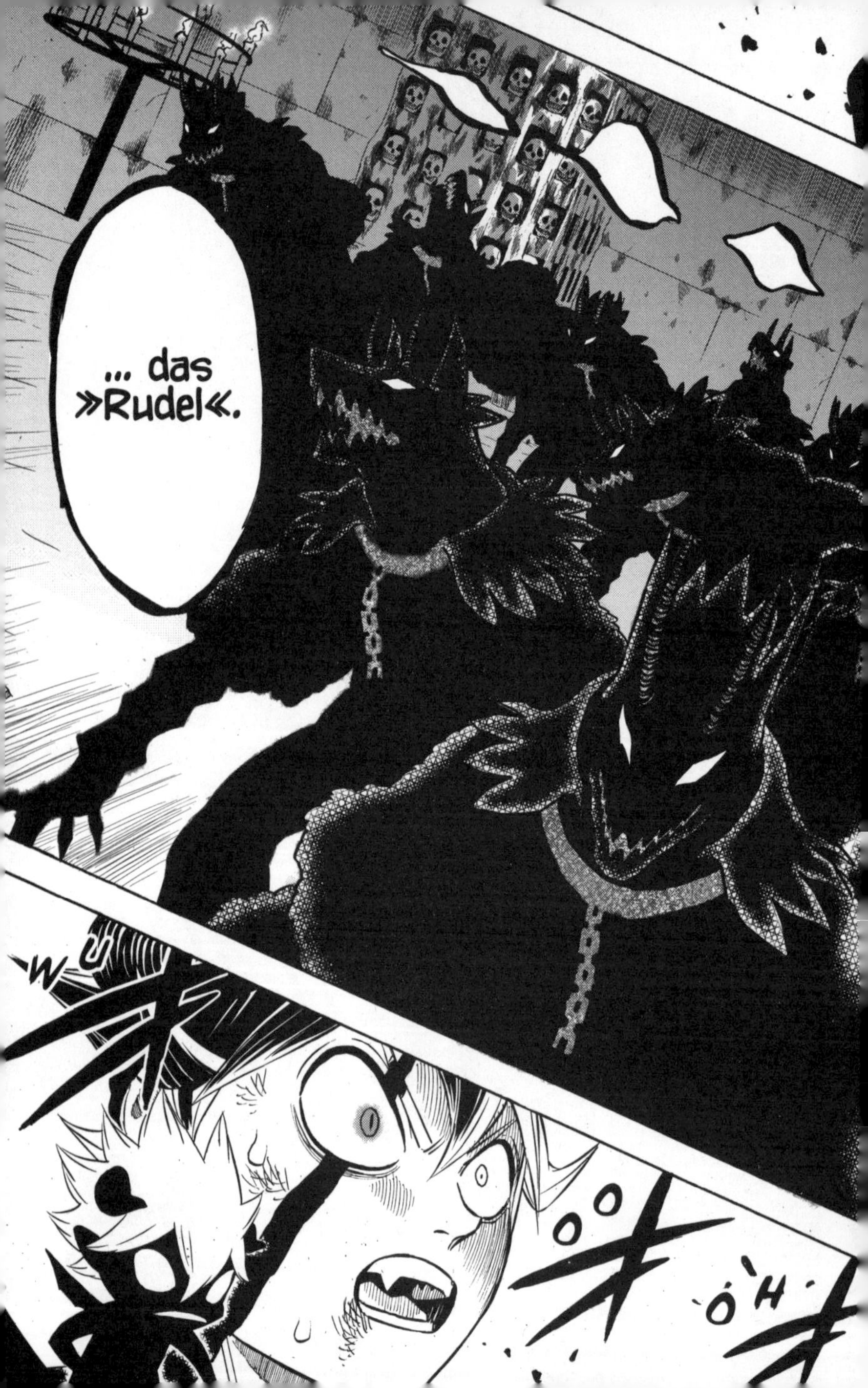
... das »Rudel«.

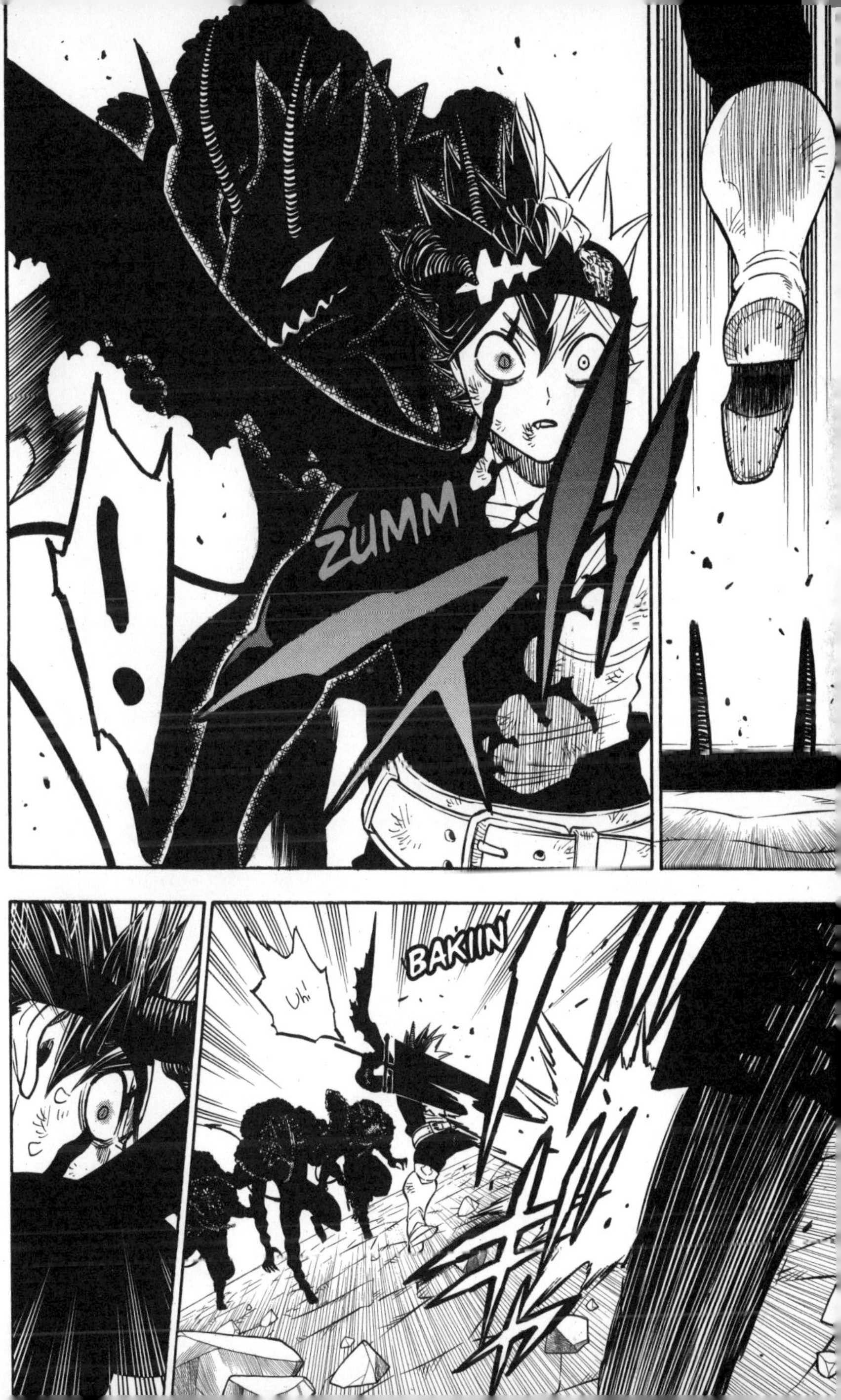
!
ZUMM
BAKIIN
Uh!

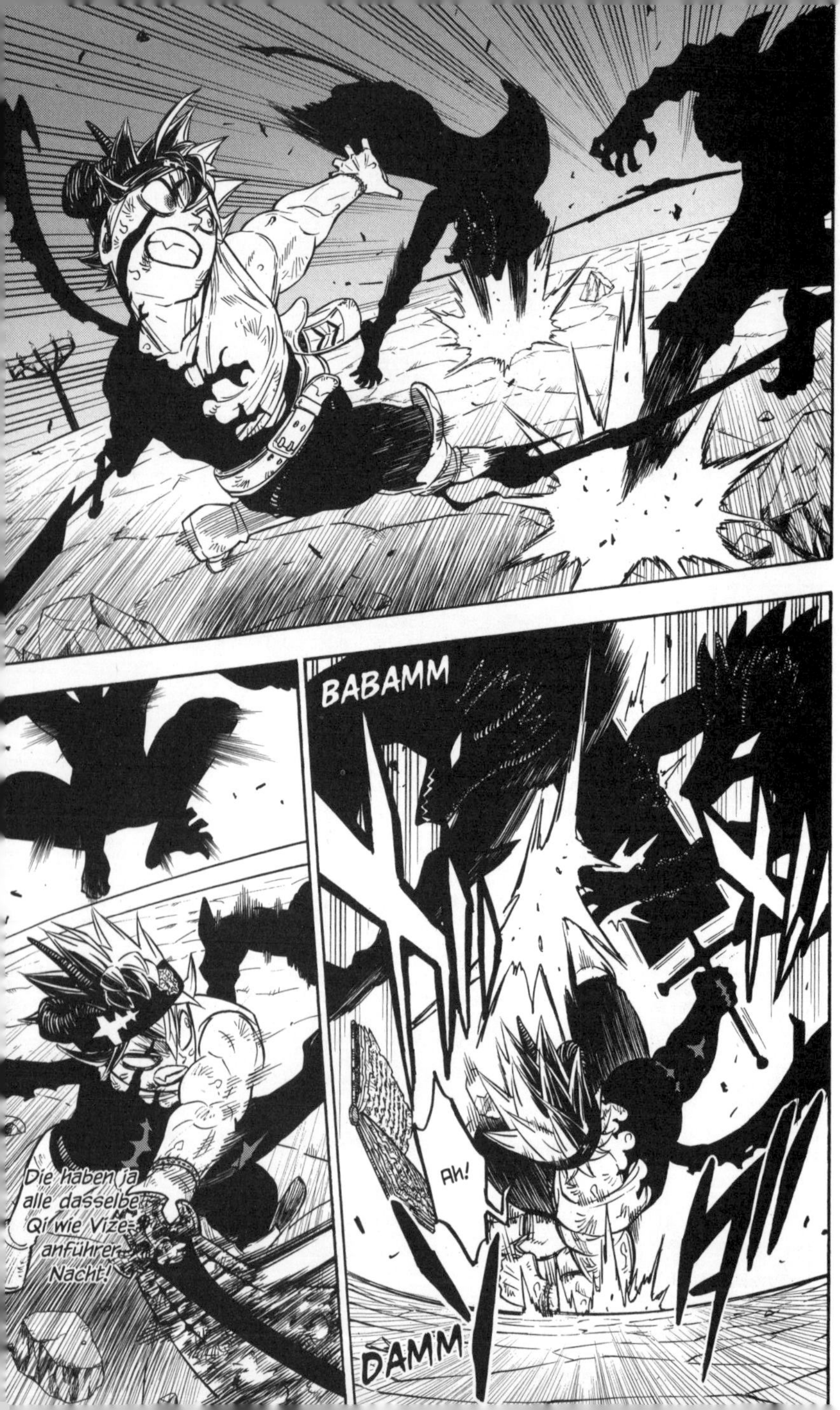
BABAMM
Ah!
Die haben ja alle dasselbe Qi wie Vize-anführer Nacht!
DAMM

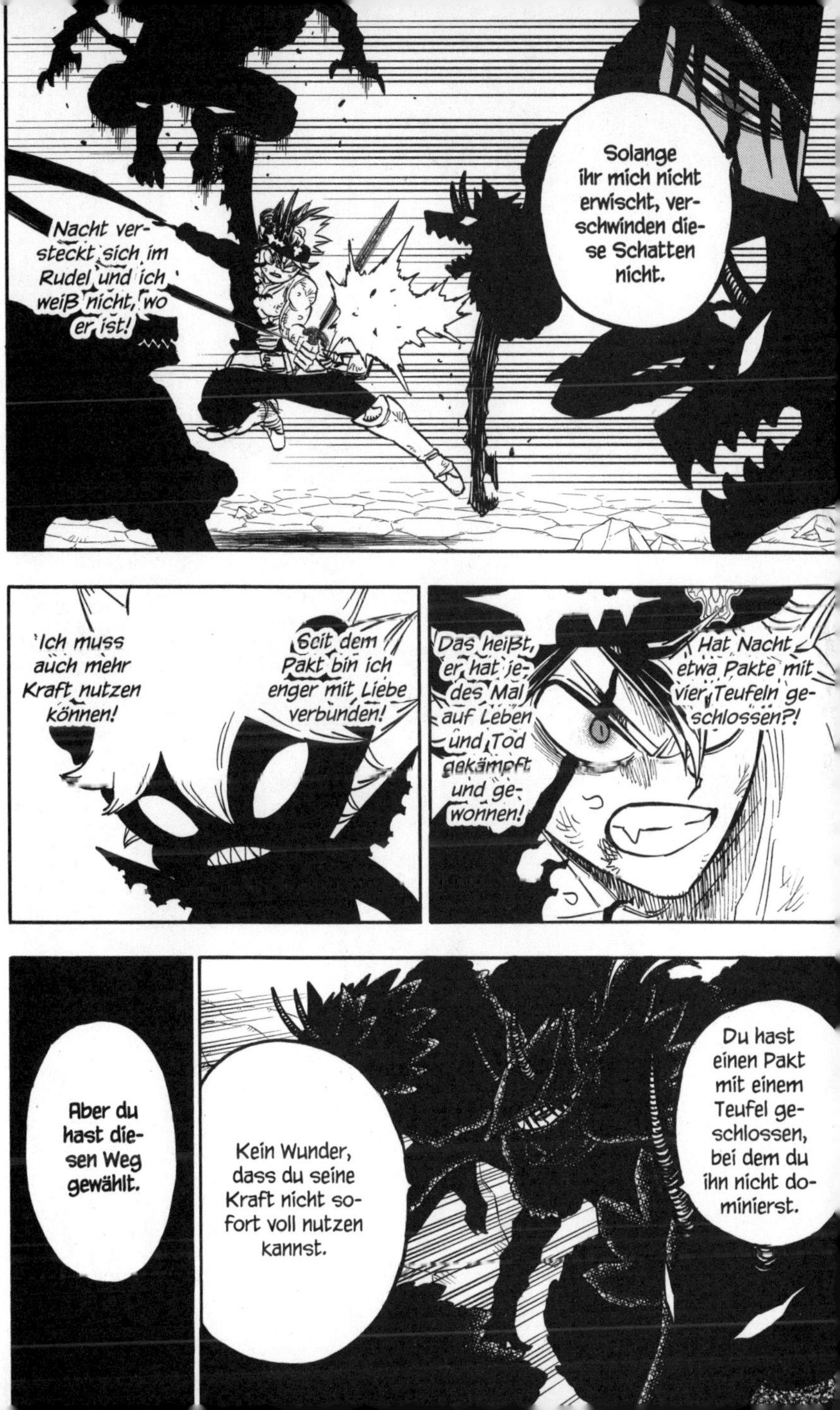
Solange ihr mich nicht erwischt, verschwinden diese Schatten nicht.
Nacht versteckt sich im Rudel und ich weiß nicht, wo er ist!
Hat Nacht etwa Pakte mit vier Teufeln geschlossen?!
Das heißt, er hat jedes Mal auf Leben und Tod gekämpft und gewonnen!
Seit dem Pakt bin ich enger mit Liebe verbunden!
Ich muss auch mehr Kraft nutzen können!
Du hast einen Pakt mit einem Teufel geschlossen, bei dem du ihn nicht dominierst.
Kein Wunder, dass du seine Kraft nicht sofort voll nutzen kannst.
Aber du hast diesen Weg gewählt.

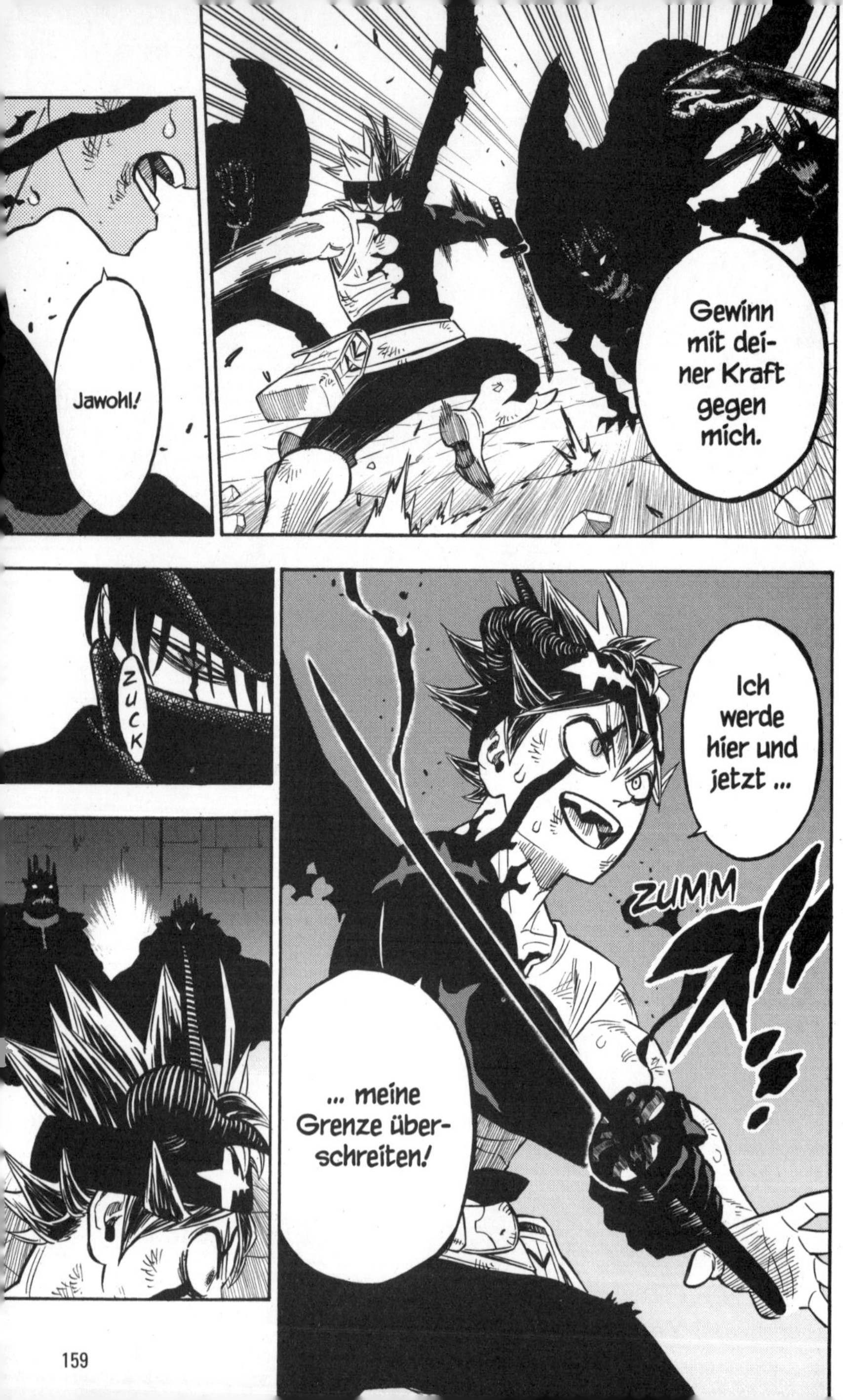
Gewinn mit deiner Kraft gegen mich.
Jawohl!
Ich werde hier und jetzt ...
ZUMM
... meine Grenze überschreiten!
ZUCK

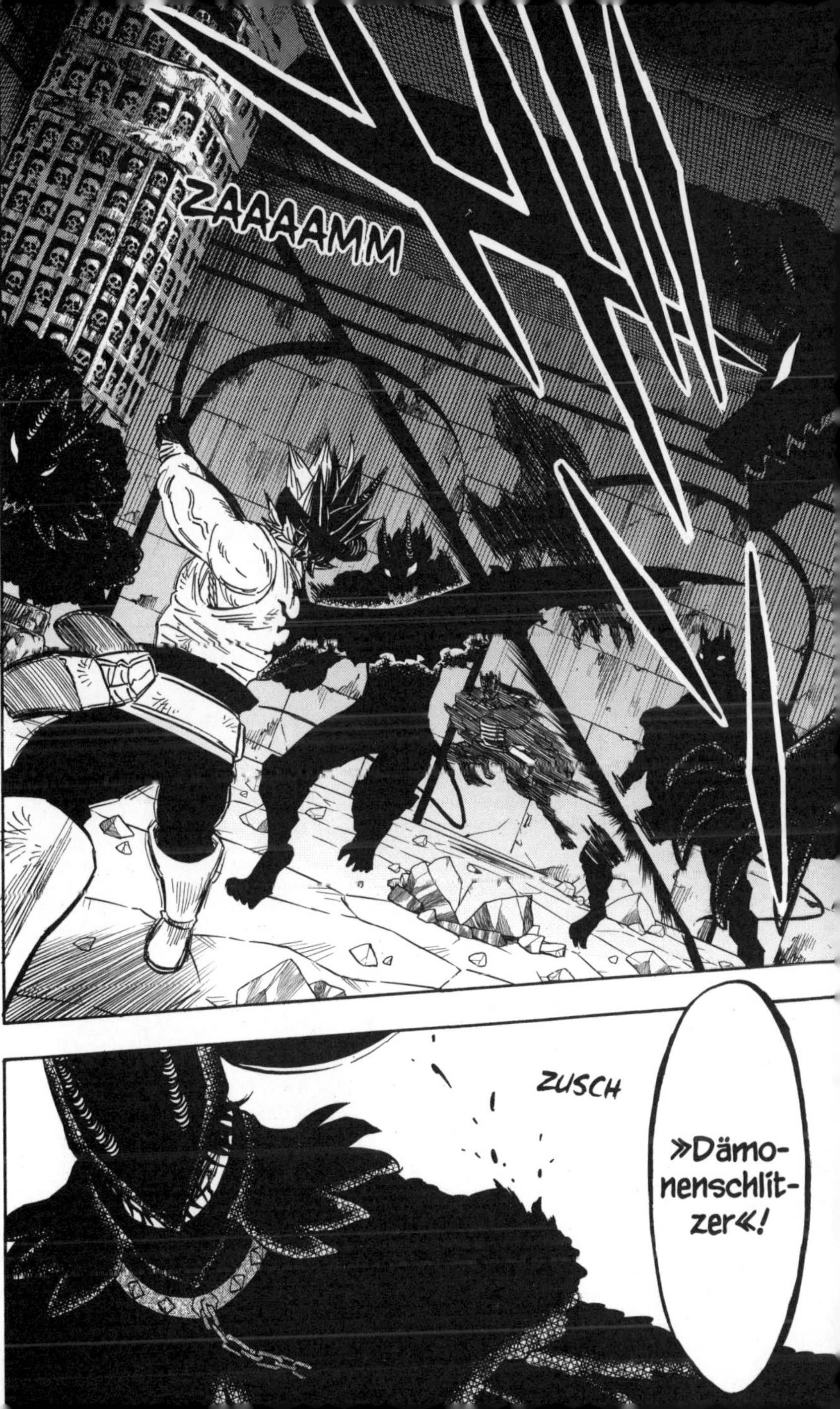
ZAAAAMM
ZUSCH
»Dämonenschlitzer«!

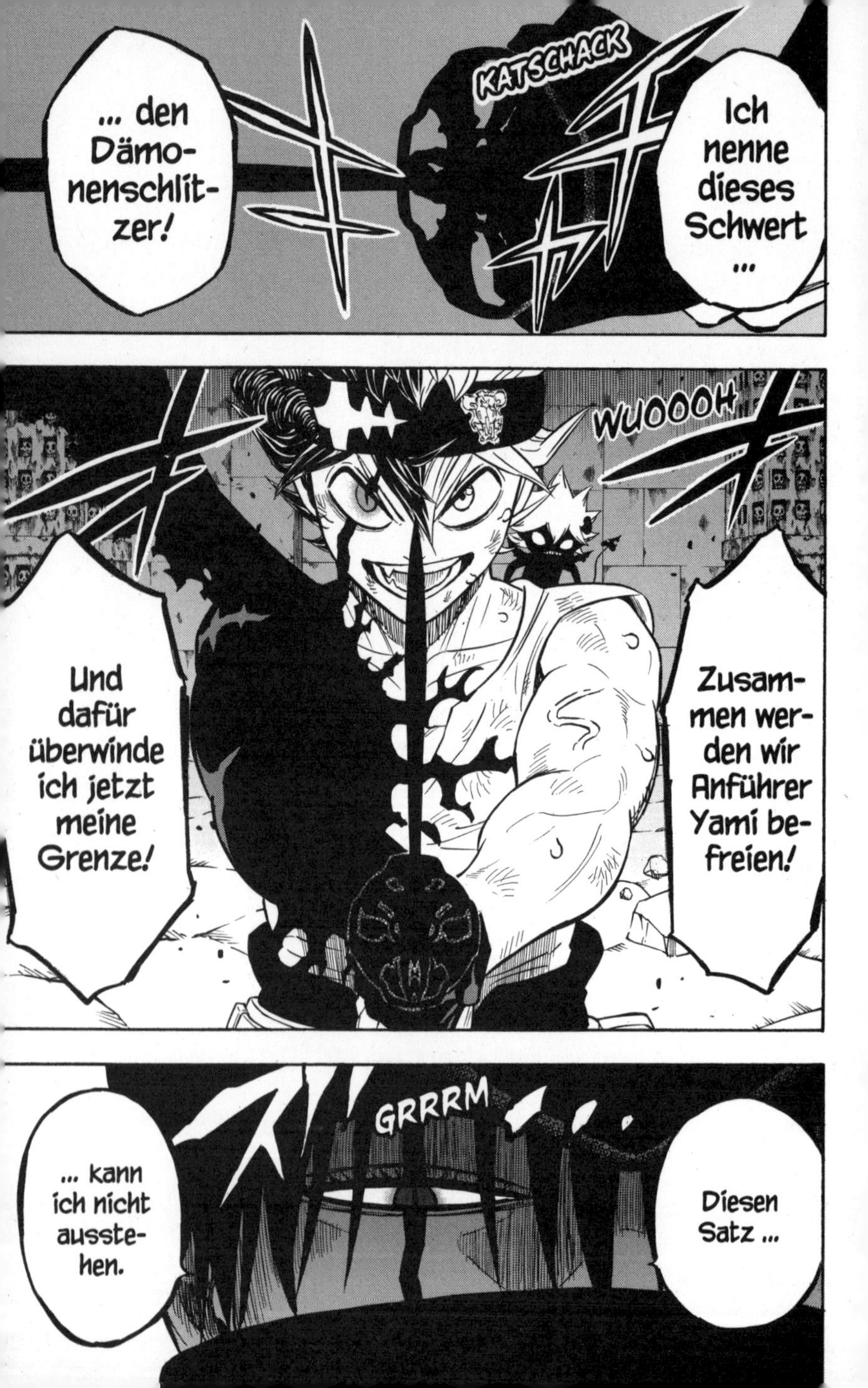
KATSCHACK
Ich nenne dieses Schwert ...
... den Dämonenschlitzer!
WUOOOH
Zusammen werden wir Anführer Yami befreien!
Und dafür überwinde ich jetzt meine Grenze!
GRRRM
Diesen Satz ...
... kann ich nicht ausstehen.

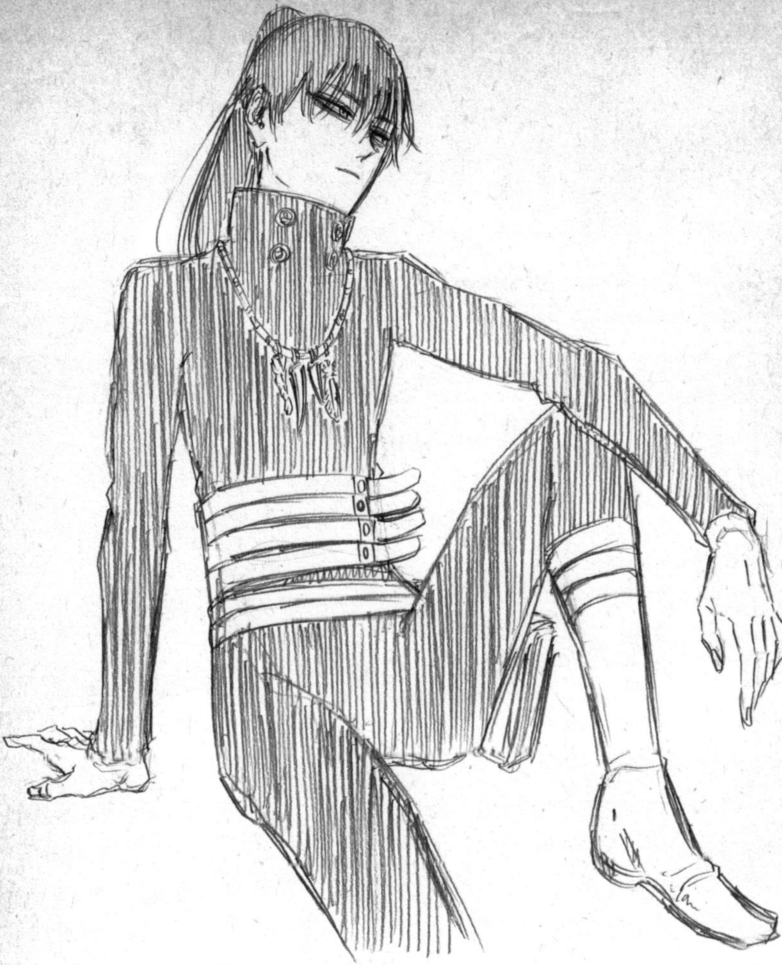

Nacht Faust

Alter: 29 Jahre Größe: 180 cm
Geburtstag: 30. April Sternzeichen: Stier Blutgruppe: A
Mag: Gerechte Menschen

CHARAKTERPROFIL

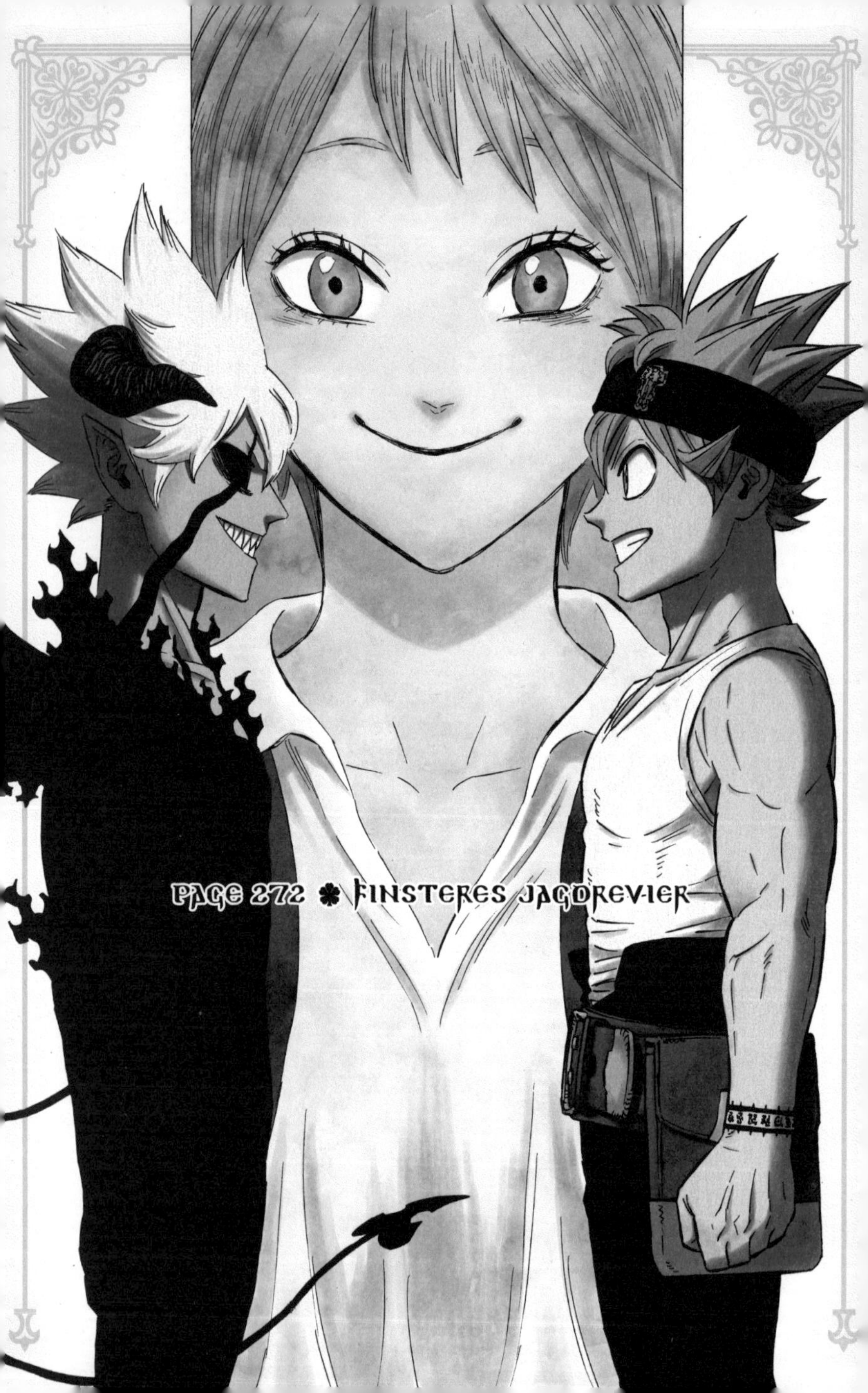
PAGE 272 ♣ FINSTERES JAGDREVIER

DER MANGAKAORDEN »UNBESCHRIEBENES BLATT«

Thema diesmal:
Was würdest du mit einem Neujahrsgeschenk von tausend Euro machen?

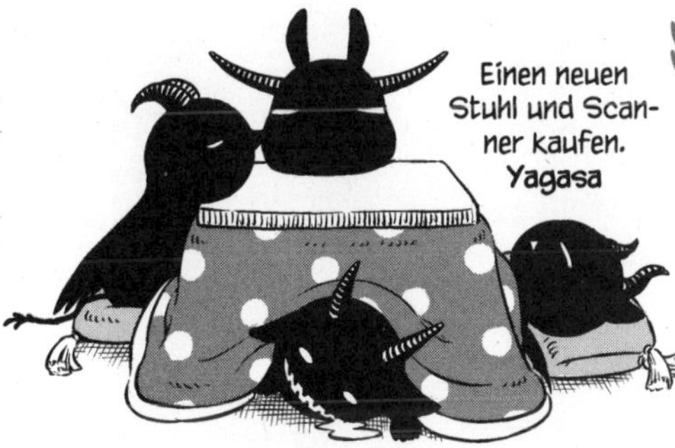

Einen neuen Stuhl und Scanner kaufen.
Yagasa

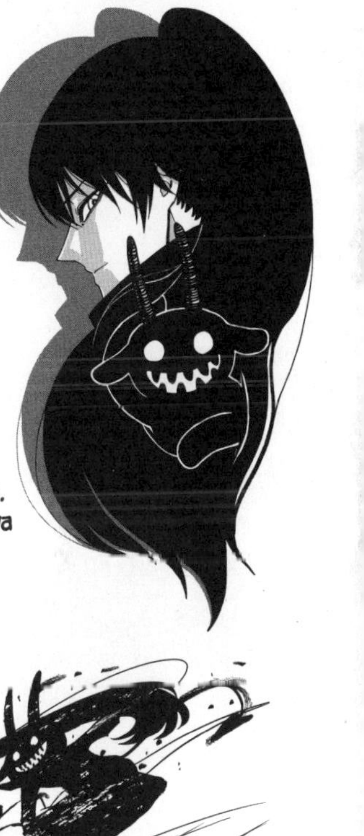

Möbel kaufen.
Sota Hishikawa

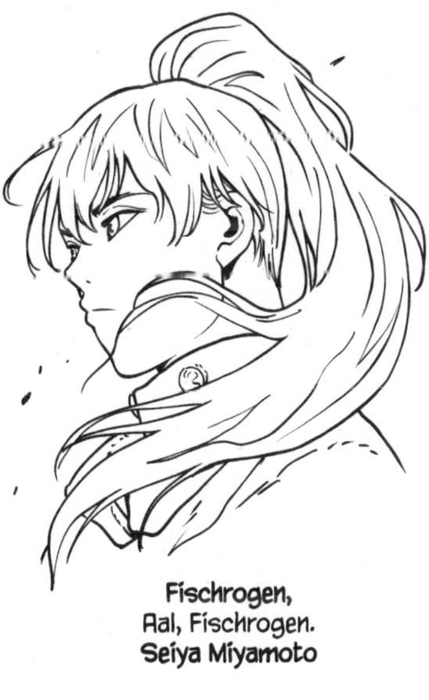

Fischrogen, Aal, Fischrogen.
Seiya Miyamoto

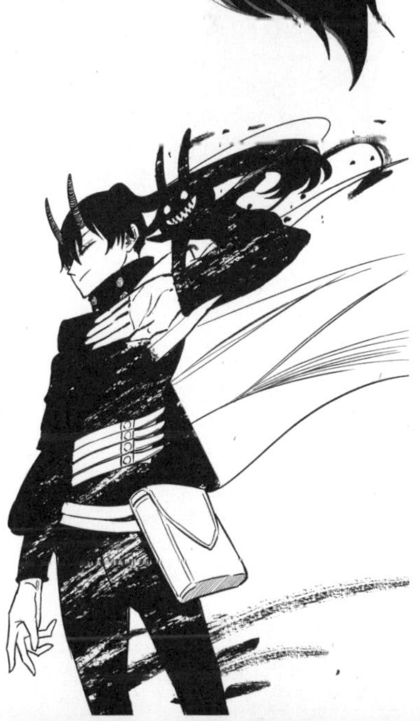

Verreisen (nach Guam).
Hayato Goto

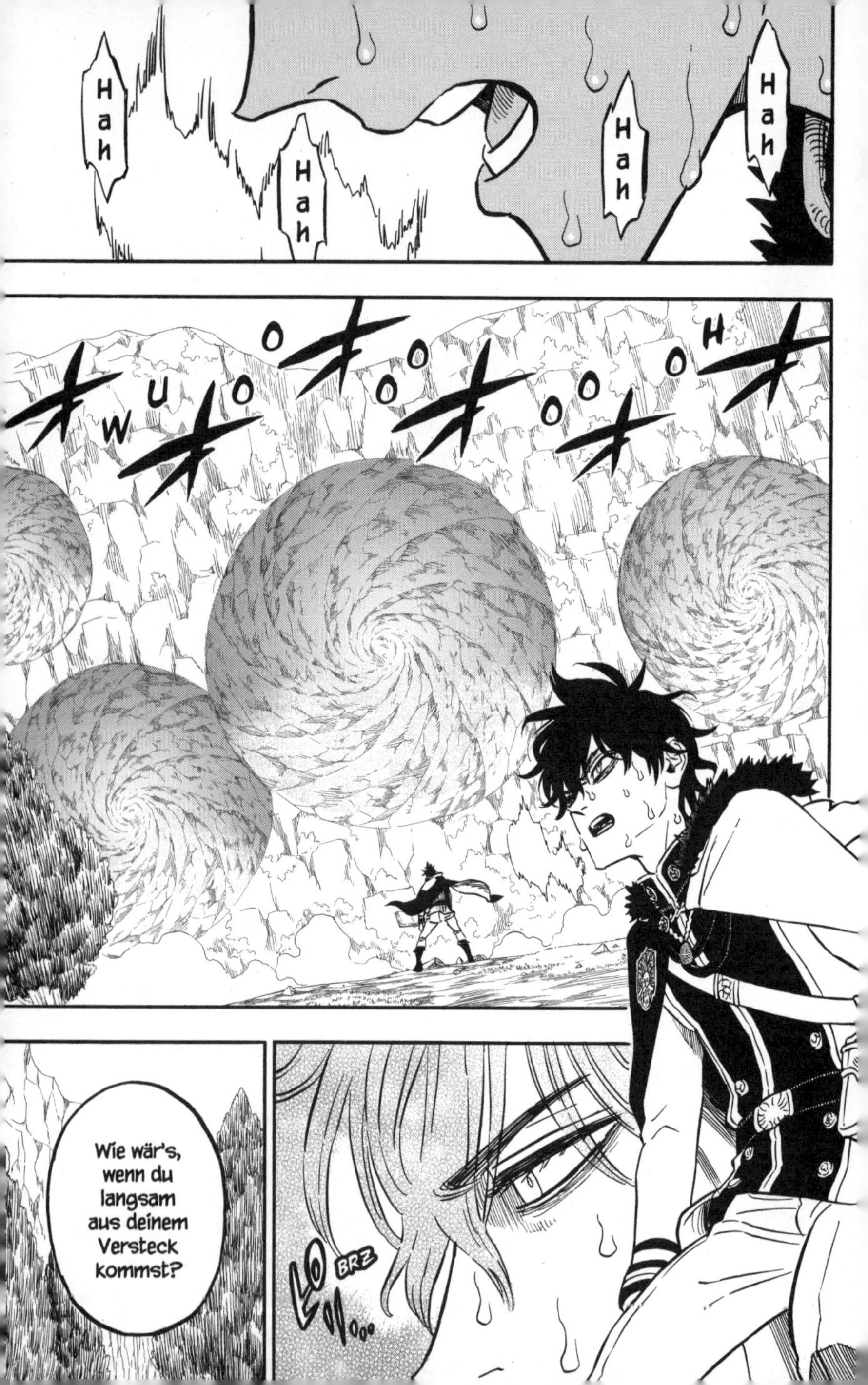

Hah
Hah
Hah
Hah
WUOOOOOOOOH
Wie wär's, wenn du langsam aus deinem Versteck kommst?
BRZ

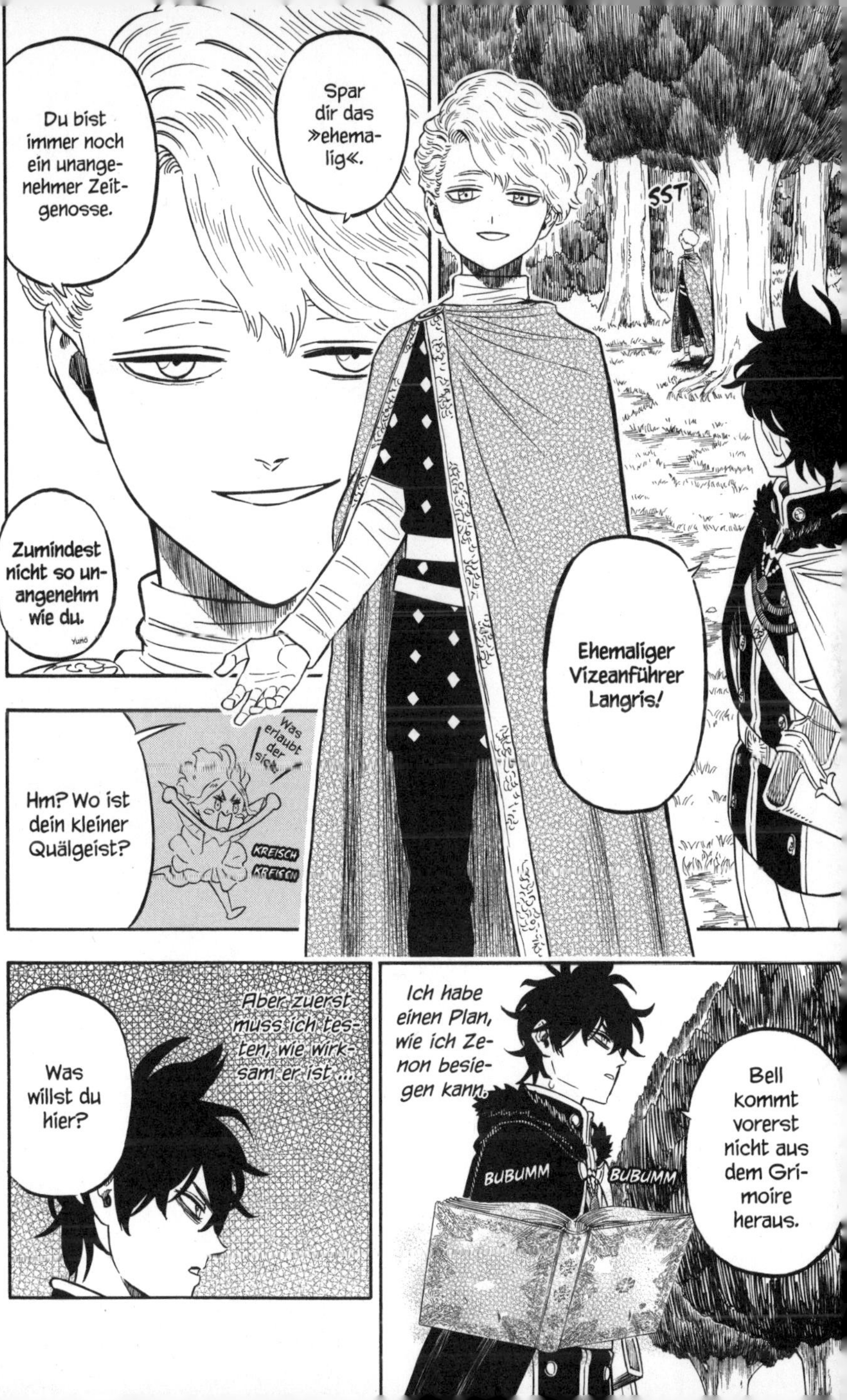
Ehemaliger Vizeanführer Langris!
SST
Spar dir das »ehemalig«.
Du bist immer noch ein unangenehmer Zeitgenosse.
Zumindest nicht so unangenehm wie du.
Hm? Wo ist dein kleiner Quälgeist?
Was erlaubt der sich
KREISCH
KREISCH
Bell kommt vorerst nicht aus dem Grimoire heraus.
BUBUMM
BUBUMM
Ich habe einen Plan, wie ich Zenon besiegen kann.
Aber zuerst muss ich testen, wie wirksam er ist ...
Was willst du hier?

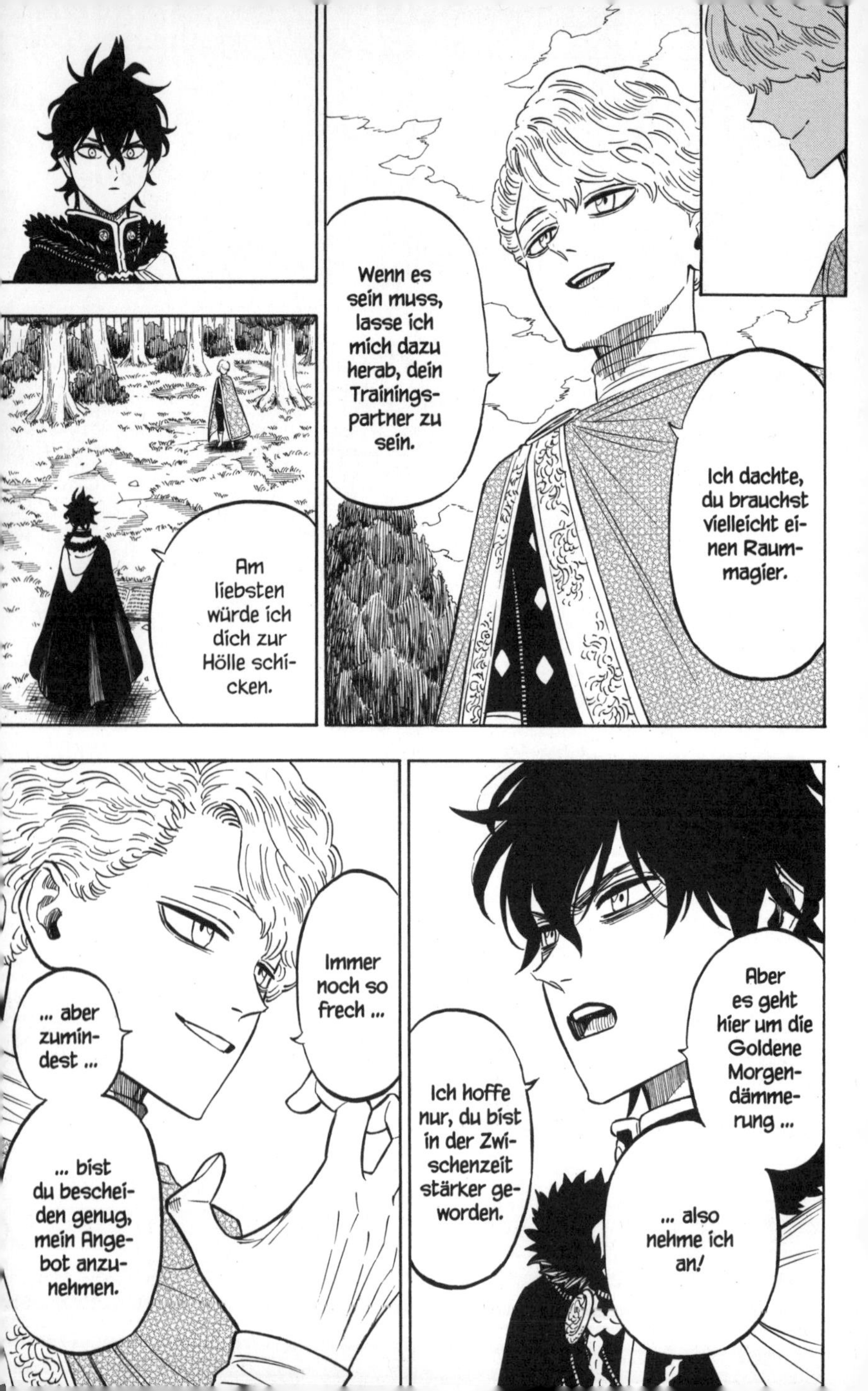
Ich dachte, du brauchst vielleicht einen Raummagier.
Wenn es sein muss, lasse ich mich dazu herab, dein Trainingspartner zu sein.
Am liebsten würde ich dich zur Hölle schicken.
Aber es geht hier um die Goldene Morgendämmerung ...
... also nehme ich an!
Ich hoffe nur, du bist in der Zwischenzeit stärker geworden.
Immer noch so frech ...
... aber zumindest ...
... bist du bescheiden genug, mein Angebot anzunehmen.

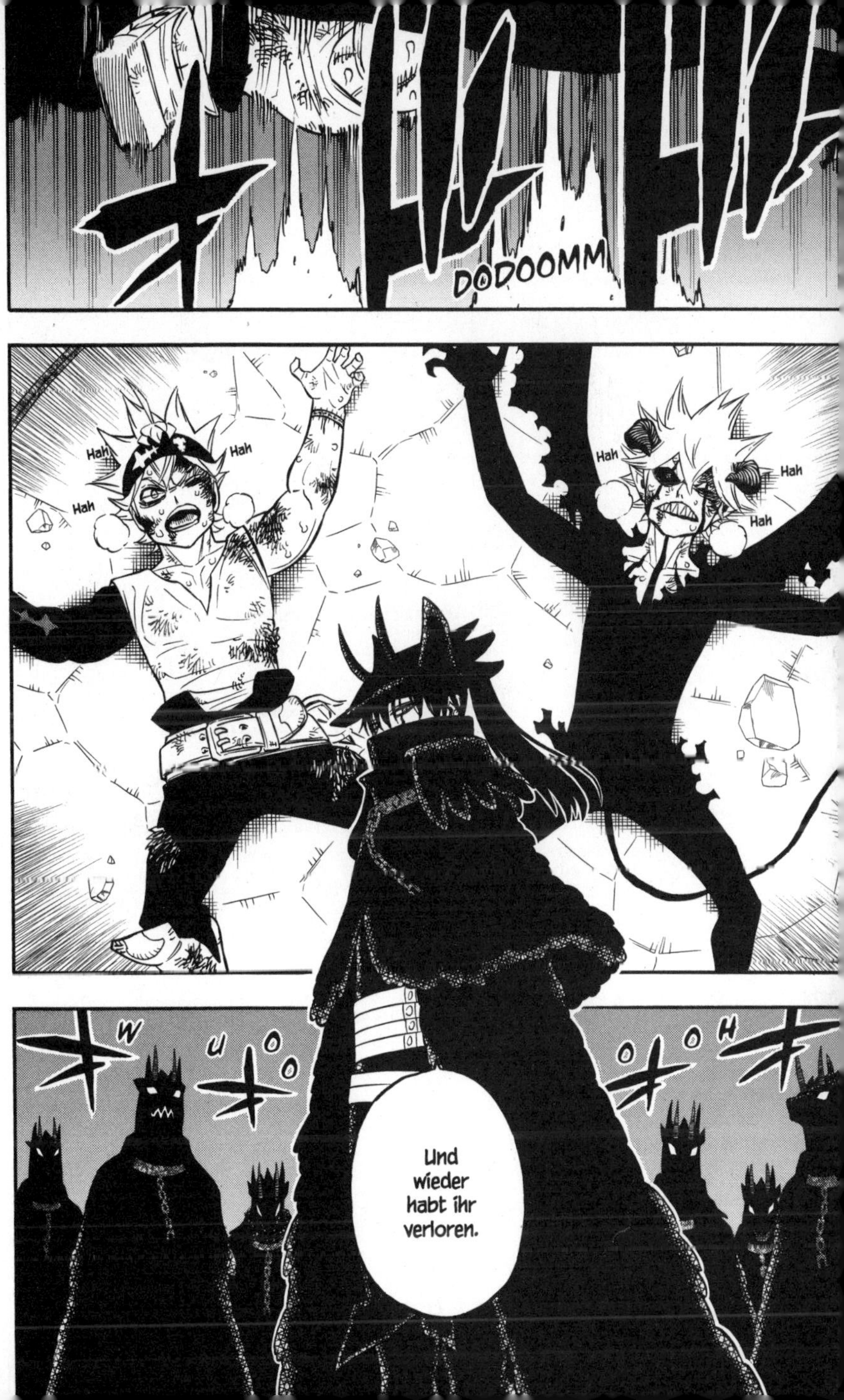
DODOOMM
Hah
Hah
Hah
Hah
Hah
Hah
WUOOOOH
Und wieder habt ihr verloren.

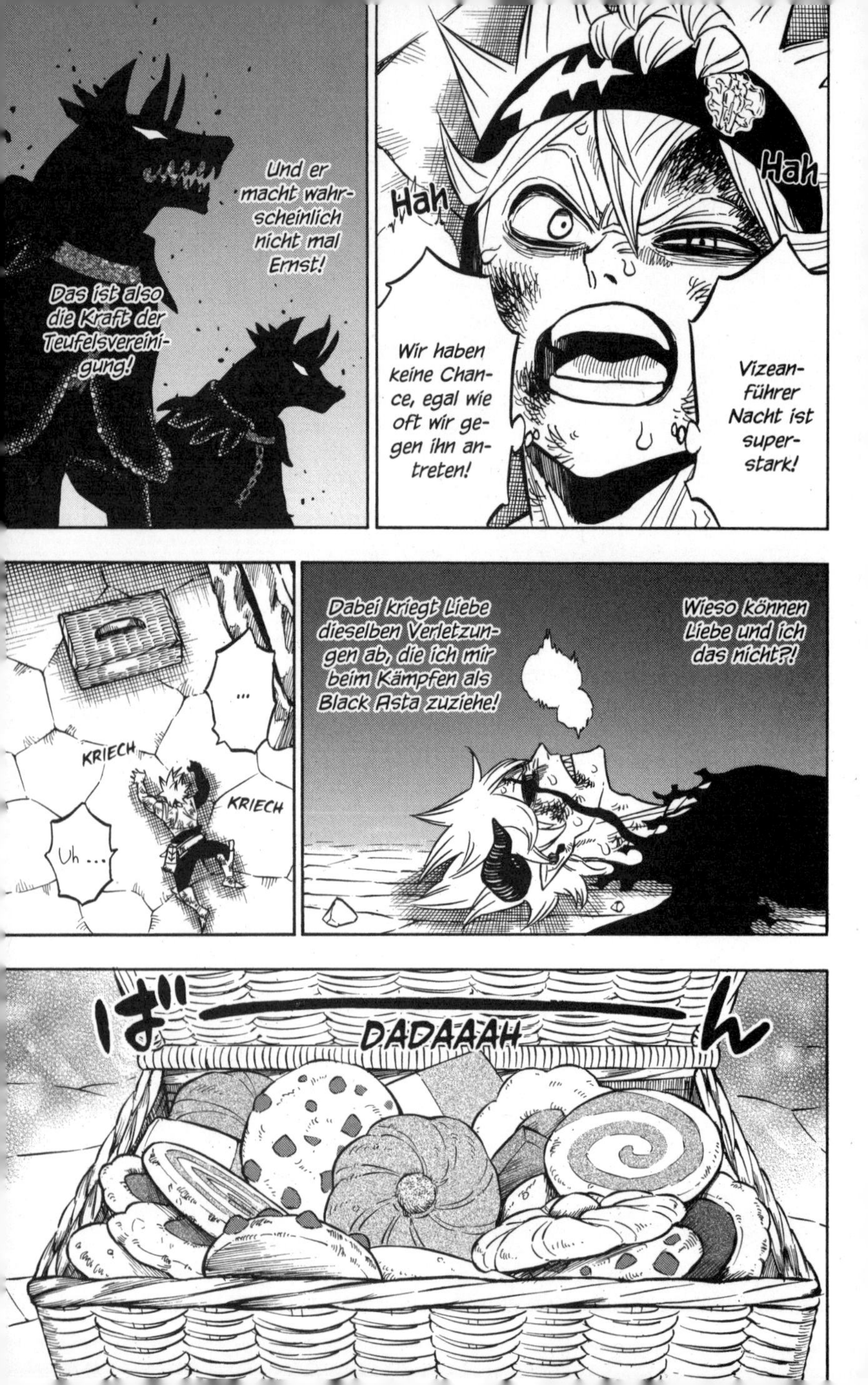
Hah
Hah
Vizeanführer Nacht ist superstark!
Wir haben keine Chance, egal wie oft wir gegen ihn antreten!
Und er macht wahrscheinlich nicht mal Ernst!
Das ist also die Kraft der Teufelsvereinigung!
Wieso können Liebe und ich das nicht?!
Dabei kriegt Liebe dieselben Verletzungen ab, die ich mir beim Kämpfen als Black Asta zuziehe!
...
KRIECH
KRIECH
Uh ...
DADAAAH

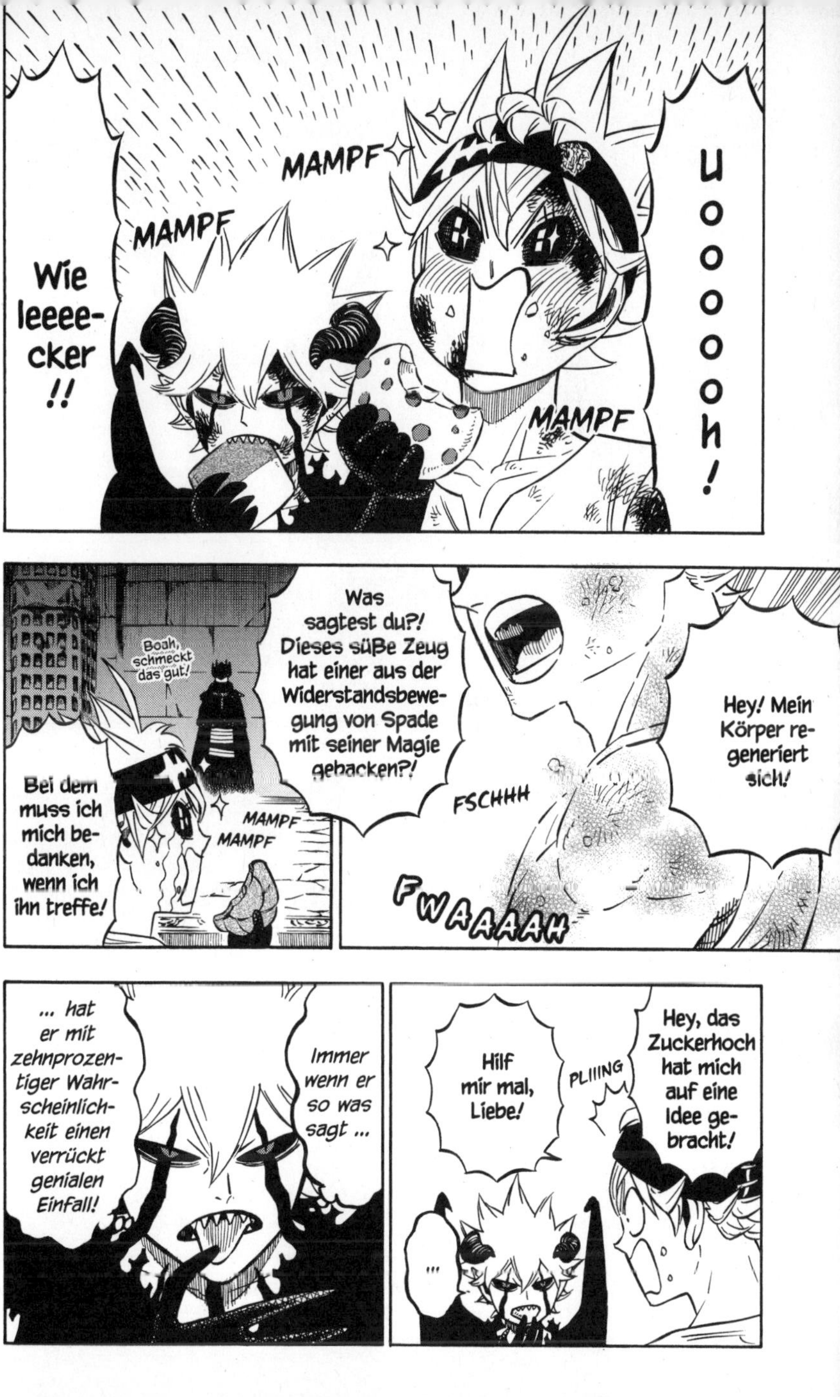

Uoooooh!
MAMPF
MAMPF
MAMPF
Wie leeee-cker!!
Hey! Mein Körper regeneriert sich!
FSCHHH
FWAAAAH
Was sagtest du?! Dieses süße Zeug hat einer aus der Widerstandsbewegung von Spade mit seiner Magie gebacken?!
Boah, schmeckt das gut!
MAMPF MAMPF
Bei dem muss ich mich bedanken, wenn ich ihn treffe!
Hey, das Zuckerhoch hat mich auf eine Idee gebracht!
PLIIING
Hilf mir mal, Liebe!
...
Immer wenn er so was sagt ...
... hat er mit zehnprozentiger Wahrscheinlichkeit einen verrückt genialen Einfall!

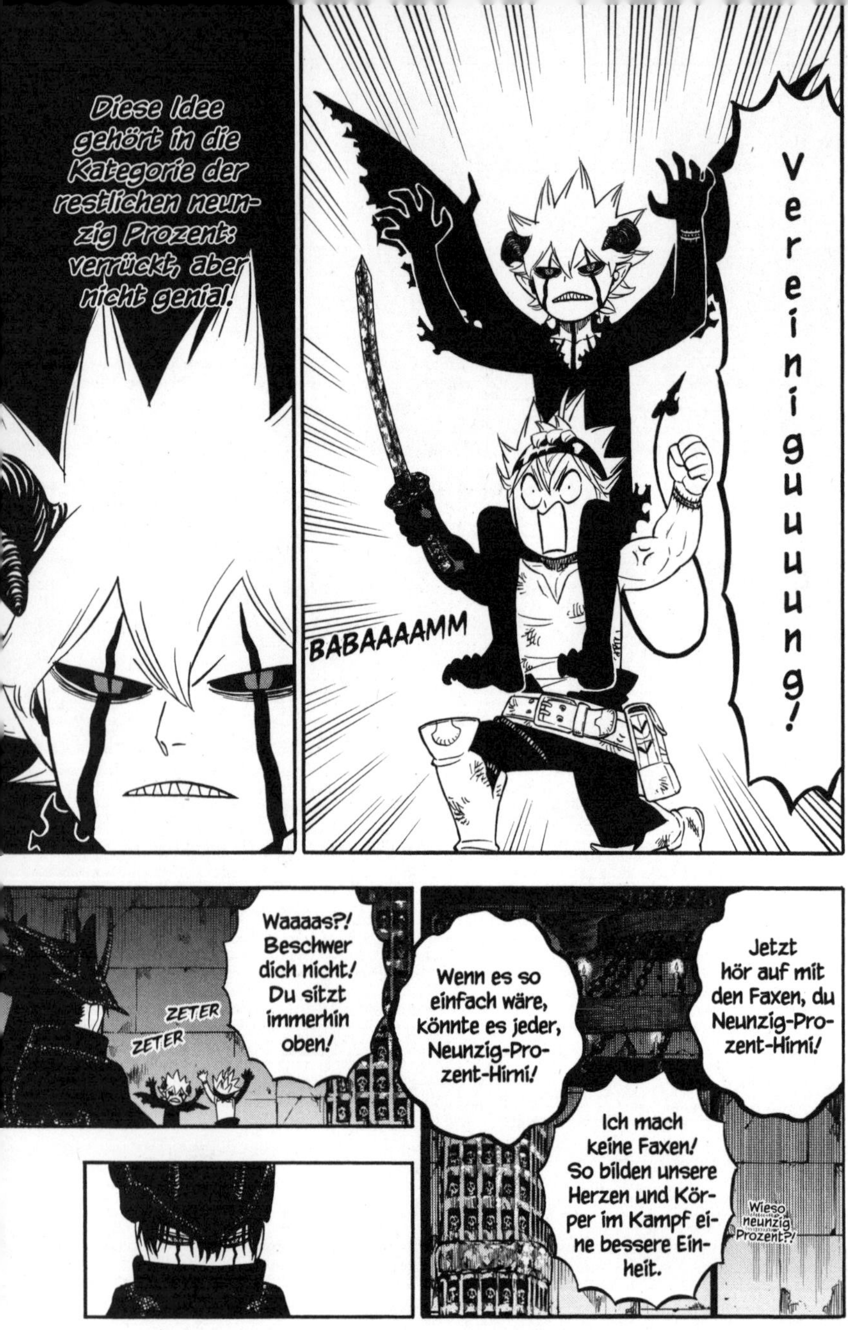
Vereiniguuuuung!
BABAAAAMM
Diese Idee gehört in die Kategorie der restlichen neunzig Prozent: verrückt, aber nicht genial!
Jetzt hör auf mit den Faxen, du Neunzig-Prozent-Hirni!
Wenn es so einfach wäre, könnte es jeder, Neunzig-Prozent-Hirni!
Ich mach keine Faxen! So bilden unsere Herzen und Körper im Kampf eine bessere Einheit.
Wieso neunzig Prozent?!
Waaaas?! Beschwer dich nicht! Du sitzt immerhin oben!
ZETER
ZETER

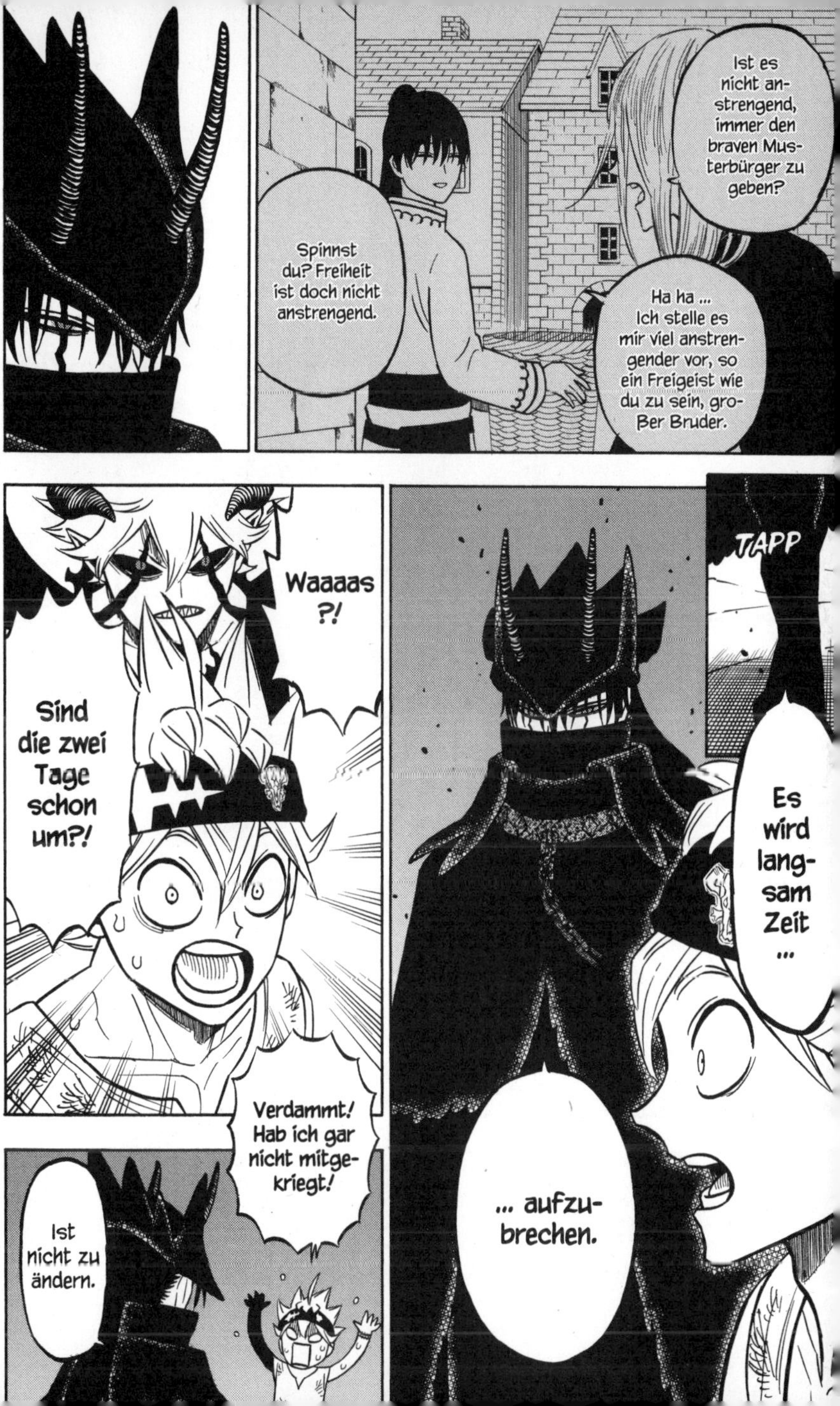
Ist es nicht anstrengend, immer den braven Musterbürger zu geben?
Spinnst du? Freiheit ist doch nicht anstrengend.
Ha ha ... Ich stelle es mir viel anstrengender vor, so ein Freigeist wie du zu sein, großer Bruder.
TAPP
Es wird langsam Zeit ...
... aufzubrechen.
Waaaas ?!
Sind die zwei Tage schon um?!
Verdammt! Hab ich gar nicht mitgekriegt!
Ist nicht zu ändern.

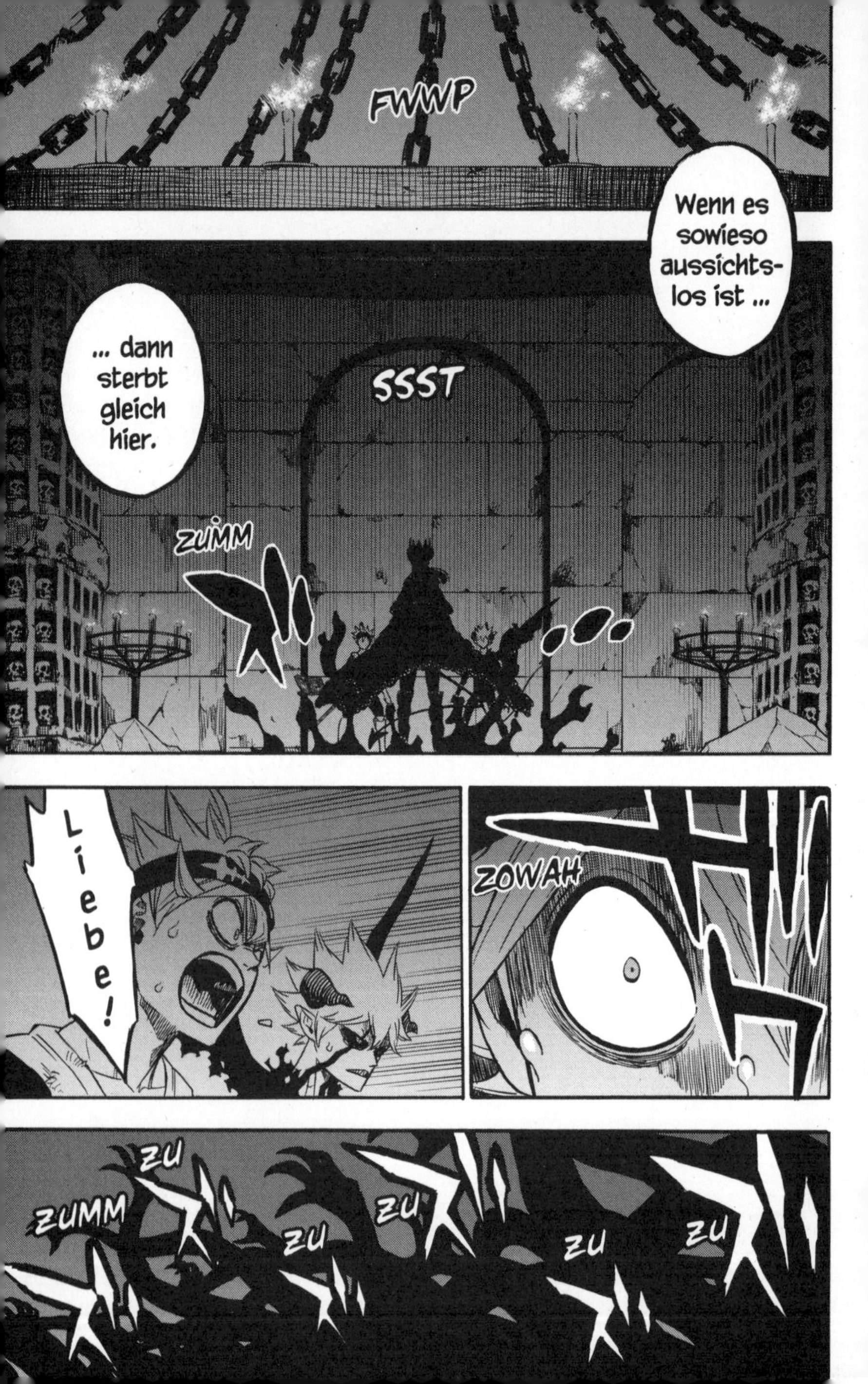
FWWP
Wenn es sowieso aussichtslos ist ...
... dann sterbt gleich hier.
SSST
ZUMM
Liebe!
ZOWAH
ZU
ZUMM
ZU
ZU
ZU
ZU

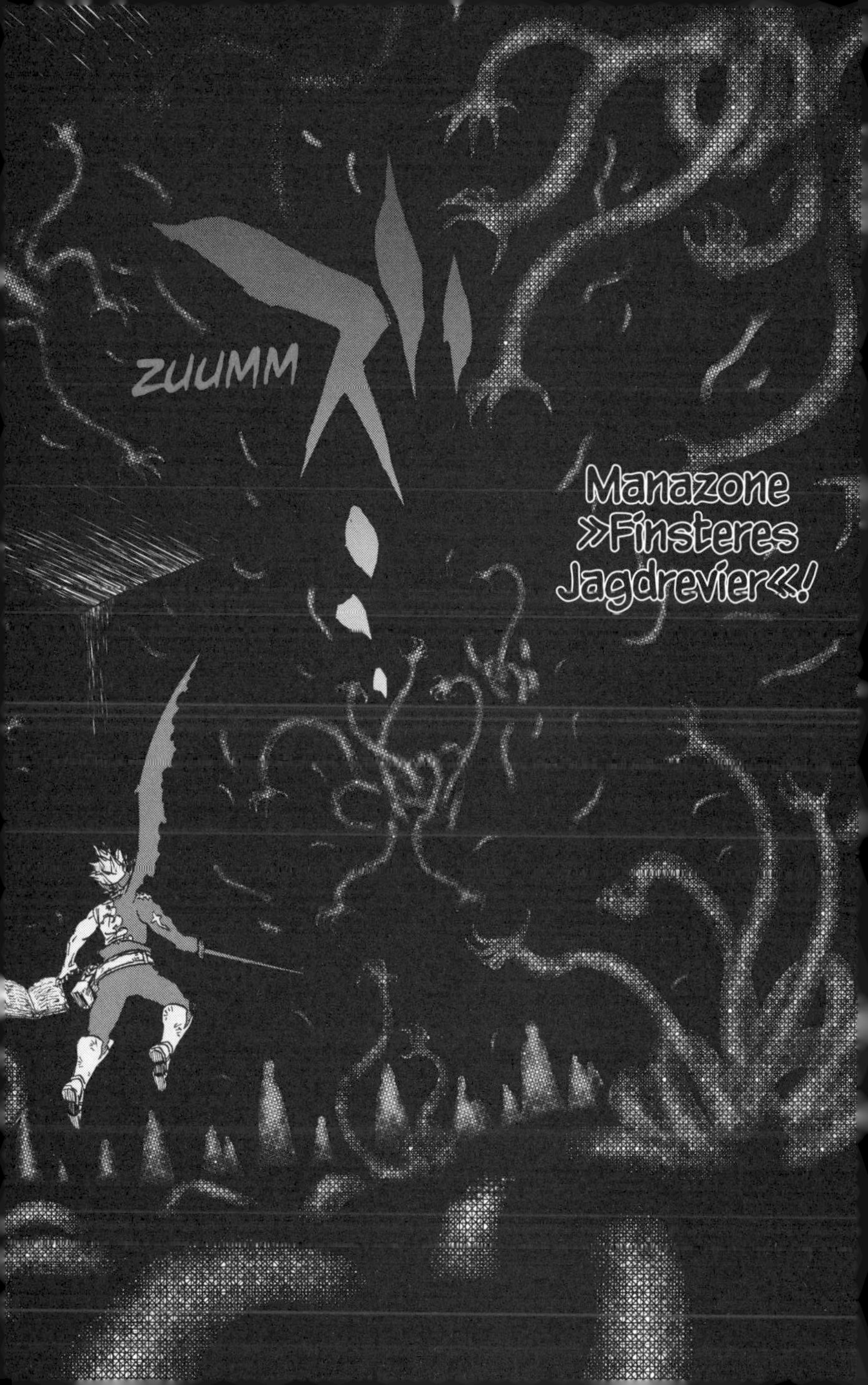

ZUUMM
Manazone »Finsteres Jagdrevier«!

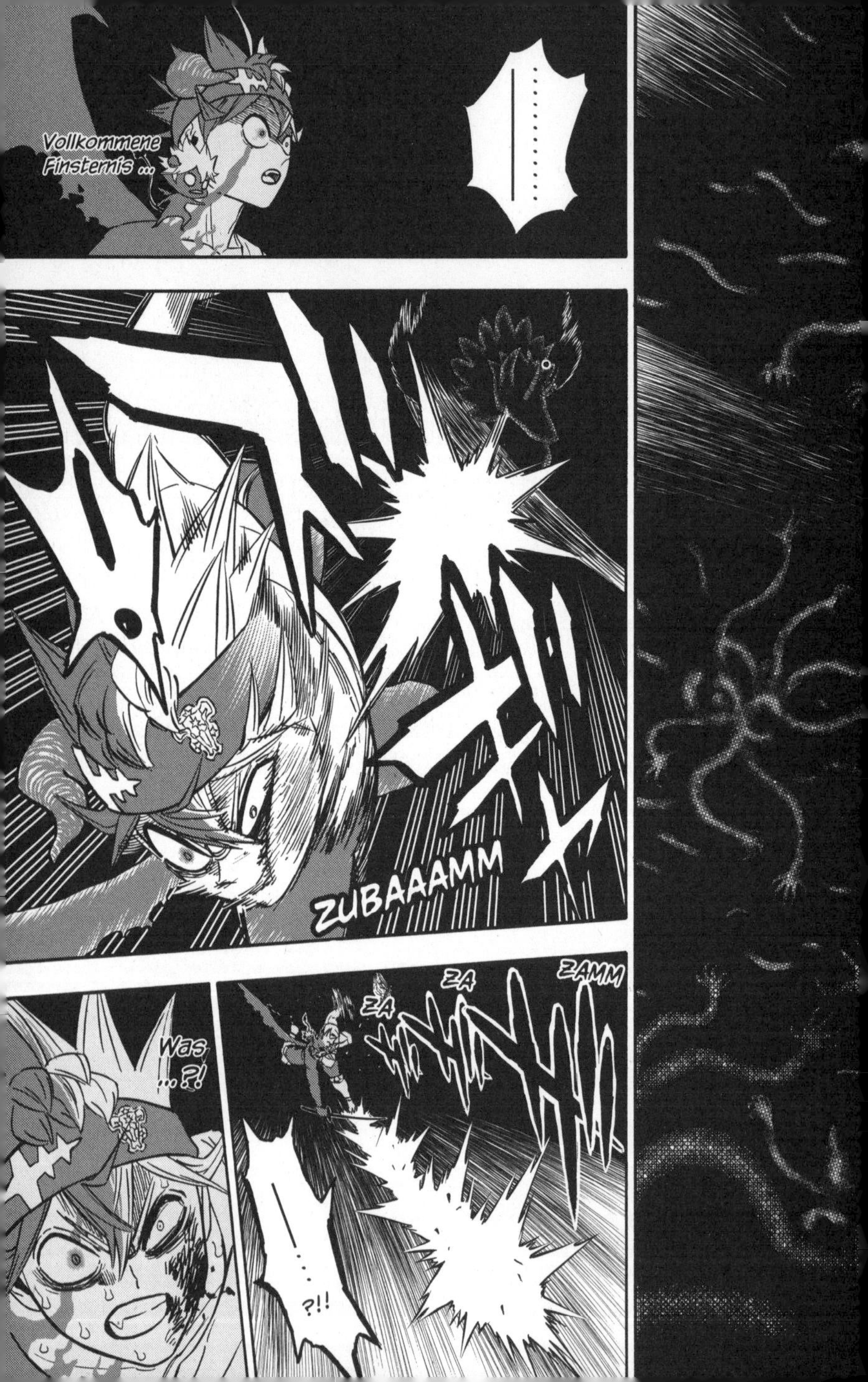

Vollkommene Finsternis ...
ZUBAAAMM
ZA
ZA
ZAMM
Was ...?!
?!!

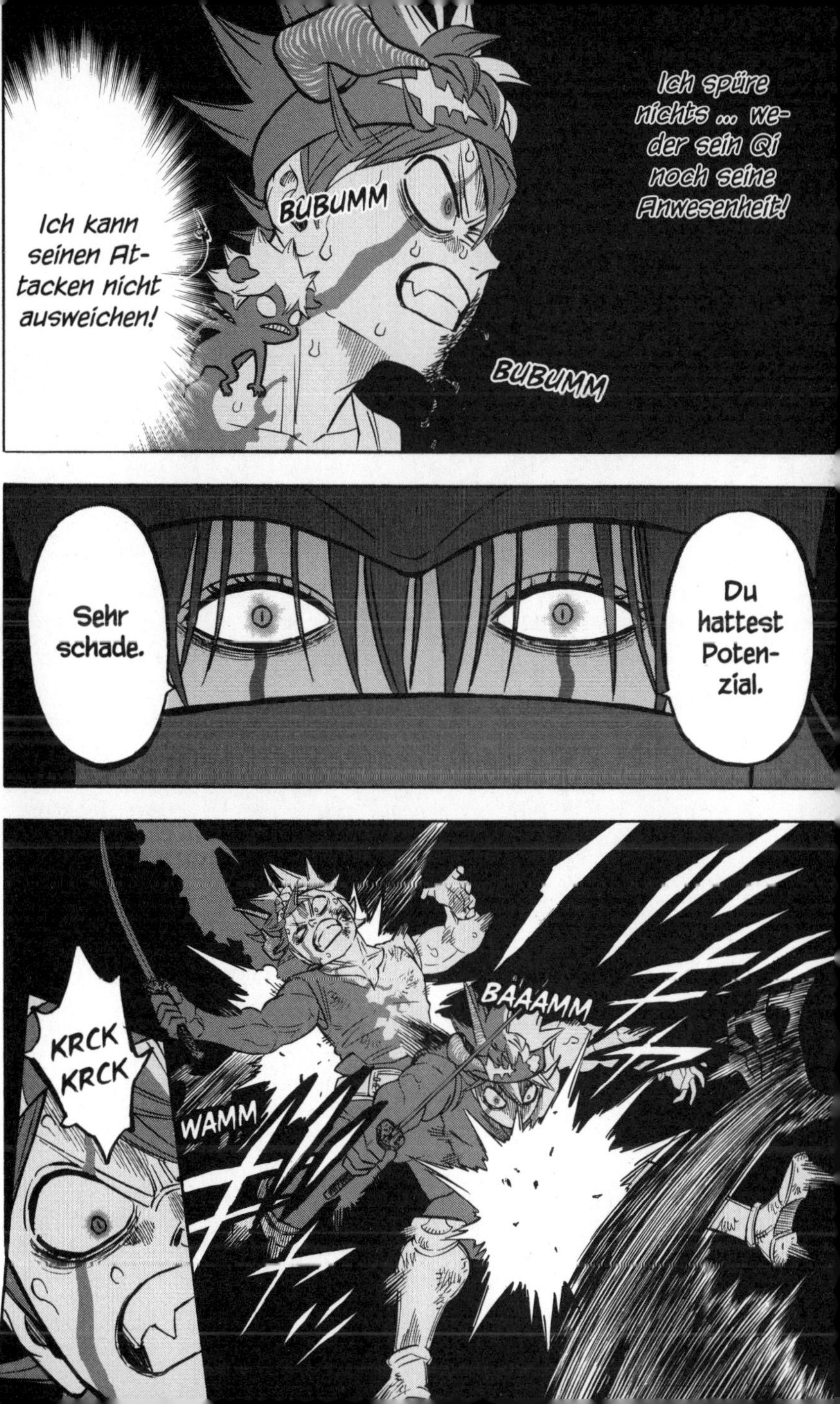
Ich spüre nichts ... weder sein Qi noch seine Anwesenheit!
Ich kann seinen Attacken nicht ausweichen!
BUBUMM
BUBUMM
Du hattest Potenzial.
Sehr schade.
BAAAMM
WAMM
KRCK KRCK

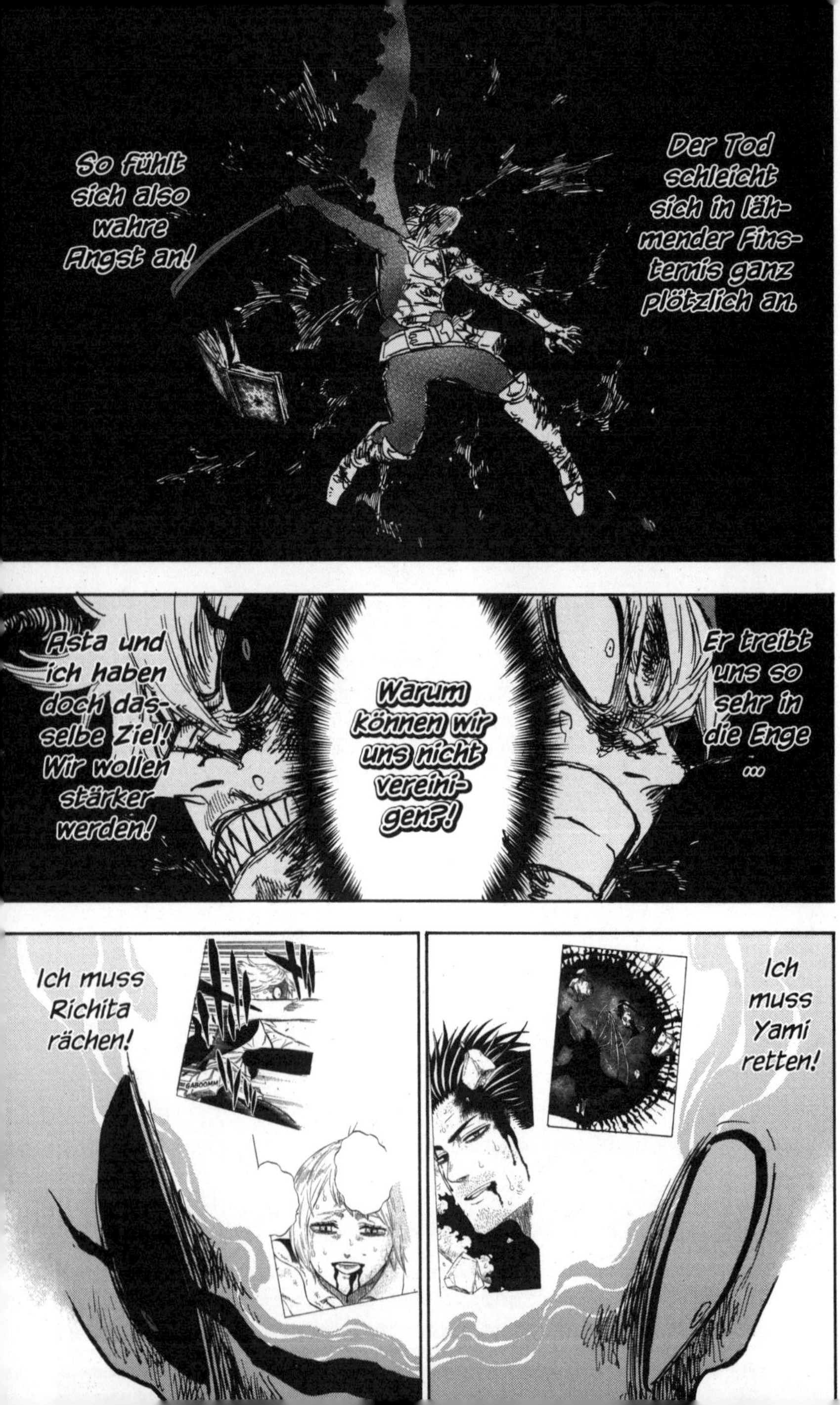
Der Tod schleicht sich in lähmender Finsternis ganz plötzlich an.
So fühlt sich also wahre Angst an!
Er treibt uns so sehr in die Enge ...
Warum können wir uns nicht vereinigen?!
Asta und ich haben doch dasselbe Ziel! Wir wollen stärker werden!
Ich muss Yami retten!
Ich muss Richita rächen!

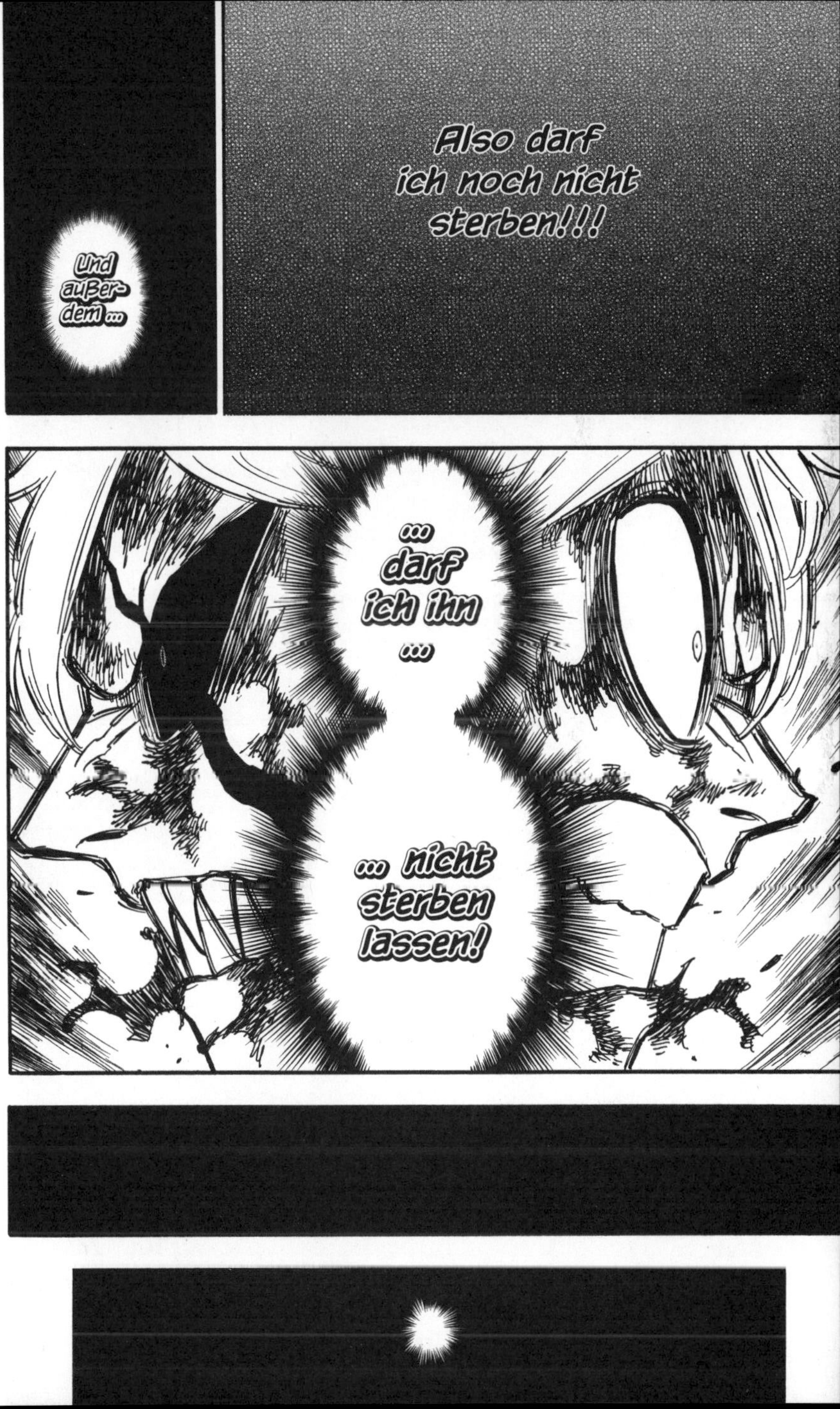
Also darf ich noch nicht sterben!!!
Und außerdem ...
... darf ich ihn ...
... nicht sterben lassen!

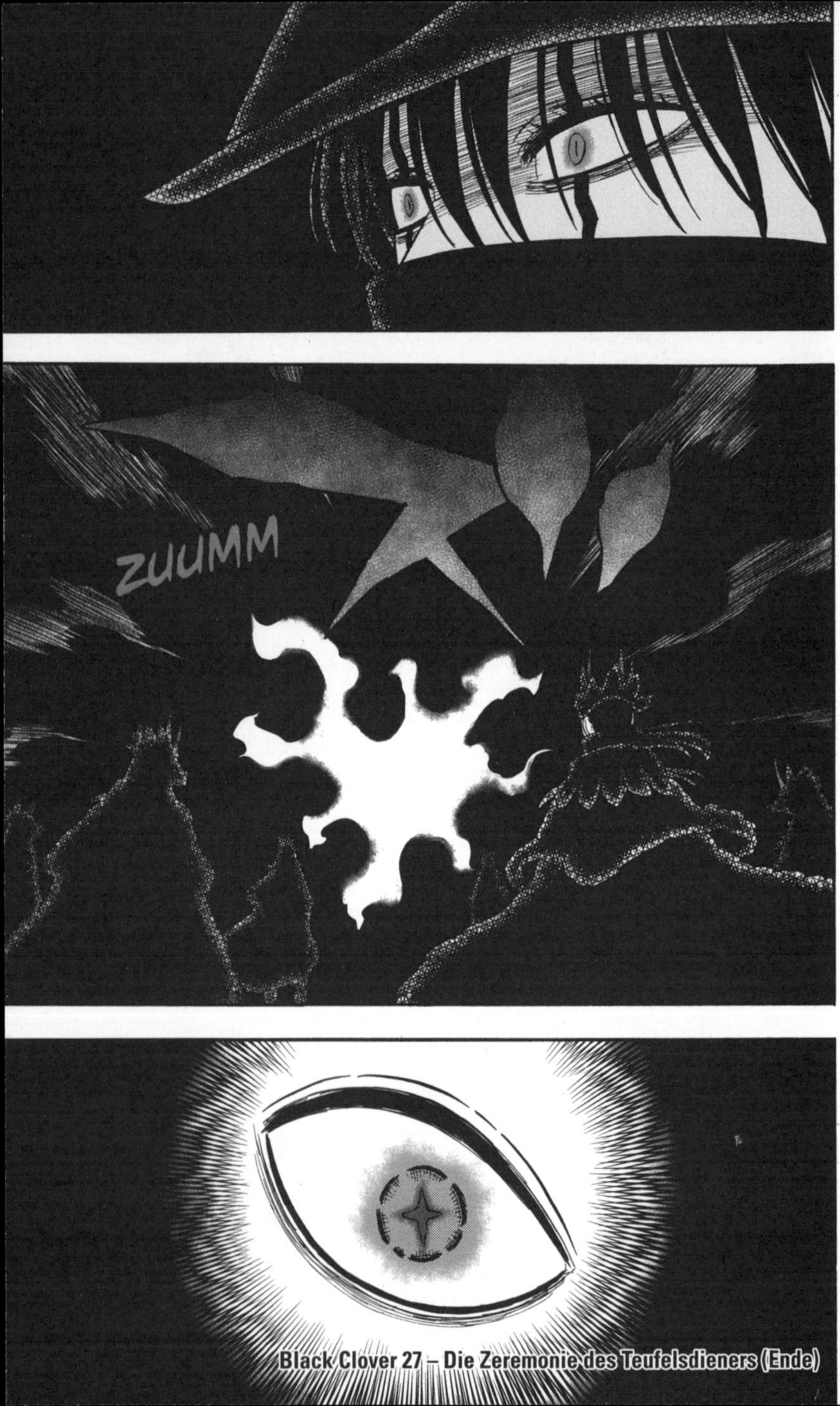
ZUUMM
Black Clover 27 – Die Zeremonie des Teufelsdieners (Ende)

DER MANGAKAORDEN »UNBESCHRIEBENES BLATT«

Thema diesmal:
Was würdest du mit einem Neujahrsgeschenk von tausend Euro machen?

Einen riesigen Fernseher kaufen.
Kazuhiro Wakao

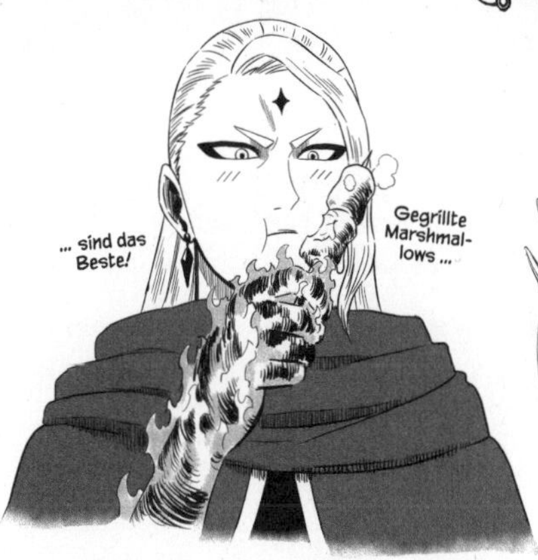

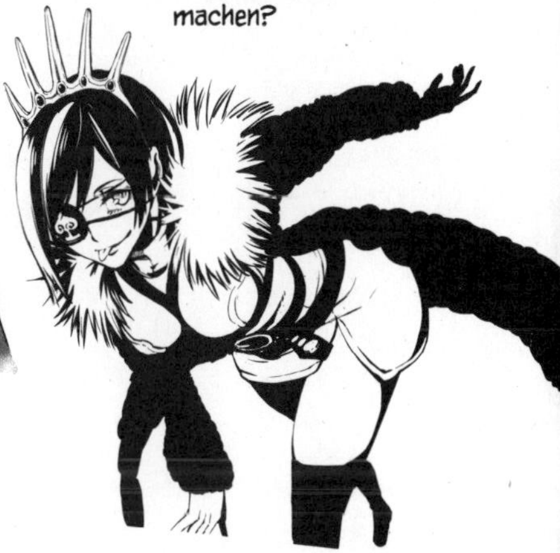

Ich würde die Kohle als Einsatz beim Pferderennen nutzen und zehntausend daraus machen!
Masayoshi Salosho

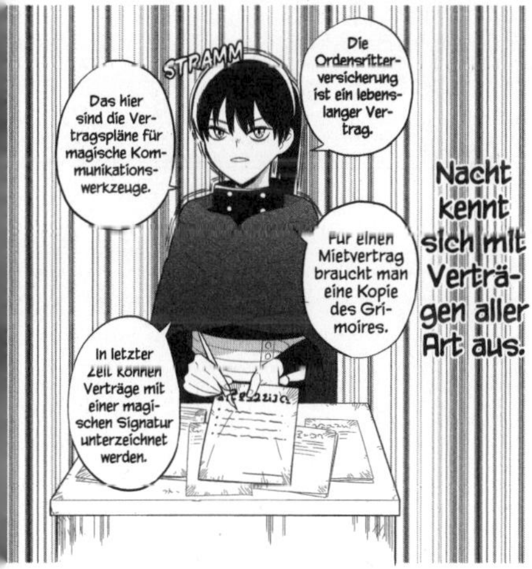

Mir in Chinatown den Bauch vollschlagen.
Yotaro Hayakawa

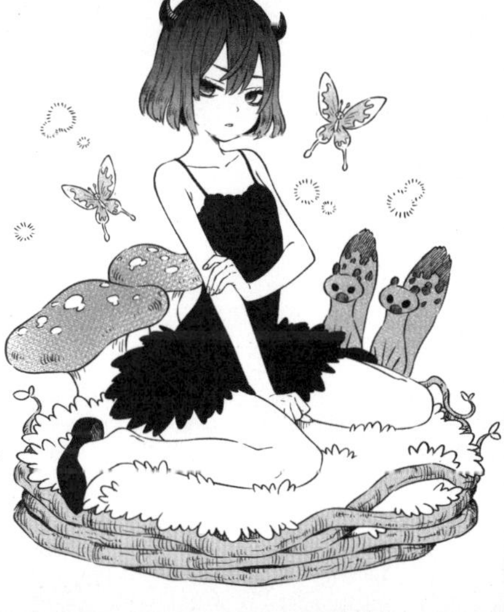

Ich würde mir Modellfiguren kaufen.
Yu Hoki

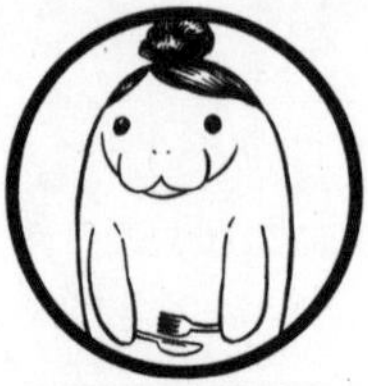

Ich würde einen Sushi-Meister nach Hause bestellen und ihn für uns kochen lassen.
©

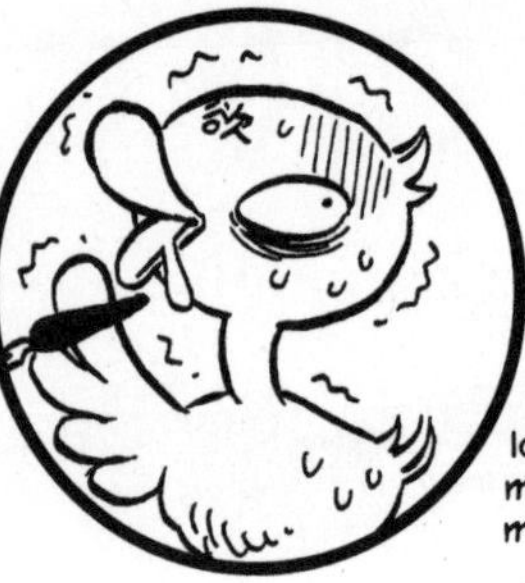

Ich würde seufzen und mich ärgern, dass man mit tausend Euro keine Zeit kaufen kann.
Anführer Tabata

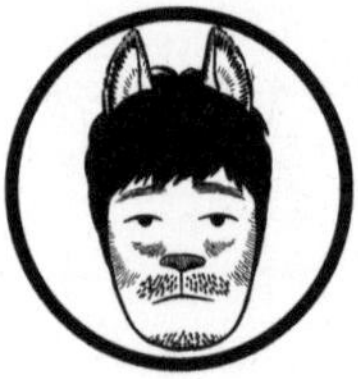

Campingzubehör kaufen und alleine zum Campen fahren.
Redakteur der Comicbände Fujiwara

Ich würde mir einen Aeron Chair kaufen.
Redakteur Fukuda

Nachwort

Meine Tochter ist jetzt schon ein Jahr alt und läuft vergnügt kreischend durchs Haus! Ich weiß, Elternliebe macht blind, aber ich versichere euch: Sie ist so was von süß! Sobald wir das Haus verlassen, setzt sie plötzlich eine bierernste Miene auf und macht keinen Mucks mehr.

Nur zu Hause dreht sie auf und gibt den Ton an! Meine Frau ist genauso! Und unser Hund auch! Alle Frauen in meiner Familie sind so! Zuckersüüüß! Waaaaaah!

BLACK CLOVER 27

Die Zeremonie des Teufelsdieners

Ein kleiner Zusatz!

Aus meinen Unterlagen:
Die Anführer nach einem halben Jahr.

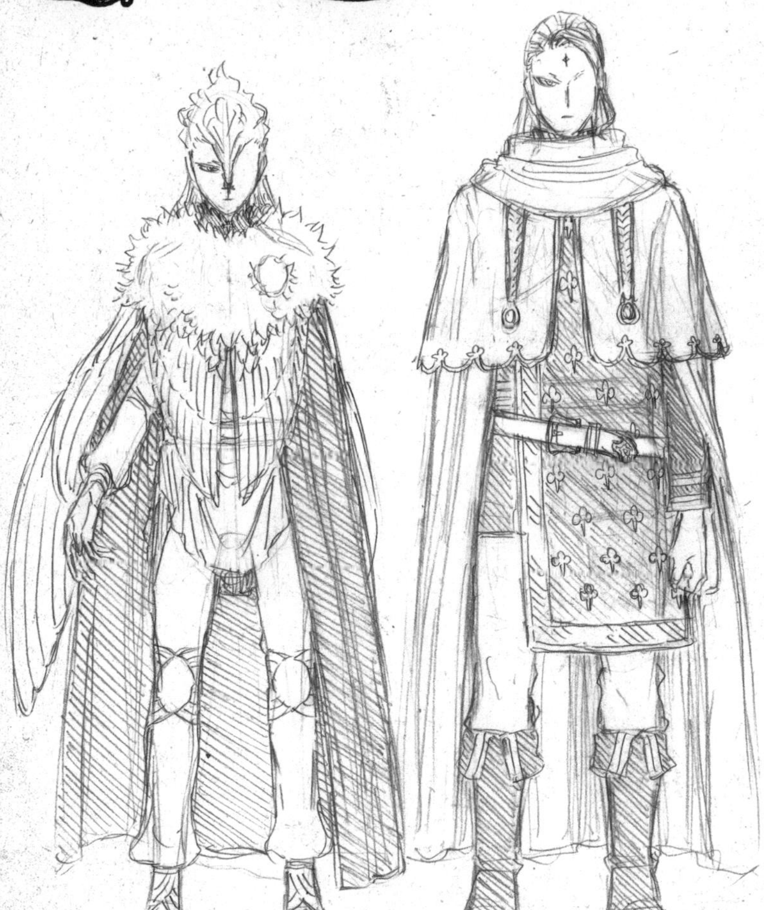

Nozel Silva

Fuegoleon Vermillion

Yûki Tabata

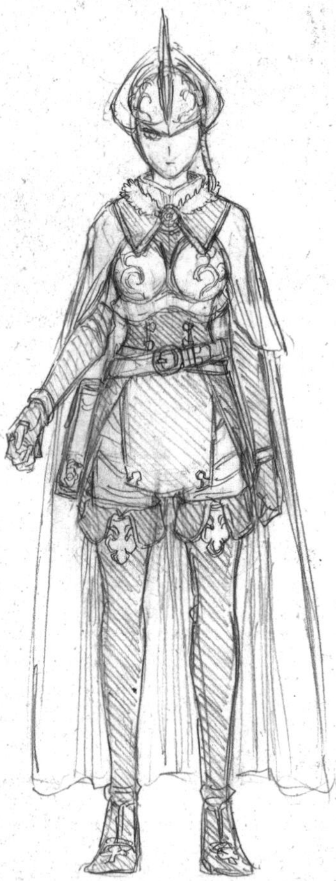

Charlotte Roselei

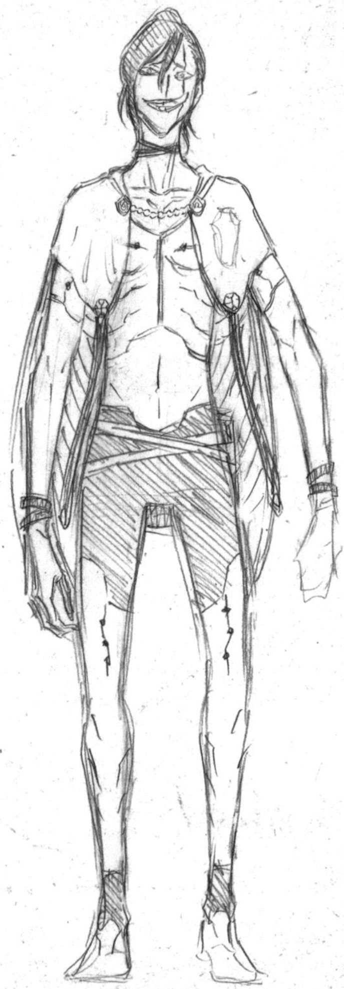

Jack the Ripper

TOKYOPOP GmbH
Hamburg

TOKYOPOP
5. Auflage, 2026
Deutsche Ausgabe/German Edition

Aus dem Japanischen von Luise Steggewentz

First published in Japan in 2015 by SHUEISHA Inc., Tokyo.
German translation rights in Germany, Austria and German-speaking Switzerland arranged by SHUEISHA Inc.
through VME PLB SAS, France.

Redaktion: Sabine Scholz
Lettering: Vibrant Publishing Studio
Herstellung: Shujun Wong
GPSR: produktsicherheit@tokyopop.de
Druck und buchbinderische Verarbeitung:
CPI–Clausen & Bosse GmbH, Leck
Printed in Germany

FSC MIX Papier FSC® C083411

Wir achten auf die Umwelt.
Dieses Produkt besteht aus FSC®-zertifizierten und anderen kontrollierten Materialien.

ISBN 978-3-8420-7050-9

www.tokyopop.de

BLACK CLOVER

STOPP!

**Dies ist die letzte Seite des Buches!
Du willst dir doch nicht den Spaß verderben
und das Ende zuerst lesen, oder?**

Um die Geschichte unverfälscht und original-getreu mitverfolgen zu können, musst du es wie die Japaner machen und von rechts nach links lesen. Deshalb schnell das Buch umdrehen und loslegen!

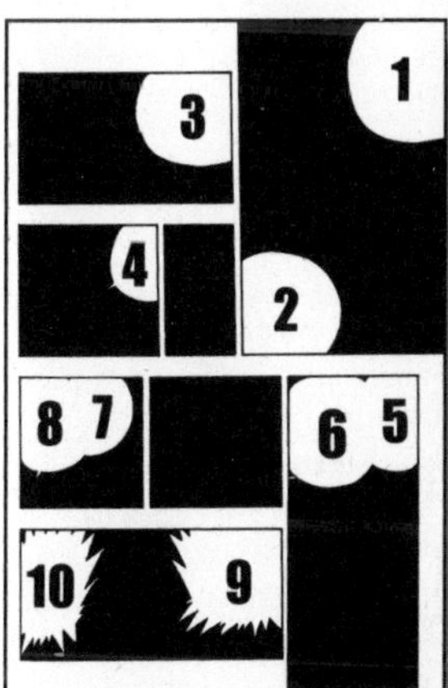

So geht's:

Wenn dies das erste Mal sein sollte, dass du einen Manga in den Händen hältst, kann dir die Grafik helfen, dich zurechtzufinden: Fang einfach oben rechts an zu lesen und arbeite dich nach unten links vor.
Viel Spaß dabei wünscht dir TOKYOPOP®!

BURN THE WITCH

Tite Kubo

Das neueste Werk von Tite Kubo, dem Schöpfer von *Bleach*!

Seit jeher wird angenommen, Drachen seien fiktive Lebewesen. Doch sie sind real! Die gewöhnliche Bevölkerung Londons weiß jedoch nichts von ihrer Existenz, denn lediglich die Bewohner von »Reverse London« sind imstande, sie zu sehen. Dort, in der Stadt auf der Kehrseite Londons, arbeiten die beiden Hexen Ninny und Noel für »Wing Bind«, einer Behörde, die sich dem Schutz und der Kontrolle von Drachen verschrieben hat. Doch den meisten Ärger haben sie mit ihrem Schützling Balgo: Einem Jungen, der Schwierigkeiten magisch anzuziehen scheint!

TOKYOPOP®
www.tokyopop.de